新时期

出版人改革亲历丛书

XINSHIQI CHUBANREN GAIGE QINLI CONGSHU

顾问　柳斌杰

主编　聂震宁

U0636335

国家重点图书出版规划项目

激情与梦想

樊希安　著

江西高校出版社

JIANGXI UNIVERSITIES AND COLLEGES PRESS

激情与梦想

新时期出版人改革亲历丛书

图书在版编目（CIP）数据

激情与梦想 / 樊希安著. —南昌：江西高校出版社，
2018.12
（新时期出版人改革亲历丛书 / 聂震宁主编）
ISBN 978-7-5493-7890-6

Ⅰ.①激… Ⅱ.①樊… Ⅲ.①出版工作—概况—
中国 Ⅳ.①G239.2

中国版本图书馆 CIP 数据核字（2018）第 237159 号

出 版 发 行	江西高校出版社
社 址	江西省南昌市洪都北大道 96 号
总编室电话	（0791）88504319
销 售 电 话	（0791）88517295
网 址	www.juacp.com
印 刷	江西千叶彩印有限公司
经 销	全国新华书店
开 本	700 mm × 1000 mm 1/16
印 张	18
字 数	246 千字
版 次	2018 年 12 月第 1 版
印 次	2018 年 12 月第 1 次印刷
书 号	ISBN 978-7-5493-7890-6
定 价	45.00 元

赣版权登字-07-2018-1260

作者 | 樊希安

1955年生,河南温县人,吉林大学文学院硕士研究生,编审,中国作家协会会员,资深出版人。曾任吉林人民出版社总编辑、吉林省新闻出版局副局长、生活·读书·新知三联书店总经理、中国出版传媒股份有限公司副总经理。现任国务院参事。获得过韬奋出版奖、"中国出版政府奖优秀出版人物奖"和全国五一劳动奖章。被评为"2014年度全国十大文化产业人物",创办北京三联韬奋24小时书店。著有《总编辑手记》等多部专著。

留住出版家的改革记忆

——为"新时期出版人改革亲历丛书"序

柳斌杰

在世界四大文明古国中,中国有文字记录的文化得以传承,使中华文明的血脉得以延续,以造纸术和印刷术为支撑的出版业功不可没。从早期口传的神话故事开始,到后来成书的《诗经》、诸子百家学说,历经数代沉淀确定的经典著作"十三经",加上从汉代司马迁编修的《史记》开始,历朝历代从未中断修纂累积的"二十四史",中华民族的文化基因和宏大架构得以基本确立。经最早的龟骨、简牍、缣帛记载,进而到后来的雕版、活字印刷,世界上一个最古老的、最优秀民族的文化就这样保存下来了,世世代代传承并发扬光大。这是中华民族出版业足以彪炳世界史册的伟大功绩。

改革开放以来,我国出版业的发展进入了新的历史机遇期,走上了发展的快车道。出版工作者顺应时代潮流和技术变革大势,不断实现自我革新发展,解放了出版生产力。1979 年在长沙召开的全国出版工作座谈会上,确定了地方出版业"立足地方,面向全国"的重大发展决策,打破了原来的"地方化、群众化、通俗化"的条条框框,促进了地方出版业的转型。在 1982 年召开的全国图书发行体制改革座谈会上,提出了以"一主三多一少"为主要内容的改革,使我国的图书发行业开始摆脱计划经济的束缚,突破了长期以来产销分割、渠道单一、购销形式僵化的局面,促进了出版社由生产型向生产经营型的转变,推动了国有书店由传统的计划经济向社会主义商品经济的转变。1988 年,中宣部和新闻出版署提出了"三放一联"的改革目标,从单纯调整产销关系转向改革发行企业内部的管理机制,通过放权承包,建立各种形式的责任制,扭转管理过分集中、统得过死、行政干预过多的现象,搞活国有书店的经营机制;通过放开批发渠道、放开购销形式和发行折扣,引进竞争机制,利用经济杠杆调整产、供、销之间的利益关系,搞活了图书购销;通过推行横向经济联合,促进各种形式的出版发行联合体发展,发挥了促进竞争、优势互补的积极作用,图书发行体制改革进入了一个新的历史阶段。1996 年,新闻出版署颁布了《关于培育和规范图书市场的若干意见》,明确提出了建立全国统一、开放、竞争、有序的图书市场的改革目标。2003 年,党中央、国务院决定启动文化体制改革试点,确定在 9 个地区和 35 个文化单位进行试点,其中新闻出版单位就有 21 家。2005 年 12 月,在认真总结试点经验的基础上,中共中央、国务院下发《关于深化文化体制改革的若干意见》,这是新中国成立以来党中央、国务院第一次就文化体制改革做出的重大决策。《意见》从总体上明确了深化文化体制改革的指导思想、原则要求和目标任务。至 2012 年 9 月,全国有改革任务的 580 家出版社、3000 多家新华书店、4000 多家非时政类报刊社、38 家党报党刊发行单位全部完成改制,组建了一批出版集团,其中 35 家出版传媒集团成功上市。新闻出版系统实现了"局社分开",新闻出版行政管理部门实现了由办文化向管文化转变,由主要管理直属单位向社会管理转变,由行政管理为主向行政、法规、经济等综合管理转变,宏观管理体制得到进一步完善。我国文化体制改革经过多年的不懈探索和实践,有力地促进了新闻出版生产力的解放和发展。深化改革中的中国出版业如凤凰涅槃,在新的市场机制中焕发出蓬勃生机,呈现出旺盛的生命力。在近年来传统纸媒受到网络、微信等自媒体猛烈冲击而纷纷萎缩的情况下,出版业逆势上扬,融合发展,充满活力。在近期颁布的第十届"全国文化企业 30 强"获奖名单中,出版企业占 60%,总产值超过 65%,继续保持了文化产业主力军的地位。

　　40年改革开放,40年风雨历程。我国出版业40年改革发展,有力地证明了:世界潮流浩浩荡荡,顺之者昌。五千年的文明历史,证明中华民族是一个热爱学习、善于总结经验教训、善于借鉴他人长处、善于不断创新的民族。这个品质既是中华民族优秀文化基因的表现,也给出版业提供了市场空间和发展机遇。我们相信,只要抓住机遇,不断深化改革,在创新中求发展,出版业一定会有更加光辉的明天。

　　由江西高校出版社出版的"新时期出版人改革亲历丛书",是一套多视角、多方位见证、记录出版改革历程,讴歌出版改革成果,总结出版改革经验,推动和深化出版改革的大型丛书。丛书作者都是韬奋出版奖、中国出版政府奖等重要奖项的获得者,都是有影响、有作为的出版发行一线的领军人物,他们既是中国出版改革开放的见证者、记录者,也是中国出版改革开放的亲历者、推动者。他们生逢其时,在职业生涯的黄金时期,赶上了改革开放这趟时代快车,经历了改革的风风雨雨,经受了改革的磨炼洗礼,分享了改革的丰硕成果,实践了自己的职业追求,实现了自己的人生价值。他们有过攻坚克难的艰辛,有过艰苦创业的拼搏,也有过辛勤耕耘的甘甜;他们有过推出精品力作的惊喜,也有过培育出版新人的欣慰。在丛书写作中,他们紧扣新时期出版改革的主题,现身说法,讲述自己亲身经历的出版故事,写出了自己的真情实感,展现了新时期出版人的责任担当、文化情怀和创业精神。这套丛书也成为出版改革的真实记录,成为有保存价值的出版历史史料,成为培养、教育青年出版从业人员的生动教材。他们为纪念出版改革40周年献上一份厚礼,做了一件很有意义的事情。他们是中国出版史上又一批值得尊敬的人。

　　这套丛书表明,在波澜壮阔的中国改革开放40年中,中国出版人勇于实践、敢于创新,以改革促进发展,以发展推动繁荣,始终走在时代的潮头,为民族文化的传承发展,为中国文化软实力的提升,为中华文明走向世界,做出了应有的贡献。历史将证明：中国的改革开放，出版业一马当先，不仅自觉推进自身深化改革，而且为改革开放营造了良好的社会舆论氛围，提供了强大的精神动力。

党的十九大清晰地描述出中华民族伟大复兴的蓝图和时间表，中华民族进入了一个伟大的新时代，对满足人民群众日益增长的精神文化需求提出了更高要求。习近平总书记在党的十九大报告中指出：文化是一个国家、一个民族的灵魂。文化兴国运兴，文化强民族强。没有高度的文化自信，没有文化的繁荣兴盛，就没有中华民族的伟大复兴。要坚持走中国特色社会主义文化发展道路，激发全民族文化创新创造活力，建设社会主义文化强国。这不仅是强调文化的重要性，也是对新时代文化建设提出的战略目标。

实现中华民族伟大复兴的号角已经吹响，中国出版业作为文化领域重要的组成部分，肩负着做强文化软实力、实现中华民族文化大繁荣、建设社会主义文化强国的重任。回顾 40 年改革历程，我们为取得的辉煌成绩而自豪；展望新时代的伟大征程，我们为义不容辞的重任而自信。重任在肩，唯有奋斗。我们深知日益富裕的人民群众对高品质文化的渴望，中国人均阅读量和世界发达国家的差距，中国出版业转型升级尚在路上……这正是中国出版业努力作为的方向。我们有幸身处这样一个伟大的时代，当然要投身这样一项伟大的事业，才无愧于出版业的历史使命，做新时代敢担当、负责任、有作为的出版人。

是为序。

2018 年 6 月于北京

（柳斌杰，第十二届全国人大教科文卫委员会主任委员、原新闻出版总署署长、中国出版协会理事长）

目　录

第一辑

我与吉林出版

新时期出版人改革亲历丛书

从办刊入门走进出版行列

　　动笔写此篇的时候,正值我当兵入伍45周年纪念日。一个战友来电话提醒了我,并表示祝贺。从45年前的1972年12月21日入伍起,我度过了10年的军旅生涯。在这10年中,我在部队从事文艺创作,被部队选送到吉林大学中文系深造,毕业后从事新闻报道工作。在部队期间,我的职业选择一是当作家,二是当记者。在部队,我最早是从事文学创作,主要是给师部文艺宣传队编写节目,写过小歌舞《大军帮咱闹春耕》,写过相声《煤海战歌》,也收到较好的演出效果。严歌苓的《芳华》,我看后感觉很亲切,遗憾的是,剧本里只写了演员,没涉及创作人员,这让我有点"失落"。我在部队也同时从事新闻报道工作。因为从事文艺创作,经常发表文学作品,人家会说我有"名利思想"。部队希望通过新闻报道多反映部队建设成果,为此,还把我和一些战友送到贵州日报社培训了半年。大学毕业后,我曾被借调到基建工程兵报社当记者,前后也有近一年时间。这样的经历,使我把未来的职业选定在作家、记者方面,从来没考虑过从事出版工作。出刊、出书都不是我的选择,我对这个行业也不熟悉。

　　1982年冬天,我面临转业,职业选择方向是到吉林日报社当记者。因为我在上大学期间"就地取材"找了对象,妻子孩子都在长春,我要回长春全家团圆。吉林日报社已同意接收我,但当我去军转办领取分配手续准备报到时,却发生变化,他们把我分配到了吉林省委宣传部。我对宣传部干部处处长说："我还是想到吉林日报当记者。"对方说："你是党员，要服从组织分配。再说，吉林日报也是咱宣传部管的，以后想去还不容易？你就在宣传部安心工作吧。"就这样，我转业分配到了省委宣传部，在宣传处当了一名干事。在宣传部工作期间，给领导写讲话稿，下去搞调研，还抽调到整党办公室任材料组组长工作了一年有余。结束后承蒙领导关心，在新成立的省精神文明研究中心文化研究室当了副主任，成了省级机关新提拔的一名副处级干部。如果沿着这条路走下去，那就是从政，当一名党政机关领导干部。但就在此时，我的发展轨迹悄然发生了变化。

现在回头想想，这种变化也并非是毫无根据的。前面讲过，我曾一门心思想当记者，也有过这方面的历练。再就是我转业后在工作之余坚持写作，曾有文学作品《双枪老太婆传奇》在《长春日报》连载一个月，也有其他作品在报刊发表，这就引起了部领导和一些同志的关注。有的同志好心劝我："别再写啦，再写就写到文联、作协去啦！"但是我就是管不住自己，业余时间就爱写点东西。我常到我的恩师公木先生家中去，他也鼓励我多写些东西，给我传授"不要想当大官，要想干大事"的思想。就在这个时候，吉林省委宣传部副部长尹元玄"因材施用"，给我调整了一个合适位置。尹部长是朝鲜族，祖上从朝鲜逃饥荒到延边安家，他年轻时接受进步思想，共和国成立前参加革命工作，从县委宣传部部长干起，一直在宣传系统。我转业到省委宣传部工作时，他任宣传部副部长，主管宣传、精神文明建设等工作，在吉林省委宣传部德高望重，又是少数民族干部，很受人们尊敬。他是我的直接领导，我一直在他的领导下工作，彼此较为了解。他对我很关心，一直关注我、扶持我。当然，他对下属都很关心，平等待人，从不发脾气，也不高声批评人。我和他交往多年，只见他发过一次火。那一次我们随他到一个县里搞调研，晚上用餐时，县里一位领导对尹部长说："部长，你是朝鲜族，爱吃狗肉，我们特地杀了一条狗。"听了这话，刚坐下的尹部长立马急了，大声喊道："杀狗，杀什么狗，谁叫你杀的?!"他怒气冲冲地站了起来，拂袖而去。尹部长的作风清廉和严格要求自己，由此可见一斑。

1986年，原由省工交政治部主办的公开发行刊物《企业政治工作》划归省委宣传部，原先办刊的人没过来几个，需要重新组织编辑队伍，保证刊物正常出版。此事由尹部长经手负责，他找我谈话，希望我当这个刊物的主编。这个刊物创办的时间不长，每期发行几千份，影响不大，要办好需要付出很多精力，我有些犹豫。此时吉林省妇联主办的《时代姐妹》总编辑戴焕梅，也想让我去当副总编辑，协助她办刊物。两相权衡，我还是决定去《企业政治工作》杂志，因为尹部长已经代表组织提出了希望，还有就是，去《时代姐妹》杂志，那里都是女同志，就我一个男同志，觉得有点别扭。听说我愿意到《企业政治工作》杂志工作，尹部长很高兴，他说："你放心干吧，我做你的坚强后盾!"1986年11月，我正式到《企业政治工作》杂志担任主编，从此开启了出版之旅。

《企业政治工作》杂志由省委宣传部管理，由职工思想政治工作研究会主办。我接任主编之前，该刊主要在省内工交企业发行，用于指导全省企业思想政治工作，介绍有关的典型经验，所以作用及其影响只限于省内。我接手之后，重新考虑了它的定位，提出将它面向全国、办成在全国有影响力的思想政治工作杂志。当时，属于全国性的同类杂志虽然有多家，但只有两家是公开发行的，一个是全国思想政治工作研究会主办的《思想政治工作研究》(后归中宣部思想政治工作研究所主办)，一个就是我们的《企业政治工作》，其余多为内部刊物，向外发展受到限制。在资源相对稀缺的情况下，我们面向全国办刊，一定会受到全国企业界和思想政治工作从业者及研究者的欢迎。按照这种思路，我们开始面向全国征稿、发行。征稿启事刊登后，许多稿件蜂拥而来，一下子提高了刊物的质量。我们用稿坚持看质量，不看关系;刊稿坚持看水平，不看地域，坚持看稿件见解，不看资历。在全国思想政治工作研究会会长袁宝华、常务副会长赵荫华的支持下,我们多次参加全国性活动,参与重大活动报道,并结识了李燕杰、曲啸、公方彬等一批重量级思想政治工作专家,组到了他们的稿件。发行工作也打开了局面,在一些省市大企业建立通联和发行机构。我任主编一年后,该刊从每期发行 4000 份上升到 15000 万份,在全国思想政治工作领域产生了重要影响,也获取了良好的经济效益。我们实现了自负盈亏,编辑部置办了吉普车。那时自办发行,每写一个信封一角钱,员工辛苦之余也提高了收入。这一切都是编辑部同志共同努力的结果,我的同事刘连仁、杨槐印、田佳山、郭建平、王萍都为办好刊物竭尽心力,做出了贡献。我们还利用办刊的便利条件,在全国企业广泛接触收集资料,编写了《中国企业精神大全》(上下册),面向全国发行。组织省内思想政治工作研究专家编写了《企业精神塑造论》,这是我国第一本关于企业精神建设的专著;我们参与编写的《培育社会主义企业精神》,作为"中国新时期思想政治工作研究丛书"之一,被作为全国性教材长期使用。而这一切,都是在尹元玄部长支持下进行的,他兼任吉林省思想政治工作研究会会长,既是我们的掌舵人,又是我们的坚强后盾。在他的领导下我心情舒畅,和同事们甩开膀子干,没有任何顾虑地大胆创新。比如,在吉林省内刊物中,我们是第一个用现金奖励为刊物做出贡献者。对做出贡献的发行人员和相关人员,我们在表彰会上当场点钱、发红包,这在当时还是要有点勇气的。

两年后,在我们把刊物办得在全国有了影响,稳居《全国思想政治工作研究》之后,成为全国同类刊物第二之际,我们发起并召开了全国首次思想政治类刊物办刊经验交流会,包括《全国思想政治工作研究》在内的数十家刊物主编参加。在长春火车站前的天池饭店召开三天会议之后,我们邀请会议代表到镜泊湖参观旅游,边坐船游览,边交流经验。船在行进,湖上鸥鸟翻飞,我们的心也在飞翔,奔向更远的目标。

通过办刊的历练,我逐渐从办刊的"门外汉"走到"门里",开始探其门径、识其堂奥,积累经验。我和吉林期刊界的一些名人成了好朋友,如《作家》杂志的主编王成刚、《演讲与口才》杂志社社长邵守义等,大家互相切磋,共同提高。渐渐地,我在业界也逐步得到大家的认可,在1988年上半年被选为吉林省期刊协会秘书长,为全省期刊界的同人服务,组织开展相关的交流活动。1988年7月,由我带队,和《春风》杂志主编张少武、作家范峥嵘、省出版协会姜海军组成吉林省期刊考察团,一起赴湖北、江西、福建、广东考察和学习当地办刊经验。此番考察一下子打开了我的视野,使我从思想政治工作类杂志中走出来,面向全国各类期刊观察思考问题。当时正处于改革开放十年后的社会转型期,刊物的发展遇到了许多新的问题,但各地刊物的同行们不避艰难,勇于开拓,创造了骄人的业绩,给我留下了很深的印象。在江西南昌,我们召开了学习座谈会,《农村百事通》《百花洲》杂志介绍了经验。我得以认识很讲义气、很有魄力的江西版协秘书长刘启龙,结识了擅长写作和研究的朱胜龙等朋友。在湖北武汉,我们到《爱情婚姻家庭》杂志登门拜访。在福州,我们在福建版协陈萍女士带领下,到福建省内有名的刊物拜访、学习。在广东,我们听取了《南风窗》杂志的经验介绍。在深圳,我们领略了改革开放前沿展现的新的社会风气,听取了同行们关于两个效益关系处理的经验介绍。情况、问题、经验、对策,琢磨、思索、迷茫、破解,一路走来,我在办刊的道路上越走越远,却离出版的岗位越来越近。按我国传统划分,刊物、图书都属出版范围,我迈进了刊物,就是迈进了出版,已然成了一个出版人,而且对出版产生了浓厚的兴趣,并将在这条道路上苦苦跋涉。

荣获全国第七届"金钥匙优秀图书"奖

　　我有一条人生经验：一个人的一生，在前进道路的关键处，总会有人推你一把，不但会让你离开险境，而且会使你进入一个新的境界。推你的这个人，就是你的贵人，他在你的人生拐点发挥了关键作用。对此我深有体会。我这一辈子没有什么大出息，如果说还小有成就的话，那多得益于"贵人相助"。在部队，我的贵人是师部宣传科科长宋涛。我当兵时，他的年纪已经四十有余，从铁道兵三师调到贵州盘县，参与组建属于基建工程兵的这支队伍。宋科长是山东青岛人，为人直爽、正派、聪慧，1950年年底参加抗美援朝战争，搞宣传报道出身，尤喜人才。他富有工作经验，业绩突出，在部队司政机关各科长中出类拔萃。我当兵刚八个月就调到宣传科搞文艺创作，就是他发现的"苗子"并力主调到机关来的。后来我上大学、入党都得益于宋科长相助。而且，我在思想、工作、创作等多方面受其影响良多。宋科长后来下到团里当政委，以后又转业到安徽淮北地方工作。我去看过他，他和夫人也到北京看过我。80多岁的年纪，至今仍睡部队的硬板床，多次获得老年门球比赛冠军。现在听力有问题，难以进行顺畅交流，使我感恩的话难以尽情表达。我在吉林大学读书遇到的贵人是公木先生。公木先生是中国人民解放军军歌歌词作者，也是我国著名诗人、学者、教育家。同是行伍出身，同样热爱诗歌，这使我对他有一种天然的亲切感。蒙其不弃小才，多对我"耳提面命"，使我明确坚定文学发展方向，比以前成熟起来。我和公木先生交往20

余年直到其去世。因写《公木评传》曾多次深入交流，做人、做事、做学问，一生都受其熏陶。我到吉林省委宣传部工作后，遇到的贵人是尹元玄部长，前文已讲到，不再赘述。而我进入出版社，从此与图书出版结下不解之缘，则是遇到另一位贵人——时任吉林人民出版社总编辑姜念东先生。

1991年7月1日，是中国共产党成立七十周年。为迎接这个纪念日，中共吉林省委决定上一个重大出版项目，组织出版《中国共产党百科要览》。时任省委书记何竹康亲任主编，组成一个庞大班子来实施编写任务，出版任务由吉林人民出版社承担，总编辑姜念东具体负责此事。为了确保任务完成，省委组织了全省一批专家、学者集体"攻关"，从1990年下半年就开始编写。这件事原本与我无关，此时我已离开《企业政治工作》主编岗位，到新成立的省精神文明建设办公室任综合处处长，负责综合文字材料写作和主办《精神文明》杂志，一天到晚忙忙碌碌。

1991年2月，我突然接到省委宣传部通知，让我和精神文明建设办公室副主任李扬一起去《中国共产党百科要览》编写组报到。原来该书主编们在统稿阶段，发现原先编写的关于"精神文明"这部分20万字不合用，全部废弃，要组织人员重写。这一任务就落到了我和李扬两个人的肩上。此时，该书已进入统稿阶段，全部人员集中到中国人民解放军四六一医院的招待所内。一栋三层的小楼，几乎全住满了编写、统稿人员，灯火通明，大家日夜奋战。我和李扬"新起炉灶"，时间紧，任务重，丝毫不敢怠慢。我们在这里吃、住、写整整一个月，终于如期完成任务。就是在这个过程中，我和姜念东总编辑熟识起来。在这之前，我也认识他，那时是在省委宣传部，他是主管理论工作的副部长，我是宣传处干事，互不了解，只是"点头之交"，但他的理论水平、魄力、能力我都有耳闻。他到吉林人民出版社任总编辑之后，就再没有见过面。这一次在他的指导下工作一个月，收获颇丰，也互相加深了了解。我们把稿件一篇篇写出来交给他审阅定稿、把关，他负责组织全书统稿,还要给我们这部分"开小灶",用"手把手地点拨"来形容也不过分。我们高质量地完成任务,和姜总编的指导密不可分。我和姜总编之间也由此开始结下深厚的情谊。我和他同吃、同住、同"劳动",当一些人夜晚回家后,我和他留在招待所,常常交谈到深夜。在环境清幽的部队大院内,我们边散步边谈心,拉近了彼此之间的距离。从交谈中了解到,姜总编和我在部队的老领导宋科长一样,都是"山东大汉",烟台福山人(原福山县,现为福山区),农家子弟。他和清代官员、著名甲骨文字学家王懿荣一个村,小时候常到王家的大宅子去玩,因此也沾染一点"文气",立志向学。他也给我讲了他参加革命的经历。他小时候当过儿童团长,较早参加革命工作。抗美援朝开始后,山东老区一批批年轻人赴东北支援前线。他积极报名参加,坐船到了东北,战争告一段落之后,组织上动员年轻人报考大学,已有文化基础的他被东北师范大学录取,毕业后一直在宣传思想理论战线工作。在参加革命的同时,他也找到了自己的终身伴侣。那是在大连码头,他们这批从山东来东北工作的青年上岸后集合点名,他听到了小学同学王舒芝的名字,王舒芝也听到他的名字。"心里那个高兴啊,又不好表达出来,离开家有个人互相照应还是好的。"姜总说。从此,他们互相照应着,照应了一辈子。王舒芝后来从锦州转业到长春,他们在长春安家,共育有二子一女。在交谈中,我也给姜总讲了我的家庭、身世,我的成长道路,我成长中的"烦恼"。一个月下来,我们之间成了无话不谈的"忘年交"。

待编写任务完成,项目就要收尾时,姜总编对我说:"小樊,据我对你的了解和观察,你的性格不适合当官,走官场会有许多曲折。你的志趣在从文,文字基础也很好,我建议你到吉林人民出版社工作,做一名编辑,多出些好书,干这比一辈子干别的啥都强。"姜总编一席话,改变了我下半生的走向。其实,我也有此意,但心中还想再琢磨琢磨,还要同家人商量一下。过了一段时间,《中国共产党百科要览》顺利出版,参与此书的组织、编写、出版人员在金川饭店举行庆祝活动,在和姜总编碰杯相庆时,我把去吉林人民出版社工作的决定告诉了他,他点头笑了笑,一只手端杯,一只手有力地在我的后背上拍了一下。

1991 年 7 月 30 日,我到吉林人民出版社报到。时任社长的巩德仁和总编辑姜念东两人认识得很早,他们配合默契。一个曾任吉林省新华书店总经理,善抓经营;一个是学马列搞理论出身,担任过吉林省委宣传部副部长,当总编辑得心应手,游刃有余。下面集聚一批人才和干将,把各项工作干得风生水起,事业如日中天,不仅在省内位列第一,而且在全国都很有影响。吉林人民出版社出版的《中华人民共和国法律全书》,一度成为法律工作者案头必备的工具书,还被作为国礼赠送到国外。一本《法律知识》普及读物,在全国发行数百万册,经济类、青年读物类都有图书在全国同类书中出类拔萃。我来正逢时,遇到了创业的好环境。我被任命为政治读物编辑室主任,同事中有老主任庞大衡、老编辑孟宪信、青年编辑杜红、吴兰萍。我初来乍到,一方面被这里的创业激情所鼓舞,另一方面也感到肩上压力巨大。虽然过去因出书与出版社接触过,但对图书出版业务我是白纸一张、一窍不通,过去的一切翻过去,完全面对一个陌生的领域,心中有些胆怯。我放弃省里的正处长岗位,谢绝在调动过程中有领导让我到局报刊处当处长的提议,一头扎到出版社,我这种行为在当时是"一朵奇葩",一些人在等着看我"结什么果子"。再就是刚到社里,新环境里也有些欺生,许多双眼睛在默默地注视着我。我刚到社里一个月左右,在全社选题讨论会上试着提两个选题,立马遭到一阵炮轰,两个选题全被否定了(其实,这种论证方式非常好,那时提倡知无不言,言者无罪,有什么说什么,不藏着掖着,许多好选题都是争论出来的),当时就出了一头大汗,两手哆嗦,回到办公室好久,心情才平静下来。面对这种情况,我茫然不知所措,前无进路,后无退路,我遇到了参加工作以来的最大危机。关键时刻,还是姜总编帮助了我。他首先帮我从思想上"解套",告诉我,既然到出版社做了编辑,就要从长计议,久久为功,不要有急于"建功立业"的思想。提两个选题通不过算个啥,干这一行就要有"沙里淘金"的功夫,多听听不同意见有好处。他告诉我,选题不能靠想象和自我推测来,首先要有好的作者,有作者就有好的选题。为此,他带我到北京拜访认识《红旗》杂志总编辑邢贲思、外交部原副部长宦乡及中宣部一些领导、北京大学一些学者,这都是他在任吉林省委宣传部副部长、吉林人民出版社总编辑期间结识的老朋友、老作者,给我一一接上头,使我初步有了一批作者队伍,还在同这些领导、专家交谈中,捕捉到了一些选题信息,组到了一些书稿。姜总编还提示我要发掘自身积累下来的选题资源优势。他说:"我看你对精神文明建设这块比较熟悉,可否从中发掘一些选题?"我告诉姜总,我在精神文明这方面,最早研究现代生活方式这一块,收集了大量资料,准备撰写专著,也认识这方面研究的一些专家、学者,很想开发这方面的选题。姜总听到这里,眼睛为之一亮,大声说:"可以啊,那还犹豫什么呢?"我说,按分工范围,这是青年读物编辑室的选题,不归我们政治读物编辑室,怕"越界开采",别人有意见。姜总说:"那你考虑得太多了,什么他的我的,就是打破这个界限,提倡开展竞争。只有这样才能人尽其才。你就越界开采吧,社里鼓励。我们是大分工,小交叉,都打乱了也乱套,适当交叉开展竞争,只有好处,没有坏处。"

在姜总的鼓励下,我打消了顾虑,甩开膀子在"现代生活方式"这块"土地"上开采起来。因为我转业到吉林省委宣传部工作之后,在日常工作之余,把研究方向定在生活方式变革上。我通过对工矿、学校、农村调查,发现随着改革开放的深入,人们的生活方式正在悄然发生变化,而生活方式的变化,又推动着改革的深化。仅从衣着来说,1983年我到长春钢厂调查时,厂领导还派人剪青年人的喇叭裤,说留长发是资产阶级的生活方式,而几年过去,人们的衣着已经是五彩缤纷,甚至出现了"露、透、瘦"等新奇特的状况。1988年我到深圳，去沙头角买回的"网眼袜"最为时髦，而现在已成为普通消费品，甚至无人问津。

　　古往今来，人们日常生活发生的变化，都映射着社会的变革。很快，我就拿出《青年道德概论》《风度美·气质美·韵致美》及《当代婚姻家庭热点问题侃谈》丛书等一批选题，并组织实施。《青年道德概论》是针对改革开放之后一些青年"失德"现象为主题的，但这本书重在辨析，首先弄清新时期青年身上哪些是道德的，哪些是不道德的，不能鱼目混珠，似是而非。比如一些青年爱跳槽，不能由此说人家"见异思迁"；爱唱歌跳舞，不能说人家"轻浮"，就这样一一辨析，很受读者欢迎。《风度美·气质美·韵致美》，重在告诉青年什么是美，什么是丑；什么是真正的美，什么是虚假的美；什么是形式的美，什么是深层次的美。那时候电视正播放《上海滩》，剧中许文强、冯程程很受年轻人喜爱，许文强戴礼帽、结领结、爱摸鼻子的动作，被一些青年视为经典动作。这本书通过对美的解析，使人通过美的形式认识美的本质，很受青年读者的欢迎。

　　《当代婚姻家庭热点问题侃谈》丛书，共分6册，以在婚姻家庭出现的新问题、发生的新情况、开拓的新视野为主题，涉及婚姻家庭建立、新型婚恋关系、婚姻与财产、独生子女、丁克家庭、"第三者"插足等多个方面，主题新颖实在。不仅内容丰富，题目新鲜，而且形式新颖。全套6册，全用侃谈形式，组织一帮青年学者围绕题目聊天侃谈，然后由一人为主把聊天侃谈的内容记录下来整理成书。这种侃谈断断续续进行了几个月，场所换过许多地方，有时在会场，有时在会议室、杂志社，有时在个人家里，仅录音机就用坏了好几个，磁盘用了一百多盘。这样产生的文字生动活泼，有交叉，有争论，有现场感。这是中国变革时期捕捉婚姻状况变化的第一套形式新颖的小丛书，很受年轻人的喜爱，开机就印了4万套，获取了社会效益、经济效益双丰收。

　　上述生活方式变革一类的图书，使我找到了自己独特的发展方向，把潜在的优势发挥出来，弥补了吉林人民出版社这方面选题的空缺，初步在社里站稳了脚跟。更为可喜的是，在年度评选中，《风度美·气质美·韵致美》一书获得全国第七届"金钥匙优秀图书"评比优胜奖。那时全国还没有设立"中国出版政府奖优秀图书奖""中华优秀出版物奖"，全国"金钥匙优秀图书奖"是全国最高图书奖项。我跨入图书出版之门时间不长，能荣膺此奖，一下子提升了从业的信心，有了更为强烈的"冲刺"欲望。我摸着那枚虽不大但金光灿灿的奖章，心里默默地想，这奖章含有姜念东总编辑一大半的功劳！

组织出版《邓小平生平著作思想研究集成》

　　气可鼓,而不可泄,乘势而上,就在向新的目标冲刺的时候,我又一次得到姜念东总编辑的指导和帮助。这一次,是给我一个人办了一个"培训班",进行"一对一"的师徒传承。这个"培训班"不是在教室,而是在广袤的山河大地,在人才荟萃的出版现场。1992年,姜念东总编辑年满60岁,将从领导岗位上退休。退休之前,组织上安排姜总借去昆明参加全国人民出版社年会的机会,多到几个省看看、走走,会一会老朋友,和出版社、发行所、印刷厂之间做个交流,说白了,就是给他一个机会,让他休息放松一下。姜总自从到吉林人民出版社之后,天天忙碌,没怎么休息,身体也不怎么好,退休之前有这一次安排,既是组织上的关怀,也是人之常情。巩德仁社长还给经停地方的熟人打电话,让安排照顾好。姜总年高体弱,巩社长提出派个人随身照顾,也借此机会学习交流。姜总编亲自点将,把这一宝贵机会给了我。可以说,这一次出行使我受益终身。

　　1992年4月初,我陪同姜念东总编辑先到云南昆明,住在市中心震庄宾馆,参加云南人民出版社主办的全国人民出版社年会。参加会议的有人民出版社社长薛德震及全国30个省市人民出版社的社长或总编辑。会议隆重热烈,围绕人民出版社的地位、作用、变革等议题,讨论得很深入,安排考察活动也丰富多彩。我们去了大理、腾冲,经芒市到边境口岸畹町。一路走来,一路交流,比较深入地考察了云南民族出版的一些情况。离开云南,我们去了贵州。在贵州人民出版社毛总的主持下,两社做了交流。我曾在贵州日报学习、工作过。19岁那年冬天,我们部队一行6人到贵州日报社参加培训,并帮助工作,我分在政文组,贺其瑞、张晓通、熊国光、周敌非、涂永康等老师都带过我,我也和他们结下了深厚的情谊。这次到贵阳是过了17年之后又来,报社已搬了新址,我认识的这些老师多数已退休。我给每人准备了一份礼物,并请这些老师吃了一顿饭,畅叙旧情。姜总编参加了我的宴请活动,也通过我的人际交往更加了解了我的为人。贵州日报这些老师、老朋友知道我跟随姜总在吉林人民出版社工作,都为我高兴,说我又找到了一个好的"领路人"。姜总说:"看到你这些朋友、老师,看到你和他们的关系,看得出你是一个重情义的人。"从贵阳到成都,到盐道街四川人民出版社我和同行们做了交流。接待我们的是四川科技出版社陈社长,他是吉林人民出版社副社长陈葵光的弟弟,对我们很是热情,在他的安排下,我们去了青城山、峨眉山。从成都到重庆,我们重点考察了重庆发行所,这是我们社的密切合作单位。此外还参观了渣滓洞、白公馆、红岩村。参观结束后,从朝天门码头上船,经三峡前往武汉。这时,去重庆发行所办事的本社出版部的信重和我们同船回去。我们俩陪姜总一边游览长江沿岸景色,一边品尝信重带上船的四川特产,喝酒聊天。船经停万县、丰都、小三峡等,我们欣赏自然景色、人文景观,姜总也借此给我们讲了许多人文历史知识,也讲一些出版方面的感悟。尤其是在过三峡时讲的一段话,让我"脑洞大开",终生受用。姜总编说:长江之美,美在哪,美在三峡,假设没有瞿塘峡、巫峡、西陵峡,长江之美就会大减其色。这说明什么呢? 说明任何时候都要抓重点、关注重点,对出版来说,抓重点就是抓大项目。一个领导要学会抓大放小,一个编辑要学会抓大项目。一个编辑一生能出多少书? 编辑的价值不能以出书多少来衡量,假如你出了一书架子书,这些书都默默无闻,有什么用呢? 还是要关心政治,关心社会,关注民生,抓一些社会关注的大工程、大项目。如果我们吉林人民出版社没有出版《中华人民共和国法律全书》这样的大部头书，就不会引起国家领导重视，就不会在人民大会堂举办出版座谈活动。他特意对我说：你到人民出版社快一年了，也出了一些书，有一些书也不错，但要学会抓大项目，以大项目立身。像这长江三峡，虽然只是滚滚长江里不长的一段，却是精华所在，说长江有不言三峡的吗？说三峡有不想到长江的吗？姜总编循循善诱，观景说理，使我有顿悟之感。他又说：人生苦短，一个人一辈子做不了几件事，一个编辑编不了几本书，要想雁过留声，只能办一件或几件有影响的事，方可有所成就。一路上，姜总编给我讲了许多话，而这段话给我印象最为深刻，这是一个总编辑对编辑的教诲，也是一个前辈对后辈的告诫。他讲的看似只是出版，却蕴含着人生哲理。且不说我们平头百姓，就是煌煌如历代帝王，三皇五帝以来200多个皇帝，有谁能记全他们呢？即使有作为的一些开国皇帝，人们又能记住他做了哪几件事情呢？抓大项目、抓重点，符合辩证唯物主义历史观，符合辩证法。当然，每个人面临的境况不同，所谓大事、大项目，内容自有不同，但抓大事、抓重点却是人类思维的精华。姜总编把他运用到出版上，自然里面融注了个人经验。而我从中不仅理解了出版的"要诀"，还领悟了人生真谛。这使我在每一个人生阶段，无论在哪里工作，都学会抓大事、抓大项目，从而为成功奠定基础。到武汉，我们与湖北人民出版社交流后，随即北上，在北京稍做休整，拜访了几位作者，便顺利回到了长春。

详细叙述以上行程，也许有些啰唆，但是这一行程对我来说真的至关重要，收获颇丰。我学到了经验，开阔了视野，结识了新朋友。视线从吉林人民出版社这"一斑"，到开始关注全国出版的"全豹"，站位更高了一些。更为宝贵的是，姜总编把他的出版经验、人生经验毫无保留地、润物无声地传达给了我。我有记日记的习惯，虽不能有闻必录，但他说的主要意思我都记了下来，有些很快消化了，有些在悠长的时空中慢慢消化。至此，我才领会姜总编带我出去的良苦用心。而我们也由此更加互相了解,结下了属于"忘年交"的深厚情谊,以至于姜总编后来得了胃癌在动手术之前,提出非要见我一面,不见到我不进手术室。我从外地匆匆赶来,以为他有什么重要的事情要交代我去办,结果是,躺在病床上的他紧紧拉着我的手说:要多出好书,你能行,可别辜负了我们这些老家伙的期盼! 原来他怕下不了手术台,想给我最后的鼓励和鞭策。听到这里,我不禁潜然泪下,想想又抹去眼泪,满脸带笑地说:您老放心,我一定会努力,您术后抓紧康复,我还等您给我审读稿件呢! 确如是言,姜总编手术后恢复良好,无论是我在人民出版社工作,还是后来到吉林省新闻出版局工作,他都帮我策划选题、审读稿件、组织评奖活动等,在我的成长、成熟过程中,起到了"一架人梯"的作用。

接下来在吉林人民出版社工作的时间里,按照姜总编对我的指点,我开始抓有影响力的大项目。经过深入思考和较为精心的策划,我代表政治读物编辑室提出了《邓小平生平著作思想研究集成》《现代家庭生活宝库》两个选题,两本书都是大部头,前者 200 万字,后者 300 万字。受姜总编的指点启发,我把过去的线索和作者队伍梳理了一遍,从社会大变革的高度确立有价值、有可行性的选题。我提出的《邓小平生平著作思想研究集成》是受一个选题线索的启发。那时,我们很大一部分时间都在北京组稿,比较多地住在宽街的和敬公主府宾馆,后来为降低成本,多住价格便宜的由防空洞改成的地下招待所。我住过中青社地下室、文化部官园桥地下室等多个低端招待所。一次,与我同一编辑室的吴兰萍组到了中央文献研究室陈晋的书稿《毛泽东的文化性格》。她很兴奋,回来告诉我,现在中央文献研究室成立了邓组(邓小平研究组),要充实人员,加强关于邓小平思想理论方面的研究。她只是顺嘴一说,我却牢记在心里了。在去中宣部拜访我的温县同乡崔智友时,我便打听"邓组"这件事。崔智友时任王忍之部长秘书,自然对这些情况熟悉。他告诉我,邓小平南行讲话之后,新一轮改革浪潮正在兴起。邓小平在南行讲话中讲了一系列新观点,中央决定加强邓小平思想理论研究,以推动改革发展的进一步深入。更为可喜的是,他说他和中央文献研究室的人很熟,"邓组"的龙平平是他非常要好的朋友。我当即说,我们拟出版一部关于邓小平思想理论研究方面的书,请您和龙平平担任主编如何? 崔智友沉思一会,说:我和龙平平商量一下再答复你。我一听有希望,心里窃喜。之所以提出让他们俩来担纲主编,是因为他们俩都是青年才俊,又身居重要岗位,能领会上面精神,有广泛的人脉,可以组织高质量的编写队伍。一周之后,崔智友给我回话,已同龙平平说好,两人共同担任主编,来完成这本书稿的编写任务。崔智友负责组织中宣部这边的编写力量,龙平平负责组织中央文献研究室这边的编写力量。他们俩之所以愿意做,是因为这个选题正当其时,很有价值,对我们吉林人民出版社能提出这个选题表示赞赏,愿意通力合作完成出版项目。后来,我们又经过多次沟通,把书名定为《邓小平生平著作思想研究集成》,内容分为生平编、著作编、思想编,尽量囊括国内外已有的研究成果,同时又有新的发掘。目标是把这本书编写成邓小平研究成果之集大成者,使之成为邓小平研究里程碑式的著作,供党政机关干部、理论工作者学习研究邓小平理论使用的重要参考书。主编站位高,"高瞻远瞩",手下又有精兵强将,我心中自然高兴。说给姜念东总编辑听,他比我还要高兴,说:"好,好,这下可逮住个'金娃娃'。一定要坚持高质量,一定要集中精力。《现代家庭生活宝库》也不错,可以搞,但要把主要精力集中到邓小平研究这本书上! 而且要抓紧,在保证质量的前提下快点出版,抢在前面,不要起大早赶了个晚集,把一个好选题糟蹋了!"我请姜总编担任本书顾问,姜总编说:"那就不必了,如用得着,我帮你看看稿,把一下关没有问题!"到这时,我才领会了古人所谓"授人以渔"的深刻含义,姜总编没有授我以鱼,给我具体选题,而是授我以渔,教我捕鱼的方法,使我渐渐摸到了门道,深入到堂奥,开始领略出版好书带来的乐趣。在近一年内,我心无旁骛,把精力集中在两部大书上,特别是在《邓小平生平著作思想研究集成》上面,倾注了大量心血,一手《集成》,一手《宝库》,在北京、长春两地奔波,在发行所、印刷厂周旋,组稿、编辑、设计、校对、下厂核红。因为文字量大,我有多个夜晚是在印刷厂校对室度过的,在单位加班更是常事。终于,功夫不负有心人,大约一年后,《邓小平生平著作思想研究集成》《现代家庭生活宝库》分别于1993年2月和4月出版,被新华书店北京发行所列为重点图书,在全国发行。至今,我还记得从吉林省新华印刷厂背样书去北京的情景。把《邓小平生平著作思想研究集成》样书送给北京发行所和崔智友、龙平平两位主编后,我在官园桥文化部地下招待所睡了一天一夜方才起床。此时,我和崔智友、龙平平已成密友,他们鼎力支持了我,我也把他们的研究成果完美地展现出来。龙平平后来成为研究邓小平的首屈一指的专家,担任过多部描写邓小平生平事迹的电影、电视剧的编剧。崔智友后来到广西任职,做过崇左市委书记,现任广西检察院检察长。我深深地感谢他们,感谢把我引入图书出版领域,又给我呵护、指点,使我有了前进方向的姜念东总编辑。我到北京三联书店工作后,每年回长春探亲,都去看姜总编。姜总编一年年衰老了,过去伟岸的身躯,现在腰也弯了;过去声若洪钟,现在说话有气无力,断断续续。因为对社会腐败现象看不惯,忧虑党和国家的前途,心情抑郁。2010年中秋节前夕,我打姜总编家里的电话致以节日问候,姜总编的女儿接的电话。我说:"请你爸接电话。"她说:"我爸走了。""走了,去哪了?"我急忙问。那头才说:"我爸去世了,不在了。"我放下电话,坐在凳子上,久久无语。后来才知道,姜总编因肺部感染住院,住院10多天就去世了,享年78岁。姜总编走了,阴阳两隔,我对这位恩师和贵人有刻骨铭心的思念,也有无以回报的遗憾。去年去云南昆明出差时,恰又住震庄宾馆。我来到当年和姜总编住的房间门前久久停留,睹物思人,丝丝悲凉涌入心头。一直想写一篇文章纪念姜总编,今天如愿以偿,在回顾我的成长道路时,写下这些纪念文字。

《邓小平生平著作思想研究集成》先后获得第九届北方 15 省哲学社会科学优秀图书奖、吉林省 1993 年度长白山优秀图书一等奖、第二届吉林省政府优秀图书一等奖。名列第一,拔得头筹,在吉林省出版领域获得最高荣誉,成了名副其实的重点书、"双效书"。我们也曾将其上报参评国家奖项,因有评委提出:小平同志还健在,书名用"生平"二字是否合适?这一提问无人能答,也无权威解读,故此书参评"搁浅"。我对此一直耿耿于怀,却也难以置辞。依我拙见,"生平"使用没有问题,不是盖棺定论之辞,活人也可使用。君不见戏文中常有人物自言"老夫平生"如何如何吗?"平生"就是"生平",是否可做此解,有劳专家指教。

1993 年 7 月初,就在我整理行装,系紧鞋绳,准备再度出发之际,突然接到吉林省新闻出版局领导通知,让我到时代文艺出版社报到,任代理社长主持工作。因为时代文艺社某本书出现政治问题,社长被停职检查,社里一时"群龙无首"。我本来已定好去内蒙古参加北方 15 省人民社年会,许华应局长说,别去了,赶紧到时代文艺出版社去报到。就这样,我在毫无思想准备的情况下,到时代文艺出版社当了"主持"。初来乍到,人地两生,以稳定大局为主,没什么建树。但有两件事似可略记。一是我在任上"拍板"出版《四人帮全传》。《四人帮全传》为叶永烈所著,过去"四人帮"中的四个人一人一册,分别在其他出版社出版过,时代文艺社编辑老唐请叶永烈重新修订后合在一起在时代文艺社出版,取名《四人帮全传》。过去分头出版时报批过,现在合在一起出版要不要报批?行文请示没有人答复;口头向上级请示没有回音。眼瞅五万套订数就要过期作废,怎么办?我断然决定付印,在付印单上签字。这不仅使时代文艺出版社出了一套"看家书",还获取了较大的经济效益。后来到时代文艺出版社任社长的郭俊峰告诉我,《四人帮全传》先后挣了几百万元利润,替文艺社撑了好几年。二是我主持召开了东北三省三家文艺出版社经验交流和深化合作会议。时代文艺出版社、春风文艺出版社、北方文艺出版社三家出版社的领导和主要骨干聚集在松花湖畔,共同研判形势,介绍情况,研讨重点选题,形成了互动合作新格局,也深化了"东北一家亲"的友谊。

一手抓管理　一手抓繁荣

从 1994 年 1 月到 2001 年 7 月，我在吉林省新闻出版局图书管理处处长位置上干了七年半。回顾这七年半经历，我一时有些茫然。干了什么事，有什么收获，似乎无从说起。在机关工作就是这样，"两眼一睁，忙到熄灯"，但一年到头来总结收获，似乎"两手空空"，许多人都会有这样的感觉。但如果说这七年半算白过了，一点收获也没有，那也不尽然。

仔细想想，那些年也还做了一些事情，但这些需要提炼概括，为叙述方便，我还是从"一手抓管理，一手抓繁荣"两块主要工作说开去。

图书管理处是省级新闻出版管理机构内设的重要处室，负责联系管理省内各图书出版社，维护正常出版秩序，监督执行出版纪律，编制图书出版计划，审批出版选题，组织实施重点图书出版，负责图书质量管理，指导省内各社多出好书，为繁荣文化、满足人民群众阅读需求做出贡献。图书处在局机关是个大处，一般有五六个人之多，先后和我在一起工作过的有徐暖流、周岚、郑前乔、孙亚飞、张弘、藤伟喆、潘泰岩、孟光黎等。我任处长时，徐暖流、周岚任副处长。当时局里提出的口号是"一手抓管理，一手抓繁荣"，我据此把处内工作分成两摊，徐暖流带一两个同志负责"抓管理"，周岚带一两个同志负责"抓繁荣"，分工明确，但分工不分家，遇有重大会议、重大事项大家一齐上，我负责总调度、总协调。这样一分工，我就相对超脱，能腾出时间考虑全盘工作、重点工作，在改革、创新、布局方面多动些脑筋。当时吉林新闻出版形势颇好。吉林省是文化大省,出版资源丰富,时任局长许华应,副局长许翔、张满隆、蓝军都很干练,有很高的决策和领导水平,有的本身就是做出版的行家里手。在这样一干人带领下,吉林出版呈现出欣欣向荣的局面。有点不谦虚地说,吉林出版二十世纪九十年代居于全国中等偏上水平。在这总的形势下,我给图书管理处的工作定位是"添彩不添乱"。

所谓"不添乱",就是搞好严格管理、科学管理、规范管理,确保党和国家关于图书出版的管理规定落到实处,确保不出政治问题,不出导向问题,不出影响大局的事件。这些都要靠管理来实现。当然,管理的目的不仅仅是"不出乱子",还要综合协调、平稳有序地发展,要管控出这样一种局面。经过深入调研,结合外省管理经验,我们采取了多管齐下的措施。

首先是强化法规管理。我国首部《出版管理条例》于 1997 年 1 月 2 日由国务院发布。《条例》首先以国务院法规的形式确定了我国新闻出版业的基本构成和基本范畴,即出版活动和出版物,还明确了出版单位设立与管理、出版物的出版、出版物的印刷(或复制)和发行、保障与资助、法律责任等条款。作为中华人民共和国成立以来第一部比较系统全面的出版行政法规,在《出版法》尚未出台的情况下,《条例》是出版管理的基本准绳和重要遵循原则。我们以此为依据,对出版社和出版行为实施依法管理。局里每年都举办多期培训班,第一课就是讲解《出版管理条例》。这一课由我讲,由我解读,是固定不变的重点课目。让省内所有从业人员都要认识到《条例》的实施有如下意义:一是规范我国新闻出版从业人员的行为;二是为行政出版管理部门提供依法行政的依据;三是为我国出版事业的繁荣发展提供保障。我把《条例》体现的管理制度归纳为十项,逐项给大家讲解:1. 出版单位设立的审批制度;2. 出版计划和重大选题备案制度;3. 实行属地管理制度;4. 实行主管主办单位制度;5. 出版单位法人制度;6. 编辑责任制度;7. 实行出版单位年检制度;8. 实行出版物奖励制度;9. 实行出版物禁载制度;10. 实行违规惩罚制度。让体现以上制度的内容在从业人员心中落地生根。如果犯了"规条"受到惩罚，不是谁找你的毛病，是你咎由自取，从而以法律来化解管理者与被管理者之间的矛盾。"出版自由"历来是一个敏感的话题，从业人员对此也有不少困惑。我在讲解这一点时总是讲两句话，一句话是《条例》保障公民的出版自由。第二十三条规定："公民可以依照本条例规定，在出版物上自由表达对国家事务、经济和文化事业、社会事务的见解和意愿，自由发表自己从事科学研究、文学艺术创作和其他文化活动的成果。"另一句话是，《条例》第五条同时也规定："公民在行使出版自由权利的时候，必须遵守宪法和法律，不得违背宪法确定的基本原则，不得损害国家的、社会的、集体的利益和其他公民的合法的自由的权利。"这就是说，自由是有界线、有边界的。我据此做了一个生动的比喻，这就是"唇线效应"：一个女人涂口红先要画唇线，口红要涂在唇线以内，否则就破了规矩，败坏了形象。这个例子在吉林出版从业人员中广为人知。

其次是分类管理。我们对省内 14 家出版社进行分类，一类是局直属出版社，共 8 家；一类是大学社，共 3 家；一类是地市州出版社，共 3 家。根据各社的功能属性、不同特点实施管理，使各社呈现出鲜明特色。少数民族地区出版社也作为一类出版社管理。在政策允许范围内给予照顾，不搞"一刀切"。

再次是统筹管理，即对出版资源进行统筹使用。新闻出版总署对各社书号使用进行管理之后，每年限定各社有一定的书号使用量。我们征得上级同意，将省内各社书号"打包"使用。表现优良的出版社可以多使用书号，表现差的出版社减少书号使用。以书号为杠杆，起到奖优罚劣的作用。

最后是刚性管理。突出管理的原则性，凡有明文规定的，不可以变通，必须执行到位。在管理实施时，不分直属社、非直属社，不分亲疏远近，"一把尺子量到底"。例如，我们严格质量管理，经局里同意，制定了一系列质量管理规定,对超出国家允许的差错率范围的出版物实行"零容忍"。对超出允许差错率的图书,有一起处理一起,对责任编辑罚款 5000 元。责任编辑对处罚不满的,可以申请专家委员会仲裁,仲裁后,确认差错率超标必须接受处罚。有的当事人到图书处骂人、闹事,我们也决不让步。

所谓"添彩",就是给省内的良好出版势头"锦上添花",助力加油,帮助出版社出好书、争上游,在全国竞争中获得优势,这些都通过"抓繁荣"这一方面来实现。这方面我们重点采取了下列措施:

一是狠抓选题,在筛选选题时确立优质"种子",为出版繁荣多出好书奠定坚实的基础。各社一年一度的选题讨论会,分管出版的副局长都带我们图书处的同志前去参加,听了之后还要进行集中评点,这对处里的同志也是业务历练。在听选题中,我们特别关注有争议的选题。我有这样一个体会,有争议的选题往往是好选题、重要选题。因为有创新,才会有争议,那些年我从争议中发现了许多好的选题。每一年全局的选题我们都认真地梳理一遍,形成出版计划,而此时一年的收成也大体清晰可见。

二是抓大项目、扶持重点选题,加大实施力度。我牢记姜念东总编辑关于抓重点、抓大项目的叮嘱,争取每年在全省抓十个八个大项目。这些大项目扎根出版社,完全由出版社实施,但局图书处要给予重点扶持。为了某些重点选题审批通过,我们一趟一趟跑出版总署协调,还跑相关部门去要政策、要资金,把这些项目一一落到实处,如期出版。虽然我们是"无名英雄",项目出版了,一无名二无利,但仍乐此不疲。比如,我就参加了时代文艺出版社重点图书《臧克家文集》的组稿过程,和责任编辑张秀枫一起去拜访臧克家先生,落实有关事宜。这本书后来获得国家出版政府奖优秀图书提名奖。

三是完善评奖条例,建立激励机制。搞好优秀图书评奖,重点奖励优秀图书,是一个重要导向。我到图书处工作后,专门就评奖进行调研,完善了长白山优秀图书奖和吉林省政府优秀图书奖评奖、颁奖办法,出台了《关于评选、奖励优秀图书的若干规定》,加大了奖励力度,提高了奖励标准,同时提高了评奖质量。我们对吉版图书在全国获奖予以高度重视,认为这是提高全省出版知名度的一个重要方面。由图书处统筹对全国各个大奖的报送,注意分析各个奖项的不同特点,选取适合选送的图书"投其所好",提高命中率。我们还找相关部门和有关评委介绍报送评奖图书的特点,加强沟通和交流。那些年,吉版图书在全国大奖中获奖率居全国上游水平,"五个一工程奖"中的优秀图书奖年年榜上有名。吉林人民出版社出版的《二十六史大辞典》能够获得"五个一工程奖",图书处的同志们功不可没。

四是注重展示宣传吉林省优秀出版成果。每年参展北京国际图书博览会都由图书处负责,后来扩展到各种优秀出版成果展、新中国成立以来优秀图书展,凡与展示出版成就有关的,都由图书处负责。每一次我们都认真参展、精心设计、精选展品。我们确定专人负责此事,孙亚飞、周岚、张弘等做了大量工作。每次展会我都在现场,也多次参加过领导人参观专场,接待过江泽民、胡锦涛、温家宝、李长春、刘云山等党和国家领导人。一次,胡锦涛同志在吉林展台停留,他翻着《二十六史大辞典》问我:过去都称《二十四史》,现在叫《二十六史》,二者有什么不同? 幸亏我之前做了一点"功课",请教了有关专家,知道其中缘故。我说:回答总书记,过去叫《二十四史》,现在叫《二十六史》,是因为在原有二十四史之外增加《新元史》和《清史稿》两部书。锦涛同志点点头,去了旁边辽宁展台。我们注意加强吉版优秀图书的宣传,通过书评、广告等形式扩大吉林出版的影响。每年展览会等大展,我们吉林省的广告都格外耀眼,"吉林出版"四个醒目大字光彩夺目。为扩大吉林出版的影响,提高在全国的知名度,花这点钱是值得的。

离开图书处已经十六七年了,写出以上工作,我需要认真地进行回忆。但下面这三点则是融汇在生命的记忆中,一辈子也难以忘怀。它是我在图书处工作最有亮点的三个方面。

其一，我们图书处和所属14家出版社建立了良好的人际关系。这种关系不是"油水关系"，而是"鱼水关系"；不是"猫鼠关系"，而是"骐骥关系"，这得益于我们的"站位"。我们是出版管理部门，国家赋予我们管理上的权威。就这一点来说，我们是居高临下的，在管理中是权威部门。但作为个人来说，我们和被管理者是平等的，必须互相尊重，我们尊重别人，别人才能尊重我们，相互尊重才能建立良好的关系，才能以诚相待，才不会当面说好，背后"骂娘"。我们一些领导干部"高人一等"的症结就在这里。我当图书处处长那些年，因为有些精神没吃准，或把关不严，在图书内容方面也出现过这样那样的问题。对此，我们都实事求是地加以分析，因为这都是工作失误造成的。为了汲取教训，严肃处理也是必要的。但我们图书处也把自己摆进来，找出我们的责任。需要去向上级说明情况、做检讨，我们一起去；需要承担责任，我们一起去承担；需要去沟通、疏解的，我们也努力去做。久而久之，我们和出版社建立了相互信任的密切关系。出版社不再对我们"敬而远之"，而是与我们走得很近，主动接受了我们的管理。工作归工作，管理归管理，但管理者和被管理者之间建立了兄弟般的情谊，图书处提出的工作任务都得到了很好的落实。"人际关系也是生产力"在这里得到了很好的体现。

其二，我们和出版社总编办建立了密切联系，培养了图书处的"子弟兵"。图书处日常打交道最多的是总编室，总编室负责有关精神的上传下达和一些任务的落实，负责与图书处信息沟通和上报各种材料。总编室在出版社居重要位置，领取书号、规划选题、推进项目，总编室的同志忙忙碌碌，非常辛苦。图书处就那么几个人，要想把工作任务落实好，就要有一支队伍，这支队伍就是各社总编室人员。我们首先要求各社配强、配齐总编室人员，尤其是总编室主任。其次是加强培训、交流，提高工作能力。这种培训、交流也是丰富多彩的。我们每年上半年举办一次活动,下半年举办一次活动。上半年时间长一些,走得远一些,有时在省内,有时在省外,有时在国外,我们先后组织去过松花湖、山东烟台,还出国到过朝鲜,让全体人员开阔视野,密切相互间的人际关系。下半年在省内,由一家出版社主办,其他各社编务人员参加,对年度工作进行总结,对下一年度工作加以展望,提前"吹风",对图书处下半年的工作来一个"安民告示"。除此之外,我们还特别关心编务人员的成长进步,创造各种条件使他们得到提拔重用。东北师范大学出版社现任社长吴长安、东北朝鲜民族教育出版社社长韩明雄、吉林摄影出版社社长孙洪军等,就是当年出版社的总编室主任。先后还有一大批编务人员走上了重要岗位。

其三,大胆从吉林省"走出去"。和中宣部、新闻出版总署等机关的领导和工作人员广泛接触,介绍情况,接受指导,使自己的工作更加紧密地结合全国大局,充分领会上级精神。和外省新闻出版局图书处广泛交流,互相学习,建立密切的省际关系。热情接待上级,以及各省来指导、交流的人员,使吉林省出版局图书处在全国图书出版系统中获得"重要站位",获得更多的信息和出版资源,以及更多的合作机会。那时吉林省出版局图书处的工作在行业中有名、在省内有声,获得了比较多的赞誉。

这七年半,我的人生有很大收获,除了干好工作,还借助开会交流,足迹遍布大江南北,广开眼界,思路大开,撰写了两部诗集、两部散文集在省内外出版。我喜欢图书处的工作,人际关系和谐,工作驾轻就熟,若不是一件事刺激了我,我不会离开这里。一天,吉林省委机关的一位厅级领导来新闻出版局办事,在门口瞥见我的身影,就问别人:那是不是樊希安?得到肯定答复后,他不解地说:他是不是犯了错误,要不,怎么现在还在这里当处长?说者无心,听者有意,正好人民出版社班子调整,空出一个属于副厅级的总编辑岗位,于是我就离开图书处有了"进步"。也有人说我这次"进步"

是"大难不死必有后福"的一次验证。1994年4月,我刚到图书处不久,去宁波参加全国图书审读工作会议,会议组织与会人员游览普陀山,我们乘坐一艘已退役的海军舰船回程途中遭遇大风,既靠不了岸又抛不了锚,夜晚在海上随风漂流,后被福建东山的一条大船搭救,全国图书出版管理部门领导和各省几十名图书处处长才幸免于难。我也在其中。今天想来,仍然后怕。记得下船后,部队首长专门安排宴席,亲自慰问,听说我恰逢生日,还做了长寿面给我。那一天是1994年4月18日。2001年7月,我离开图书处,到吉林人民出版社就任总编辑。

凝聚两年心血的《总编辑手记》

我到吉林人民出版社任总编辑时，吉林人民出版社在市场竞争中搏击，虽然仍在不断前进，但不复有巩德仁社长、姜念东总编辑在任时的气象和风采。我们班子中的这些人也没有当年社领导的水平，编辑队伍变化很大，也不如过去齐整。在这种情况下，我们这届班子勉力而为。我作为总编辑，本着"不越位、不缺位"的原则，努力去做好分内的工作。

从2001年7月到社任职，至2003年12月任吉林省新闻出版局副局长，我在吉林人民出版社任总编辑两年多。这是我离开吉林人民出版社8年之后"荣归故里"，但肩上的担子更重了。这两年多的时间里，除了去北京组稿，我很少到外地出差，也没出国访问，除了写几篇书评发表，几乎没写任何作品，我把全部精力都用到总编辑这个岗位职责上。将要离开吉林人民出版社时，我为了留一点纪念，于是以在吉林人民社审稿时的审稿记录为主，出版了一部《总编辑手记》。《手记》实际是一本工作记录，它记录了我两年来的所见所闻、所思所想、所悲所喜，是我两年工作的一部缩影。国家新闻出版总署原副署长、中国出版集团原总裁杨牧之以"勤于思考，终有收获"为题，为这本书写了序言。牧之先生在序言中说：这些文章出自一位图书出版社总编之手，紧密结合出版业务，来源于活生生的出版实践，且文笔生动流畅，多有新意，对其他出版社老总、图书编辑以及所有从事出版工作的同人，都会有所启迪和帮助，其价值是不言而喻的。

　　牧之先生的序言多有褒奖之词,我把这当成领导、前辈对自己的鞭策。回顾两年来的工作,我主要做了这么几件事:

　　第一件事是抓选题,注重规划,突出重点,搞好实施。

　　选题乃出版社生存发展之本,换句话,选题是强社的关键、出版的关键。从社会效益来说,一个好选题,就是一本好书;从经济效益而言,一个好选题就是一个好项目。实践证明,选题工作是出版工作的重中之重,必须引起社领导的高度重视,总编辑抓选题是职责所在,责无旁贷。全社要把选题工作放在突出位置,这是我的一点经验体会。在出版社,谁都希望有好选题,但好选题的选择需要有胆有识,所谓有胆识,就是"识货",从许多选题中看到某些、某个选题的价值,没有胆识,很多好选题就丢掉了,就像歌剧《刘三姐》中唱的那样:"绣球抛来你不捡,两手空空捡忧愁。"有了好选题,还要注意抓好落实,"好苗长歪","好选题"瞎掉"的事情并不罕见,常让人为之"一声长叹"。作为总编辑,我在任时反复向编辑们强调"选题意识",使之在头脑中牢牢扎根。在具体制定规划时要做到:

　　1. 增强特色。把特色做大、做厚实,锦上添花,用通俗的话说,就是"越肥越添膘,越瘦越抽条"。

　　2. 搞好定位。编辑室要定位,每个编辑都要定位。制定选题时,先问一问:我是谁?我从哪里来?我有什么样的知识与能力?我能做什么样的选题?定位既要眼盯市场,又要从自身实际条件出发。

　　3. 突出重点。坚持"有所为有所不为"的原则,只有"删繁就简三秋木",才能"霜叶红于二月花"。

　　4. 目标明确。哪些是社会效益突出的,哪些是经济效益突出的,哪些是双效俱佳的,摆放得清清楚楚、明明白白。

　　5. 重在规划。确立规划意识。既要看一年,又要看三年;既要看眼前,又要看长远。做到主线清晰,层次分明,重点突出,选题充实,措施得力。人人有规划,室室有规划,最后由小而大,形成社里的年度计划。

说到底,好选题是思想的结果,不是技术的成果,是作者与编辑思想火花的碰撞,而不是"哥俩好"的默契。我们鼓励编辑大胆创新。新颖、新鲜、新奇、新锐、新潮、新思路、新格调、新视野。新,才能独领风骚;新,才能印象深刻;新,才能鲜艳夺目。创新的基础是观念上的与时俱进,创新的前提是敢想敢干、"大胆妄为"。在制定选题时要把敢想和实事求是结合起来,也就是胡适所言"大胆假设,小心求证"。为此,我们要求编辑进一步解放思想、解决观念问题,对下列几个关系要重新认识,解开思想上的"扣子"。

第一,经济效益和社会效益的关系。对待两个效益,不应执其两端,相互割裂,而是要认识统一性和同一性。在社会主义条件下,在社会意识形态的总体氛围中,在坚持社会主义出版方向的前提下,经济效益是实现社会效益的前提。从某种意义上说,社会效益包含在经济效益之中,只有实现经济效益,才能实现社会效益。出版社生产的图书远离市场,游离于市场,不能进入市场运营状态,没有经济效益,社会效益就无从谈起。图书作为商品,只有拥有众多的读者,才能说实现了社会效益。出版社的利润指标、发行码洋、社会反馈、市场份额,自然地包含社会效益,二者互相包容,密不可分。着眼于社会效益,就必然有经济效益,有了经济效益,社会效益的实现就落到了实处。因此,要解放思想,大胆、明确地追求经济效益,任何遮遮掩掩、半推半就都是自我束缚。而实现经济效益的根本途径,就是面向市场,让选题在市场中升华、升值。

第二,讲政治与奔市场的关系。讲政治是党对我们出版工作者的要求,政治立场、政治敏锐性、政治辨别力,我们任何时候都不能忘记。但是,讲政治必须和讲经济、讲发展统一在一起,不能孤孤单单地变成一句空洞的口号。发展才是硬道理,出版业讲政治就集中表现在自身的发展上,要发展自己,就必须奔向市场。有的人认为,奔市场就是单纯追求经济效益,就是不讲政治。这种认识是片面的。在坚持方向的前提下,在遵守《出版管理条例》的前提下,讲经济就是讲政治。没有经济效益就谈不上发展,不能用自身特殊的方式去推动社会进步,讲政治就成了一句空话。从另一方面说,单纯讲政治也不可能推进经济的发展。只有把讲政治与奔市场密切结合起来,才能取得好的效果。

第三,观念检验与实践检验的关系。对图书选题来说,所谓观念检验,就是用一种既定的模式、指导思想、已有的框架去进行检验。所谓实践检验就是市场检验,就是读者检验,就是大众的检验。前者的评价标准是主观意志或已有观念和经验的产物,后者则来自活生生的实践。按照实践论的观点,检验选题的只能是市场,市场的认可就是最高的评价。因此,我们调整选题结构只能围绕市场,不能围绕“观念”,更不能围绕个人意志。在实际操作中要克服以往认识上的几个误区:一是不面向市场,而是面向评委的误区,把获奖作为最高标准;二是不面向市场,而是面向领导的误区;三是不面向市场,而是面向书店的误区;四是以书养书的误区。在牢固树立紧紧围绕市场指导思想的基础上,我们用市场的眼光审视现有的选题结构,下大气力予以调整、优化。多保留反映市场真正需求的选题,培育适应市场发展趋势的标志性产品,增加灵活机动的、适应大市场的小选题,高度重视有明显经济效益的支柱性选题。游离于市场之外的选题不上,没有把握、投资巨大的选题不上,广种薄收的选题不上,没有经济效益的选题不上。这就是所谓的“四不上”。按照这一原则筛选,既坚持了政治标准,又提高了选题的“含金量”,使吉人版图书实现社会、经济效益全面提升。

第二件事是精心审稿,严把政治关,确保书稿内容不出政治问题。

吉林人民出版社没有设立审读室,没有专职审读人员,重要稿件、敏感选题都由总编辑直接审稿把关。两年来,我审阅了几十部书稿,履行了总编辑的职责。我由此得出的结论是,政治上这根弦一时一刻也松不得,稍一疏忽,就会酿成大错。比如我曾审读一部国外学者写的学术专著《国际美学前沿丛书》,按说这应该是远离政治的、纯粹学术的,但事实并非如此。在本丛书中就夹杂着这样的观点:"……各种情形的国有社会主义国家政权体制及其共产主义党派的相继倒台——所有这一切都是由于统治阶级乌托邦政治教条在意识形态、政治以及社会方面的贫乏造成的。当然,这种政治教条超过了普通的政治意识形态,因为它在牢牢的掌握中控制了整个社会领域。"还有其他议论。概括起来说,这些观点认为:社会主义国家的制度限制且不利于艺术的发展与弘扬;对一些国家选择的社会主义制度说三道四;对社会主义的未来表示怀疑;对中国以及其他实行社会主义制度的国家的社会实践加以不切实际的评头论足。好在这种观点是局部的、零碎的,删除之后不影响整本书的大局,不削减全书的整体价值。在和责任编辑杨晓红商量之后,我在终审中对书稿做了局部处理。类似上述情况并不鲜见。有一本国外学者的著名经济学专著,我们原本是想翻译出版的,但在审稿中发现这本书有极强的政治倾向,作者从根本上对社会主义制度加以敌视,而且这种敌视是"骨子里的"。既然是"骨子里的",就不可救药,我对它判了"死刑",宁可赔版税、翻译费,也不能让其"出笼"。也有一些情况,不是作者有敌意,而是粗枝大叶或笔误造成的,如书稿中,有人问:你是香港人还是中国人?答:我是香港人。这个问话本身就包含着错误,如果不纠正,岂不是把香港从中国分割出去了吗?好在这些我们都及时发现并做了处理。

吉林人民出版社每年出几百种图书,仅靠总编、副总编把关,怎么忙得过来?为了确保不出问题,我们从对年轻编辑培训抓起,要求所有编辑要树立政治意识,必须有清醒的政治头脑。充分认识到出版社不同于一般的企业,编辑职业不同于一般的职业,我们的产品不同于茶杯、酒具等一般具有实用价值的商品。鲜明的意识形态属性、强大的教化功能,都使我们的行业、职业、产品具有特殊性,和社会政治密不可分,一言一行、一章一句都肩负着政治责任。我常给编辑们讲编辑工作是"带电作业","电"是什么,就是政治。我们选定了编辑职业,又想离开政治,那就像"提着自己的头发想离开地球一样",是完全不可能的。既然选定了这个职业,就应当头脑清醒,把"讲政治"作为第一要务。否则,其后果不仅会给个人带来麻烦,还会给党和人民的事业造成不可挽回的损失。讲清了这个利害关系,还要给编辑们讲一些应知应会的知识,比如处理涉台、涉港、涉澳的书稿,要注意哪些方面的问题,如何讲究政治性、政策性、艺术性,让编辑们既能认真把关,又能把到点子上。在发动编辑"群策群力"的同时,我们认真落实"三审制",厘清各自责任,使初审、复审、终审都分别把关到位。特别是发挥编辑室主任的作用,"解决两头硬中间软"的问题,使道道关口都发挥作用。由于大家共同努力,我任总编辑期间,吉林人民出版社所出图书,没有一本在内容上出政治问题,也没有一次因内容问题受到上级批评。

第三件事是注重在出版实践中培养年轻编辑。

我在任上时,吉林人民出版社年轻编辑很多,如何使他们早日成长,成为出版社的栋梁,我按姜总编带我时那样,注重让他们在实践中锻炼进步。吉林人民出版社编辑的组稿范围,一般在北京、长春,青年编辑出去组稿,大都有点胆怯,凡是他们提出让"总编辑出面"的,我都在所不辞。一是带他们蹚蹚路子,二是多认识一些人,三是在第一时间对一些稿件做出取舍,省得来回折腾。可以说,几乎社里年轻编辑外出组稿,我都陪同过。刘文辉现在已成为吉林出版集团的重要骨干、领军人物,她当年初到吉林人民出版社时也没什么经验,但积极性很高。我带她出过几趟差,组到《大龙邮票》《书香门第》等书稿。《书香门第》出版后,我撰写的书评在《光明日报》发表,不仅使责任编辑提升信心,还扩大了这本书的影响。对贾淑文、吴兰萍、郭艳秋等老一点的编辑,我则是给她们压担子,对她们承担的重点选题,从各方面开绿灯。贾淑文组稿的《党魂——老一代共产党人优良作风 300 个故事》，社里列为重点项目，我也参与进来，从组织出版、召开发布会、参加评奖、媒体宣传等方面予以协助，使这本书取得了良好的社会效益和经济效益。后来贾淑文提出开发高中教材，我们又一同找吉林省教委有关部门反复沟通、落实，终于上了这个项目，并收到了较好的成效。

第四件事是努力提高吉人版图书质量，千方百计杜绝不合格产品。

按照国家出版物文字编校质量的有关规定，差错率超过万分之一的为不合格产品，控制在万分之一之内的为合格产品，控制在万分之零点二五以内的为优质品。我刚到社里不久，就接到国家新闻出版总署图书司曹宏遂处长电话，说有人反映吉人版《中华人民共和国主席令》《中华人民共和国国务院总理令》两书，文字差错率较高，有较为严重的编校质量问题。我和社长商量后，当即做出四点决定：一是迅即向局、总署报告有关出版情况；二是暂时停止两书发行；三是组织专家对两书进行质检，质检结果出来后再提出处理意见上报；四是迅即组织人力对最近两年出版的新书进行抽检，并采取新的措施严把质量关。我之所以"闻风而动"，主要是基于对图书质量重要性的认识。长期在图书处工作，对图书编校质量格外敏感和关注。对其如此看重，是因为质量是出版社的生命。图书质量是一个系统架构，由选题质量、书稿质量、编校质量、装帧设计质量、印装质量等部分构成，其中编校质量处于重要环节，它能准确无误地用文字表达书稿的思想内容。人们读书，最关心的是书的内容，因此也很看重书的编校质量。差错率高的图书败坏读者胃口，出版这些书的出版社也会失去读者信任，久而久之，也就失去了存在的必要性。我以"珍爱我们的生命"为题，在全社宣讲质量的重要性，并采取相应措施，堵塞漏洞，使吉人版图书的编校质量保持在优良水准。"两令"之后，没有再出现过质量事故。

宛若白驹过隙，转眼之间我任吉林人民出版社总编辑已两年有余。总编辑是个繁杂的岗位，且责任重大，不可稍有疏忽，虽然勤勉工作，但也有

樊希安著《总编辑手记》

许多不尽如人意之处。思索再三，我还是把这一段和编辑业务紧密结合的所思、所忆、所想、所诉记录下来，作为工作和探索的记录，这就是今天的《总编辑手记》。它是我两年来"为人作嫁"之余的主要成果。篇篇成于星夜或黎明，其中滋味，甘苦自知。就像我在这本书的"后记"中写道的：

　　我就是本着这种愿望，来探索出版和编辑业务，去完成书中的每一篇文章。我深感肩负的重任，又品尝到了探索的乐趣。也许我这仅是美好的愿望，也许我只是望见出版这驾马车扬起的尘埃，那我也无怨无悔，乐在其中。

　　《总编辑手记》出版之后，正如杨牧之先生在序言中所言："希安属羊，今年是他的本命年。吃草挤奶是羊的生存形态，也是希安的人生追求。在《总编辑手记》问世之时，他即将走上新的工作岗位。"2003年12月，我离开吉林人民出版社，又回到了吉林省新闻出版管理岗位。

为建立延边民文出版基地凝心聚力

2003 年 12 月，我到吉林省新闻出版局任副局长，局长是朱彤，班子成员有徐邦家、胡宪武、雒书秋、张朴春和我。我负责图书处、审读室、培训中心，继许翔、张满隆、周殿富之后，担任主管图书出版管理工作的副局长。当时吉林出版集团刚刚成立，如何协调和集团之间的关系，支持集团更快发展，是面临的主要问题，也花费了不少精力。其他工作都是按部就班，唯有一件事值得说道一下，那就是我利用任副局长的有利条件，把在当图书处处长时就开始规划、已经有了一定基础的延边朝鲜族文字出版基地建立起来，使之更好地发挥作用，在国内甚至世界上产生影响，成为吉林出版一张亮丽的名片。在这方面，我和时任图书处处长徐暖流确实下了一些功夫，取得了成效。徐暖流是朝鲜族，是从延边调到省新闻出版局来的，熟悉延边出版，对延边出版事业发展很热心，付出了不少的精力，对延边民文基地建设功不可没。处里的其他同志也有贡献，因为这是一项大家都关注的工程，"延边出版"是图书处当年的"热门话题"。

据《中国新闻出版广电报》报道，2017 年 9 月 12 日，国家吉林民文出版基地在吉林省延边朝鲜族自治州正式成立。国家新闻出版广电总局副局长吴尚之、吉林省副省长李晋修出席吉林民文出版经验交流座谈会，并为基地揭牌。国家吉林民文出版基地的成立，是推进我国民族文字出版事业发展的又一重要举措。党的十八大以来，吉林民文出版工作取得了长足进步，出版了一批优秀的主题出版物，推出了一批精品力作和优秀的普及读物，深受群众欢迎和好评。同时，努力推动民文出版"走出去"，策划出版了一批展现吉林地域特色、文化特色，努力讲好中国故事、传播好中国声音的出版物。吉林省不断加大管理力度，建立健全民文出版管理制度，不断提升吉林民文出版的质量和水平。吉林省还以延边州为基地，建立健全朝鲜文字出版人才培养工作机制，形成了一支政治素质好、业务水平高、富有敬业精神的民文编辑、出版、发行队伍。据介绍，国家吉林民文出版基地以延边朝鲜文出版为特色，报刊单位以及印刷、发行单位为成员组建，集出版发行、内容集成、教育培训为一体，涵盖民文出版创意策划、数字内容服务、绿色印刷、公共阅读服务等功能，着力规划出版一批优秀民文图书。

看到这则报道，内心的喜悦油然而生，因为我也曾和大家一起为这一基地建设凝心聚力，付出过一点辛劳。我们那时确实提高了对加强延边民文出版工作的重要性的认识。民族出版工作是我国出版事业的重要组成部分。研究民族出版遇到的难题与出路，寻找新的增长机会，不仅有利于我国出版事业总体水平的提高，而且由于民族出版的特殊地位，也有利于社会的发展与进步。中国朝鲜族出版工作是我国少数民族出版工作的重要方面，也是吉林省出版的一支重要方面军。搞好延边的民文出版，不仅能推动当地社会发展进步，使吉林省的出版工作形成鲜明特色，还可以在全国乃至世界上产生影响。这是由延边地理位置和朝鲜族聚集区特点决定的。不过，我们当时提出的不是建设"国家民文出版基地"，而是提出建设"朝鲜族文字出版中心"。相应地，我们提出建设独具特色的中国朝鲜族出版文化。我还就此进行过调研，在延边出版工作会议上做过专题报告，在中国朝鲜族出版文化国际（延吉）研讨会上做过演讲。

我认为，吉林省延边朝鲜族文字出版具有良好的基础。延边朝鲜族自治州是全国最大的朝鲜族聚集区，也是中国朝鲜族出版的摇篮和基地。这里既有用民族语言文字播放的广播电视，也有出版本民族文字图书、教材的出版社和报纸杂志。以 1947 年延边教育出版社(后改名为东北朝鲜民族教育出版社)成立为标志,新中国朝鲜族出版事业经过长期的发展,逐渐形成了规模与特色。在这一过程中,也培养了一大批朝鲜族出版人才。他们受过高等教育,有良好的政治素质和文化素质,有弘扬民族文化的强烈愿望,有敬业精神和牺牲精神,通晓本民族语言文字,了解朝鲜族群众的文化需求,是完全可以依赖的创造朝鲜族出版文化的有生力量。在我们国家的少数民族地区,有延边人民出版社、延边教育出版社、延边大学出版社三家出版社,这在全国很少见。这一方面说明国家对延边出版的重视,也能看出朝鲜族出版文化的兴盛发达。

所谓中国朝鲜族出版文化,即指我国朝鲜族在实践中提炼形成的属于出版领域的文化特征,它是时代的、民族的,又是出版领域所特有的。丰富多彩的中国朝鲜族民族文化是中国朝鲜族出版文化形成的母体和基础。众所周知,中国朝鲜族有独具特色的民族文化。自 19 世纪中叶以后,由于战乱、饥荒、封建暴政、外来帝国主义入侵等原因,大批朝鲜人陆续从朝鲜半岛越境迁入我国东北边疆的一些地方定居下来,并在这块美丽富饶的土地上劳动、生息和繁衍,逐渐形成我国的一个少数民族。虽然中国朝鲜族形成只有一百余年的时间,但是朝鲜民族却有数千余年的悠久历史,由此而言,中国朝鲜族文化传统有很深的源流。在百余年的形成和发展中,中国朝鲜族保持和发扬了悠久的民族传统和灿烂的民族文化,在血统、气质、文化、风俗、心理素质等方面,保持着鲜明的民族特性。而且在继承本民族文化遗产的基础上,不断汲取汉族和其他民族的文化精华,使民族文化愈来愈具有中国特色。

在认识中国朝鲜族传统文化时,我们要进行深层次的挖掘,延伸到精神领域。比如,朝鲜族具有开拓精神。最初进入中国东北境内就是从"拓荒"开始的。再比如,中国朝鲜族具有爱国主义精神。自从进入中国境内,形成了中国朝鲜族之后,就义无反顾地投入爱国反帝斗争。抗日战争中,延边涌现出 2726 名烈士,其中朝鲜族就有 2560 名;解放战争中,延边涌现出烈士

3350名,其中朝鲜族就占一半以上。"山山金达莱,村村烈士碑",就是朝鲜族革命斗争史的真实写照。1919年3月13日爆发的延边历史上空前的反日集会游行,比五四运动还早一个半月。总之,面对强暴,朝鲜族人民从不屈服,坚持斗争,前赴后继,为中国革命的胜利付出了巨大的民族牺牲,做出了不可磨灭的贡献。

上述精神财富和文化传统都是朝鲜族出版文化的根基。当然,出版文化不等同于民族文化传统,不是照抄照搬,而是融入了新的时代精神,具有自身的特点和内涵。创造出版文化,要注意对民族文化取其精华,并根据时代要求加以发展,推陈出新。

对于建设独具特色的朝鲜族出版文化,我们明确提出以下思路:一是要突出特色。中国朝鲜族是很有特色的民族,朝鲜族文化是很有特色的民族文化,正在建设的朝鲜族出版文化一定要具有特色。只有特色的才是民族的,只有民族的才是世界的。特色是生命之所在。二是要以精品为龙头。出版文化以出版物为载体,主要体现在出版物中。因此,要注意推出使用本民族语言的出版物精品,做到思想精深、设计一流、印制精美,逐步形成规模和系列。三是要以新的出版理念为支撑,树立市场观念、产业观念、由传统出版向现代出版转变的观念,具有现代意识与新的时空特点。四是要大力发展出版产业,努力壮大经济实力,为出版文化的形成和发展提供产业条件。

我对图书处的具体要求是:

1. 充分认识民族出版工作对民族进步、经济发展、社会稳定、中华振兴的重要意义,继续在政策上对民族出版给予有力的扶持,加大倾斜力度。如扩大出版范围,允许以书养书;提供信息服务,加强相互交流;经济上帮穷扶困等,创造良好的外部环境。

2. 积极探索民族出版的新思路、新模式。

3. 深化改革,进一步提高管理水平。民族出版的根本出路在于改革,在于提高出版社内部自我管理能力和经营水平。

4. 努力开发外向型选题,加大外向型图书的出版力度。延边三家出版社在这方面有独特优势,要善于发挥利用。

5. 加速更新和培养少数民族出版队伍。

6. 加快给延边民族出版"定位",突出民族特色。特色、个性是一个出版社的生命,也是一个地区民族出版的生命。朝鲜族创造的灿烂文化和延边地区独具特色的风土人情为出版提供了丰富的选题资源,独特的文化、艺术、风土人情就是民族出版的特色所在。

对于"朝鲜族文字出版中心",要重在建设。建设主体是延边三家出版社,核心是出版社中的民族出版。省局明确做三件事:

一是高度关注,大力扶持,作为全省出版的一项重要工作予以布局,提供有利于建设"延边朝鲜族文字出版中心"的各种条件。

二是给予实实在在的政策和资金支持。省里自不必说,我们还和延边三家出版社的同志一起,到北京找国家民委、教育部、新闻出版总署协调有关资金,一趟一趟跑,也确实得到不少资金上的帮助。

三是抓大项目,出精品,通过出版物扩大延边朝鲜族文字出版在全国乃至世界上的影响力。那些年我们抓的民文版大项目有十多个,有的还在国家评奖中获得大奖。其中《当代中国朝鲜族》大型摄影画册给我留下的印象最为深刻。该大型摄影画册是由东北朝鲜民族教育出版社和延边海外问题研究所共同组织编辑的。在此之前,没有一本反映中国当代朝鲜族的大型画册,因此该画册得到了国家民委和吉林、辽宁、黑龙江、北京、内蒙古自治区民委的大力支持。全国许多朝鲜族群众关注、支持这件事,初期仅照片就汇集了3000多张。出版社和研究所更是组织得力编辑、作者,前后历时3年来完成这项编著任务。对这部具有少数民族特色、吉林地方特色的画册,吉林省新闻出版局将其作为吉林省重点图书、"五个一工程"参选图书、国庆献礼项目,先后有 8 名同志参与了体例商定、版式设计、最后定稿、异地印制等项工作,付出了许多心血和精力,务求推出思想精深、艺术精湛、印制精美的一流精品。我从确定选题开始介入,一直到印刷完成,参与了出版全过程。有一年冬天,我们省出版局一行数人到延边听取出版社年度选题计划汇报,当东北朝鲜民族教育出版社领导讲到《当代中国朝鲜族》摄影画册这一选题时,大家眼睛一亮,立即觉得这是一个重大选题。当场大家七嘴八舌地提了不少建设性意见。不久,我们就将该选题列入吉林省重点选题规划和 1999 年国庆献礼图书规划。我认为,这本画册立意很好,表现形式亦好,既具有政治意义,又具有艺术价值。我国是一个统一的多民族的社会主义国家,有 200 万人口的中国朝鲜族为创建新中国付出了巨大的牺牲,做出了重要贡献。新中国成立后,在党的民族政策的光辉照耀下,朝鲜族在经济发展、社会进步、民族文化教育事业等方面取得举世瞩目的成就,政治生活、精神面貌都发生了深刻变化。"放眼山山金达莱,细看村村烈士碑。欢舞欣逢盛世日,高歌一曲道拉吉",这首诗便是真实写照。朝鲜族又是很有特色的少数民族,具有勤劳勇敢、尊老爱幼、热情好客、讲究卫生、能歌善舞等优良传统。"就是卖掉家中耕牛,也要让孩子念书",这句朝鲜族谚语,说明了他们重视教育的程度。我对这句话铭记不忘。编好这本画册,既能给海内外读者了解当代中国朝鲜族提供帮助,又从一个侧面反映新中国建立以来翻天覆地的变化,为进行社会主义教育、爱国主义教育和民族团结教育提供一本良好教材。因此,这一选题一经确定,我们就牢牢抓在手上不放。当出版社在资金投入、图片编辑感到有一定难度而想放弃时,我们都及时予以鼓励和帮助。应出版社之邀,三次组织有关专家在延吉、长春座谈讨论,具体参与编辑、定稿工作,帮助完善编辑体例、装帧形式。比如,封面原设计为长白山风景照片,我们建议换用人物照片直接揭示风貌。现在的封面为极具动感、欢快热烈的长鼓舞演员舞蹈照片，封底为一张慈祥幸福的朝鲜族老人肖像，一动一静、一男一女、一老一少相互映衬，彩色、黑白照片相互对照，直奔主题，形成了欢快、轻松的基调，一下子就吸引了读者的视线。我们建议改变原来类似宣传画册的体例，突出艺术性和审美价值，最终呈现出一本综合性摄影艺术画册。我们建议把视线聚焦在当代朝鲜族群众的生活上，不是一般地分为工业、农业、金融、交通、旅游等各个部门，而是直接切入他们的政治生活、经济生活、文化生活、生活习俗，以人为本，直接"登堂入室"，反映新时代的精神面貌和生活情趣，等等。有一次去延吉参与定稿时，我在会上就突出特色、结构布局等问题再次提出建议。返回长春后意犹未尽，便把一些想法整理成10首小诗，寄给出版社的吴昌振社长参考。我首先鼓励出版社继续努力，力求达到完美："为争优质数致辞，我之愚见望君思。莫恋中途风光好，再攀几步是天池。"提出进一步删繁就简、突出特色："根深叶茂五十年，民族花开朵朵鲜。花多还需细挑选，但求精致不求全"，"千朵万朵花满枝，删除尚需费心思。人无我有重特色，减到少时是多时"。同时，我认为图片的架构、布局、大小要进行再调整："格局初定再剪裁，一匹锦缎巧安排。以人为本贯主线，浓墨重笔写当代"，"譬如大师画名山，风荡云飞势不凡。浓墨泼出青山后，不忘山溪水潺潺"。关于如何突出政治性，我认为："金达莱开火样红，全赖春风春雨功。不须表层浮称颂，赞声留给百花丛。"为了保证编校质量，我和徐暖流及省内著名装帧艺术家龙震海赴深圳雅昌印刷厂"坐镇"，冒着酷暑，在深圳住了十多天，一遍一遍看样、校正照片，一直到上机付印才离开。画册空运到长春后，我先睹为快，即兴赋诗赞曰："几经攀高上层楼，终遭观者笑凝眸。百年沧桑写底本，一册锦绣展新图。培养三载春意暖，添得九月秋色稠。功告成日且饮酒，唤取换作大白浮。"

实事求是地说，我担任图书管理处处长和省局分管副局长期间，在许多同志的共同努力下,吉林省延边的民族出版工作取得了很大成绩。且不说三家出版社出版了多少好书,有多种图书获奖,也不说我们培养了一支高素质的少数民族出版队伍,其中一些人受到国家表彰和嘉奖,仅就我们形成这样一个门类齐全,延边人民、东教、延大三足鼎立、互相呼应的朝鲜族文字出版中心,就足以令人称道和刮目相看了。据统计,美国有200万朝鲜族人口,日本也有近100万朝鲜族人口,俄罗斯也相当多,我国有近200万人口,但除朝鲜、韩国外,只有我国有朝文版图书,而且在延吉有这么一个规模可观的朝鲜族文字出版中心,内心确实有些自豪。大量朝文图书的出版,满足了朝鲜族群众的需要,方便了对外文化交流,促进了经济社会发展,也给吉林出版增光添彩,我和图书处的同志们为此甚感欣慰。

在近十年和延边朝鲜族自治州新闻出版局、延边人民出版社、东北朝鲜民族教育出版社、延边大学出版社的工作交往中,我和延边从事民族出版工作的同志们结下了深厚情谊,和吴昌振、韩明雄、李东辉、李成全、崔厚泽等社长成了好朋友。刚开始到延边,叫不上一些同志的名字,只能蒙着称呼"你是老崔?""你是老全?""你是老朴?",往往也都能蒙对,因为朝鲜族也就那么几个姓,容易猜中。十年之后,延边出版社领导班子、中层干部和编务人员我都能叫上名字。我常到社里去,大家都认识我。他们到长春,也都到局里找我,有事说事,没事聊聊天,之间确实有很深的感情。我将要离开吉林到北京工作时,曾到延边去"辞行",做工作交接。几个朋友陪我上长白山天池,望着平静碧蓝的天池湖面,我的内心并不平静。我知道,我深深爱上了包括延边在内的吉林这片热土,内心的情感像火山内部的岩浆一样冲撞奔涌。此时,我向往北京,但内心已对这片土地有深深的眷恋。我曾写一首诗来表达当时的心情:"几番倾心向燕山,五十方将宿梦圆。羊头得草交红运,马蹄踏雪过蓝关。细算平生成败半,遥望重楼喜犹参。把握机遇再着力,不负友人不负天。"就此和吉林别过,和延边别过,踏上了人生新征程。

第二辑

我与三联书店

新时期出版人改革亲历丛书

走进美术馆东街 22 号

　　美术馆东街 22 号,是生活·读书·新知三联书店所在地点的楼牌号。这座编辑业务综合办公楼坐落在美术馆东街的显著位置上。美术馆东街,顾名思义,是美术馆东侧的一条街道,它紧邻新中国十大建筑之一的中国美术馆。街不长,大约和美术馆南北占地一样长短,约 300 米。三联书店和美术馆隔街比邻,南面是中国民航信息业务楼,北面是隆福医院,东面则是北京赫赫有名的隆福寺——清朝时是京城里颇有名气的寺庙,后因失火废弃,成了北京赶庙会的场所,改革开放后建有称为"隆福广场"的建筑。隆福广场建设之前,这里建有一座商店,我曾到这里来过,当时是京城购物的一大场所,我在这里购买过一件绛红色的皮夹克。后来也是一场大火烧毁了商店。不知什么原因,这个隆福广场自打建成,无论经营什么业务都没有红火过,从来都是一副萎靡不振的样子。倒是它南侧两面延伸的隆福寺小吃一条街红红火火,有闻名京城的"白魁老号""馄饨侯"等店,吸引不少外地来京的顾客。而在隆福广场西南侧所建的一栋建筑被极有实力的国内名企娃哈哈集团租赁,开了"娃哈哈大酒店",生意异常火爆,后移至南侧临街的建筑中继续经营,同样是火爆异常。看来事在人为,同是一块地方,理念不同,经营方式不同,经营效果也会不同。

　　三联书店编辑业务综合办公楼就坐落在这样一个地理环境中,可谓风水宝地。从大环境说,往西是美术馆、东皇城根遗址公园、北大红楼、沙滩、北海、景山；往南是王府井北大街，文化单位有人民艺术剧院、中国社会科学院历史研究所、商务印书馆；向东是东四，东四再往东是人民文学出版社、人民出版社、世界图书出版公司等；向北是北京有名的钱粮胡同等历史遗存，张学良在北京的故居也离此不远。这一区域文化单位众多，文化氛围浓厚，三联书店在这里受到文化滋养，同样也扎根于兹，成为其中的一个文化品牌，在这个文化区域中发挥独特的作用。

三联书店综合业务楼

听三联前任总经理沈昌文讲，这栋楼是在当时新闻出版总署的领导关心下，向国务院有关领导申请，以办韬奋纪念馆的名义建起的。三联书店于1951年奉命和人民出版社合并（发行部分并入新华书店），长期作为人民出版社的副牌社存在，在人民社内设一个"三联书店编辑部"从事业务活动。粉碎"四人帮"之后，三联书店老前辈为恢复三联书店强烈呼吁、积极奔走，请求党中央批准恢复独立建制。

和恢复独立建制相关联的还有一件事，就是确认三联书店革命历史定位、落实三联书店员工革命工龄问题。"四人帮"垮台之后，出版战线开始拨乱反正,批判"四人帮"在"文革"中炮制的"三十年代黑店论",为三联书店平反。生活书店、读书出版社、新知书店,以及后合并成立的生活·读书·新知三联书店,是在中国共产党领导下成立的专门从事新闻出版工作的进步出版机构,在中国社会进步和民族解放事业中发挥过重要作用。但对上述员工工龄计算革命工龄时,未像对新华书店那样,入店即是参加革命工作,计算革命工龄。对此,三联书店员工颇感不公,意见很大。三联的老同志徐伯昕、张仲实、胡绳、黄洛峰、钱俊瑞、华应申、邵公文等曾上书中共中央书记处,当时的国家新闻出版总署署长宋木文也积极向上反映情况。中组部部务委员、老干部局局长郑伯克 20 世纪 30 年代在上海做过地下工作,知道生活书店许多情况,他对三联书店的老同志的要求予以支持。在各方面的努力下,1983 年 5 月 26 日,中组部发出《关于确定党的外围组织进步团体及三联书店成员参加革命工作时间的通知》,明确规定:"凡是三家书店的正式工作人员,拥护党的主张,服从组织安排(需经当时分店以上负责人证明),一直坚持革命工作的,1937 年 8 月以前进店的,其参加革命工作时间从 1937 年 8 月三家书店受党的直接领导时算起;1938 年以后进店的,从进店之日算起。"这样,三家店及其他的三联书店分布在全国约 1600 人中的大多数,都满意地解决了革命工龄问题,退休后都享受了离休干部待遇。这件在全国有广泛影响的拨乱反正的大事,对三联书店具有深远意义,它既充分肯定了三联书店的革命历史地位,也为日后三联书店恢复独立建制奠定了基础。而所有这些,我都是在入店后才了解到的。

1986 年 1 月,三联书店恢复独立建制。沈昌文任恢复独立建制后的首任总经理。当时只有人民出版社分给的几间办公用房,以后又四处"打游击",一直没有自有办公用房,不利于工作和事业发展。问题反映到新闻出版署之后,署领导高度重视,经多方协调,将署管理的北京新华字模厂无偿划拨给三联书店建楼,并妥善地解决了相关事宜。在国家新闻出版署有关部门领导和沈昌文的共同努力下，建楼资金得到了解决。沈昌文回忆当时筹款的情景时，有一件事至今还很后悔：当他拿国务院有关领导的批示去找国家计委主管领导签批时，主管领导问他需要多少资金，沈昌文咬咬牙说了一个大数：三千万。主管领导笑了，说道：我这里审批的款项都在一个亿以上。你要的不多，我就给批了吧。沈昌文那个后悔啊，但话已说出，不好改口，只好非常遗憾地去办了相关手续。不过，用 3000 万元盖的这个楼在当时还是很气派的，它极大地改善了三联书店的办公条件，"美术馆东街 22号"成为显著的文化地标。

　　我能走进美术馆东街 22 号，到生活·读书·新知三联书店工作，是我的荣幸，在这里也迎来了我人生的一个新的乐章。但我到三联书店工作有很大的"偶然性"，我到这里来，不是自己要求来的，是组织上派我来的。三联书店在归属中国出版集团之前，一直归出版总署直接管辖。2002 年 4 月，中国出版集团成立，商务印书馆、中华书局、三联书店、人民文学出版社、中国大百科全书出版社等一批品牌出版社划归中国出版集团。集团成立，因事业发展的需要，陆续从京外选调一批干部。我当时在吉林省新闻出版局任副局长，主管图书出版工作，分管工作和中国出版集团业务对口，有一些接触，我也熟悉新闻出版总署到集团工作的领导同志。在一次进京公干之后，向有关领导谈了想法。领导同志问我有什么考虑，我说能到中国出版集团工作就成，没有什么挑选，只是希望能在相应的级别上安排一个职务。其实，我对职务不是看得很重，既然当初我从吉林省委宣传部出来到出版系统，就不是想当官，而是奔业务而来。之所以提出级别问题，是害怕被别人误解，以为我在吉林那边犯了错误被降级使用。如果这样，我脸面上有点下不来。除了提出相应级别安排工作之外，我没有提其他条件。去哪里，干什么，悉听组织安排。我是军人出身，一切听从组织安排已成习惯。让我干什么，我就干什么。况且中国出版集团是个品牌云集的地方，能到中国出版集团工作已是我的荣幸,我还有什么好挑拣的。

就这样,我调往北京,到中国出版集团工作的事很快提上了议程,在集团方面表示了明确的调人意向之后,我在吉林省那边也和相关领导做了沟通。当时吉林省委宣传部部长是省委常委邓凯同志,我们比较熟悉。我说了情况,邓凯部长说:这是好事,符合你的个人愿望,我支持你。没多久,中国出版集团经中宣部有关领导同意,来了商调函。省委常委、组织部部长王松鹤找我谈话。王部长也很平易近人,他说:"我刚从北京调来任职不久,最近省里调去北京一些人。说你也要调走,我了解一下,你是出版方面的人才,在省里也可以很好发挥作用啊。不走可不可以啊,是职务方面有想法吗?是住房方面有问题吗?说出来可以商量。"我发自内心地感谢王部长代表组织对我的挽留之意,但我决心已定。我说,谢谢部长,职务方面没有问题,住房方面也没有困难,我就想到北京闯一闯,到我国的最高出版机构中国出版集团去学习、提高。我说,我在吉林出版界,从业务方面来说,我做过编辑、做过编辑室主任,当过时代文艺出版社代理社长、吉林人民出版社总编辑,从出版行政管理方面说,我做过图书管理处处长、吉林省新闻出版局主管图书出版的副局长,我有志终生从事出版工作,而且取得了一定的成绩,现在发展遭遇"天花板",已经难以进步。而北京中国出版集团会给我提供一个全新的天地,也许我在那里可以大有作为。本来王部长要说服我留在吉林的,他却被我说服了。我曾在吉林省工作多年,深受有关领导的指导、帮助和爱护。在调往北京中国出版集团工作的这件事上,我又一次感受到来自领导的关爱和温暖。

2005年6月2日,中组部印发了调我进京到中国出版集团工作的调令,妻子和儿子随调进京。7月26日,吉林省新闻出版局时任局长朱彤送我到中国出版集团报到。时任中国出版集团总裁杨牧之、副总裁王俊国接待我们,安排我住在宾馆里等待组织分配。

　　在住宾馆期间，我一边等待组织分配，一边也想办法打探消息，想早些知道分到哪个单位，好有个思想准备。很快，我得到一个消息，说可能让我去大百科全书出版社工作。大百科全书出版社位于西二环边，在阜成门以北，我特意去那里看了看"地形"，觉得这里不错，有独立办公大楼。底楼有个书店，买书方便。旁边还有个"东北菜馆"，做的东北菜味道不错，我试吃一次非常满意。时间一天天过去，在我还做着"百科梦"的时候，集团领导授权人事部门通知我到三联书店任副总经理、副总编辑，让我准备到三联书店工作。说实话，听到这个消息，我一是"惊喜"，能到品牌出版单位三联书店工作，那是想也没敢想的事情啊！二是"心理负担沉重"，虽然我对三联书店了解不多，但我也知道它是由邹韬奋先生等前辈创办的，是具有重要影响的出版机构，这里大家辈出、高手林立，让人产生敬畏之感；而这里上一年刚发生过的在全国有影响的人事调整事件，矛盾突出，呈现出一个较为复杂的局面。我到这里工作，一定会遇到一些困难。不过上述这一切，都是我的心理活动，没有说出来。我在心里对自己说：能因为惧怕困难就打退堂鼓吗？这符合一个军人的性格吗？这里有困难，到哪个单位就遇不到困难呢！我进一步安慰自己：我是从京外调来的，到中国出版集团哪个单位都一样，都有一个熟悉情况的过程。困难与机遇并存，有困难就有机遇，只要谦虚谨慎，就能处理好各方面的关系；只要拼搏奋斗，就能开辟一个新天地。

　　我就是在上述情况、上述心态下走进三联书店这个出版殿堂的。2005年8月31日，集团领导到三联书店宣布我任职的决定：经中宣部同意，决定任命樊希安同志为生活·读书·新知三联书店副总经理、副总编辑，列张伟民之后……以后我又被任命为三联书店总经理、党委书记。从此开始了我在三联书店和全体员工拼搏奋斗的九年多的工作历程。我逐步融入三联，成为三联的一员，为三联书店事业的发展挥洒着心血和汗水，也借助三联这个平台，开启了自己人生的一段新里程。

"铁拐李"的青岛之旅

女士们、先生们、与会的各位朋友们，大家晚上好！

今天由我们一社五店共同举办的社店战略合作联席会，在美丽的青岛，在富丽堂皇的巨无霸大酒店拉开序幕了。请允许我代表三联书店领导班子和全体员工对大家拨冗前来参会表示真诚的欢迎和诚挚的感谢。

面对市场激烈竞争的风浪，我们共同的目的是打造一艘同舟共济的战船，大家捆绑在一条船上，向我们共同的目标进发。此时此刻我想起了"八仙过海各显神通"的传说，想起蓬莱岛上雕塑得活灵活现的八位神仙。此次会前，我意外砸伤了脚，说实话伤得还不轻，是右脚大拇指骨裂，医生让我静养，但我还是挂着拐杖一瘸一拐地来了。大家说现在的模样很像"铁拐李"，那我就自愿来当铁拐李吧。我们一社五店，加上青岛出版集团吴宝安老总，加上中国图书商报邹昱琴女士，八个单位应该够"八仙"了吧。谁是何仙姑呢，我想青岛新华书店的袁总是最为合适了，当然，河南省新华发行集团的林疆燕副总、中国图书商报的邹昱琴女士也可以"竞争上岗"，其他角色如张果老、吕洞宾、蓝采和等就由两个周总、一个刘总、一个曲总等去对号入座吧。在这么一艘新造的船上，有我们出版发行界的八位神仙，大家同舟共济，成了互相配合、紧密团结，将战胜任何风浪、可胜利到达彼岸的战斗集体。我相信大家都竭诚尽心，发挥各自的优势和聪明才智，驶往胜利的彼岸。此时此刻，我也想起了前晚在电视里看到的二十世纪五十年代由常香玉演出的豫剧《花木兰》。花木兰女扮男装，上阵前交代姐姐要侍奉好爹娘，交代小弟弟要好学上进，长大了报效国家。她动情地唱道："我的姐姐呀我的弟弟呀，咱们都需要各尽各心！"各尽各心，说得真好。我不会唱河南豫剧，但河南的周总、林总会唱，并且很精彩，一会让他们给大家表演。八仙过海各怀绝技，又各尽各心，想不成功都办不到。

以上，自称"铁拐李"的我讲了这么多，耽误大家时间了。我的脚是因鲁迅铜像掉下砸伤的，有人说，你是被文豪鲁迅砸伤的，一定是文思泉涌了。不，我今天说了这么多，不是被砸的结果，是被在座的同志们真心真意竭诚合作感动的结果。女士们、先生们，我已经感动得不能用言辞来形容了，就用杯中的美酒来表达心中波涛汹涌的感激之情吧！

请大家共同举杯，祝我们的战略合作圆满成功！

以上大段引用的文字，是我2011年4月25日晚上宴请三联书店第一届社店战略合作联席会合作伙伴时的致辞，从中可见当时的气氛和情景。

三联书店青岛社店战略合作联席会

　　三联书店创办社店战略合作联席会就是从青岛会议开始的。如我所言，我在会前砸伤了右脚大拇指，造成骨裂。就在要来青岛报到的前一天，我去鲁迅纪念馆参加三联书店出版的一本新书的座谈会。座谈会结束，纪念馆送来一尊鲁迅半身铜像作为馈赠，因为包装箱底部没有密封好，我刚接到手，塑像就"刷"地脱落下来，砸到了我的右脚大拇指。当时只觉得钻心疼痛，心想"坏了坏了"。坚持回到三联书店，在办公室脱袜细看，脚趾已经红肿淤青，疼得不能走路。我被人架着送到附近的隆福医院，拍片一看，医生说："明显骨裂，卧床休息！"我一听急了，这怎么能成！青岛社店战略合作联席会是我一手筹备的，马上就要开会了，我却"临阵脱逃"？一些同志劝我不要去，以养脚伤为重，把事情交代给其他同志办。但我还是决心要去。不是不相信别的同志，而是因为这件事是我提出并一手操办的，不去，会影响效果。我认为，砸了脚仍然坚持去，大家从中也可以看到三联书店的诚心。

　　我让办公室主任白杨找来拐杖，是副木质拐杖，拄起来不方便，双拐架着不会走路，单拐架着太难看。一位员工回家取来她老母亲已弃置不用的铁拐杖，上面是铁把手，铁杆下面有四个支撑点。我试了试，这个铁拐杖还不错，我说："好，就用这个！"于是，我在脚伤的第二天坐飞机去了青岛。多亏同行的同志照顾，使我克服上下飞机和去往宾馆的不便，顺利到达了会场。

　　参加这次会议的，还有三联书店的总编辑李昕，副总经理、副总编辑潘振平，发行部主任张作珍，以及江苏凤凰出版传媒股份有限公司总经理周斌，山东出版集团副总经理兼山东新华书店集团董事长刘强，山东新华书店集团总经理王黎明、副总经理巩兰芳，河南省新华书店发行集团总经理周卫滨、副总经理林疆燕，黑龙江省图书音像发行集团副总经理李中孝，青岛出版集团总经理吴宝安，青岛新华书店有限责任公司总经理袁淑琴、副总经理陆皎等。袁淑琴总经理对开好这次会议贡献很大。我和袁总认识较早，她是我国发行行业的"大姐大"，一是年龄大，当时已年过六十；二是贡献大,不仅把青岛书城办得好,还创造了可供全行业借鉴的经验;三是气场大,不仅与人交往很真诚,还很有感染力;四是嗓门大,红光满面,说话声音特别洪亮。她的心很细,帮三联书店把会场、来宾住处、会议议程一一落实,还特别选定在"巨无霸"大酒店举行宴会,拉开序幕。真是"星星知我心",我就是想加强出版社和新华书店的合作,把大家紧紧团结在一起,打造出版发行界的"巨无霸"啊。

为什么要"别出心裁"创办社店战略合作联席会?一是三联书店图书发行打开销路的需要。我任总经理之后,提出扩大出版规模的方针,图书出版数量日渐增多,但发行渠道很不适应。二是适应发行形势变化的需要。过去三联书店走"少而精"的发展战略,出书量不大,销售主要靠民营书店。近些年新华书店系统通过改革,呈现了强劲的发展势头,而三联书店和"新华系"书店联系不够紧密,一些书没有进入新华书店,或进入了却发得不好,这和我们日益增长的出版规模不相适应,我们必须把依靠重点转入新华书店,"借力行船"。三是想和新华书店系统,特别是先进发行单位加大交流力度,相互学习管理经验。出版、发行分属不同环节,但在企业管理上有相通之处,做法和经验可以互相借鉴。更为重要的是,我们想利用三联书店这个在全国有影响力的平台,探讨在出版发行业市场竞争日趋激烈的新形势下,如何打破上下游、隶属关系和地域等多种限制,在更广阔的领域建立新的合作平台和互利共赢的合作新机制。

这一举措得到业界的关注和肯定,中国书刊发行业协会会长杨牧之、中国新华书店协会会长王俊国致信对会议表示祝贺和关切。这一举措也受到业界新闻媒体的关注,中国图书商报社派记者邹昱琴全程跟踪,撰写《非常"一+五"蹚条新路走 三联书店联手新华书店探求战略合作新路径》一文,对会议实况和成果做了详细报道。

邹昱琴从中国图书业数十年来未有"大变局"的背景入手,分析"一社五店"建立战略联盟,其实质是强强联手,打破条块分割,整合彼此优势,达到利益的最大化。换言之,该联盟预示着品牌老社将在打破上下游、隶属关系和地域等多种限制,在更广阔的领域建立新的合作平台和互利共赢的合作新机制方面进行新的探索。邹昱琴的报道刊登前送给我看过,报道的内容我没有改动,只是在结尾加了这样几句话:"四月的青岛春意盎然,海风拂面,由三联书店发起的'非常一+五'战略联盟在这里扬帆起航。"在签订战略合作协议,圆满完成各项议程之后,袁淑琴总经理把与会人员带到青岛奥运会帆船比赛基地参观,我也一瘸一拐地跟队前往,站在海岸上朝向大海,看见海面上白帆往返,让人心胸顿然开阔。我们合影留念,庆祝会议成功。我心情激动,挂着拐杖单腿挺立,做了一个飞的姿势,这个形象被摄入相机,定格在春天的时空里。

第二次社店战略合作联席会于2012年4月25日在江苏无锡召开。一年之后,参加联席会的阵容又有扩大,从"四省一市"增加到"五省四市"。我在欢迎致辞中说:

去年青岛第一届社店战略合作联席会,共有四省一市参加,加上三联,共六家,那时号称"八仙",还各有封号,我是"铁拐李",周斌老总是"韩湘子",袁淑琴是"何仙姑",还产生了"仙二代"。今年队伍扩大了,增加到五省四市,加上三联共计10家,不仅"八仙过海",还"十全十美"了。四川、安徽已报名参加,因为主管领导有事来不了。去年我们由青岛袁大姐协办,那时在大海边,今天我们是在太湖边。无论海边、湖边,我们都是胜利的双边!去年邹昱琴女士报道上说我们正"扬帆起航",今天我们将欢迎会安排在船上,也是取一帆风顺、航行千里之意,它预示着我们战略合作的成功,预示着这次合作峰会的圆满成功。此时此刻,站在船上,望着太湖的万顷波涛,看着身边这么多新华书店的朋友和业界精英,酒不醉人人自醉,景不迷人人自迷,我们就用从北京带来的高酒精浓度二锅头,来表达火热的心意吧!

这次会议的成果,在《第二届战略合作联席会会议纪要》中有具体记载。纪要中称:

与会同志一致认为,随着文化体制的深入改革,随着数字化出版和销售网络化的快速发展,随着出版、发行企业自我调整和完善,中国出版业开始出现群雄并起、强者争先、合纵连横、集约经营、携手共赢等新格局。而在激烈的市场竞争环境下,加强合作,抱团发展,利用各自优势强强联合,才是生存发展之道,才能为社会主义文化大发展大繁荣做出新贡献。

会议还就各自发展的情况和经验展开深入交流,互相学习和借鉴,促进共同提高,获得多方面收获。因此,联席会也是学习交流的平台。与会代表一直认为,这样的战略合作联席会有长期坚持下去的必要,初步议定下届战略合作联席会明年4月在宁波召开。

会议主办方高度重视此次会议的筹办,凤凰出版传媒股份有限公司总经理周斌等六位同志出席会议,三联书店总经理樊希安、总编辑李昕、副总经理潘振平和翟德芳、总经理助理刘高源等8位同志出席会议,协办方无锡新华书店有限责任公司执行董事、总经理徐章等同志出席了会议,中国新闻出版报记者王坤宁、中国图书商报营销报与印业中国执行主编邹昱琴参加会议并报道。与会代表30余位对为圆满完成会议任务而做出贡献的各方表示感谢。

中国图书商报记者邹昱琴对这次会议的成果,以"三联书店推进渠道合作——用'社店战略'做实市场"为题做了深入报道和解读。报道中特别强调了"一社九店"的战略合作目的,即借助各自优势使各方利益最大化,谋求更为广阔的合作与发展空间，打造出版营销合作双向一体平台，同时也特别强调了"资源共享"的重要性。

2013年5月14日至17日，第三届社店战略合作联席会在宁波举办。我和总编辑李昕、副总经理潘振平等参加。宁波市新华书店协办此次会议，书店总经理陆皎、副总经理胡晓军做了大量筹备工作，已升任副总经理的张作珍带着新任发行部主任孙漩，会同办公室主任白杨，把此次联席会办得更加有声有色。

此次会议虽然时间不长，却体现了"三新"特点：

一是新成员。相比上届，此次社店战略合作联席会又增加浙江省新华书店集团有限公司和新华文轩出版传媒股份公司两位新成员。会议规模由第一届的"四省一市"、第二届的"五省四市"扩大到这一届的"七省三市"，战略合作单位分别是凤凰出版传媒股份有限公司、山东新华书店集团有限公司、浙江省新华书店集团有限公司、四川新华文轩出版传媒股份公司、深圳出版发行集团公司、河南省新华书店发行集团有限公司、黑龙江省图书音像发行集团、吉林省新华书店集团、青岛新华书店（集团）有限责任公司、宁波市新华书店等出版发行单位。

此次联席会首次凝聚了代表全国图书发行大半江山的江苏凤凰、浙江新华、山东新华、四川文轩四大集团，不仅对三联书店图书出版、渠道拓展加强具有长远的战略意义，而且再次彰显了三联书店这一出版品牌单位的强大吸引力和旺盛生命力，同时也是对社店战略合作联席会这一合作模式的再次肯定。第一次参加会议的浙江省新华书店集团有限公司董事长兼总经理王忠义说："非常感谢三联书店的邀请，浙江新华很愿意加入这种合作模式的战略合作联席会。这不是一个上级主管部门组织召开的会议，但来自全国各重要发行机构的主要领导差不多都到场了，这是我第一次见到。过去三联的品牌影响力主要在书中体味到，但在今天的会场中，三联品牌的号召力及现在三联掌舵人的凝聚力再次令人震撼。"

二是新议题。通过三天会议的讨论与交流，各出版发行集团的领导一致认为，合作的目的是打造和谐出版发行产业链，打造一个市场共同经营主体；面对数字化趋势，要紧紧跟进科技发展；要以出版为主业，同心多元发展。

新华文轩出版传媒股份公司总经理罗勇介绍："新华文轩 2013 年的重点将是回归 A 股，进行产业结构的深层调整，力挺出版主业，加大出版发行的投入。"山东出版传媒股份有限公司总经理刘强表示："打造和谐出版发行产业链这个议题很务实。随着数字化出版和销售网络化的快速发展，只有出版发行产业链和谐、有序地竞争发展，面对市场不各唱各调，减少内耗，才能真正实现文化大繁荣、企业大发展、职工真幸福。"浙江新华王忠义董事长说道："出版社的营销资源到了流通环节常常会被消减。浙江新华今年第一季度一般书销售实现 15% 增长，是得益于坚持主业经营，坚持科技创新，坚持同心多元产业融合，以营销活动推动增长的结果。这些离不开上游出版单位对下游发行单位的支持。"

三是新增长。"这三年良好的销售数据显示，凤凰出版传媒集团和三联书店的战略合作是成功的，也是大有裨益的。"江苏凤凰出版传媒股份有限公司总经理周斌认为，"三联在江苏新华的销售，2012 年比 2011 年全年销售增长了 12.1%，2013 年 1 至 4 月销售同比增长了 575%。这种由一个出版社紧密合作的经验带动整个凤凰发行系统对一般图书，尤其是重点品种把握和营销能力都有所提升，这就是点到面的延展。"

随后大家讨论起社店合作给双方带来的益处。河南省新华书店发行集团有限公司副总经理张勇饱含激情地说："要是说起社店战略合作的好处，我感受最深，每年与三联书店的合作都有一个大的数字上的提升，今年的提升比例在外人看来不可思议，河南通过前 4 个月的销售数据统计，比去年同期增长 1500%。"看着大家疑惑的眼神，张总再次强调这个数据绝对无误。

深圳出版发行集团公司副总经理何春华讲,三联书店在他们所有书城的前 4 个月的销售增长率为 68%。吉林出版集团总经理助理魏淑霞代表吉林省新华书店发言:"三联书店前 4 个月在吉林省新华书店系统的销售增长率为 330%,预计年底还会有新的增长。"青岛市新华书店总经理逄利群和宁波市新华书店总经理陆皎都表示,三联书店前 4 个月在他们新华书店系统的销售是去年一整年的数额,增长率已经是同期的 180%。

从会议上与会各省新华书店统计的数字看,三联版图书销售已有大幅度提升。而这一年,我们三联书店图书造货码洋已达到 3 亿元以上,比 2009 年的 1 亿元左右增长了三倍。这都显示,我们不但出版了更多好书,而且在渠道建设方面也取得了不俗的业绩。

2014 年 5 月 31 日,第四届社店战略合作联席会在宜兴举办,与会规模扩展为九省三市。

我离开三联书店之后,社店战略合作联席会仍逐年续办。

2015 年在深圳召开第五届社店战略合作联席会,与会规模扩展为九省七市。

2016 年在黑龙江省伊春市召开第六届社店战略合作联席会,与会规模扩展为十二省四市。

2017 年在安徽省合肥市召开第七届社店战略合作联席会,与会规模扩展为十三省四市。

这一拓宽发行渠道、与新华书店互惠共赢的做法,还被中国出版集团借鉴、采用。中版集团于 2014 年 11 月在珠海、2017 年 10 月在苏州先后召开社店战略合作联席会,促进旗下所有出版社和全国各地新华书店密切合作,也取得了好的效果。

转眼六年多过去了,当年参加青岛首次社店战略合作联席会的人员发生了很大变化,有的已经退休,有的出现一些状况,有的已经仙逝。我们尊敬爱戴的袁淑琴大姐因病去世。得知这一消息时我正在新疆哈密,我怀着沉痛的心情与袁大姐的继任者——青岛书城董事长李茗茗联系,用手机发去一副挽联:

　　　社店战略合作 八仙位列何仙姑
　　　事业发展至上 激情胜似小琅高
　　　横批:书业痛悼袁大姐

　　"小琅高"是青岛出产的小瓶装"琅琊台"高度酒,酒精度高达72度。我到青岛时,袁大姐爱用这种酒招待我,她也像这酒一样热情似火,我常常被她身上的那股激情——对事业的痴迷和执着所感染。她不仅是我,也是业内许多同行的好大姐,事业至上,爽朗义气,乐于助人,对生活、工作和事业始终保持着乐观态度,可惜去世太早,未能享受卸去重任后的幸福生活。

面向全球打造"大三联"品牌

2011 年 10 月 31 日,记者孙海悦以"面向全球打造'大三联'品牌"为标题,在《中国新闻出版报》报道"京沪港三联书店共同投资组建新公司"这一消息。消息称:"传承老三联,培育新三联,打造大三联'已成为京沪港三地三联书店所有"三联人"的共识。近日,在香港召开的京沪港三联书店高层年会上,北京、上海、香港三家三联书店主要负责人会商决定抱团发展,共同投资组建北京三联国际文化传播公司,签订意向协议,三联书店进入了"大三联"发展新时期。

在刊登这一新闻的相关链接中有这样一段文字:

2010 年,为更好地弘扬三联品牌、紧密合作抱团发展,由生活・读书・新知三联书店发起,京沪港三家三联书店 62 年后首次在北京召开高层年会,共同研究优势互补,拓展"大三联"品牌,并在此次年会上发表了名为《弘扬三联品牌　坚守文化使命》的共同宣言。

这段文字简要交代本则报道的背景,言简意赅。但真要让读者了解事情的来龙去脉,还要从一年前的京沪港三家三联的高层年会说起。

2010 年 10 月 26 日,在生活书店、读书出版社、新知书店合并成立三联书店 62 周年之际,"2010 京沪港三联书店高层年会"在北京召开。此次年会是三家高层首次聚会，会议交流了各自经营发展的情况和经验，围绕如何加大交流合作力度进行了深入研讨，达成了诸多共识，发表了京沪港三联书店关于《弘扬三联品牌 坚守文化使命》的共同宣言。

北京生活·读书·新知三联书店为什么发起并举办三家三联高层年会？建立牢固的合作联盟，是基于什么考虑，想达到什么目的？作为发起单位的发起人，我确实有一些思考。在详细道来之前，先说说三联书店的历史和三家书店的相关情况。

出版界许多人都知道，北京、上海、香港三联书店同根同源，三联人更相互视为兄弟。1948 年前后，为了保护进步文化人士，避免黑暗势力对生活书店、读书出版社、新知书店领导层和员工的迫害，党组织指示三家书店的主要骨干转移到香港开展业务，尔后又指示三家书店合并成立生活·读书·新知三联书店。生活·读书·新知三联书店的名字就是从上述三家出版单位名称中各取二字组合而成的。

1948 年 10 月 26 日，生活书店、读书出版社、新知书店召开全体人员大会，宣布生活·读书·新知三联书店成立。胡绳、徐伯昕、黄洛峰、沈静芷在会上讲话。会后派陈亚为专程赴沪，传达三店合并的决定。这次成立大会也是三联同人开赴解放区的誓师大会。会后大批同人分批奔赴解放区，或潜返上海，迎接上海的解放。香港生活·读书·新知三联书店同时成立，后改为"三联书店香港分店"，经理张明西。张明西"北上"后，杨明任经理，蓝真任副经理（后接任经理）。蓝真参加了三店合并成立三联书店的大会。他回忆道："那个时候成立是在香港王后大道 54 号 2 楼生活书店门市部，当时门市部很小，大概有 20 多个书架长和宽。成立大会有 40 多个人参加，三联书店的一些领导都集中在香港，形式非常简单。前面摆了一副红体字——团结就是力量。这六个字我一生都记得，是两个小青年写出来的。我们就在这个底下唱《团结就是力量》。"1949 年 5 月，按照党的指示，三联书店总管理处迁往北京。香港留下六个人坚持香港三联,其中就有蓝真。

中华人民共和国成立后,香港三联继续在香港做对海外的出版发行工作,在港澳工委的领导下,经过一代又一代人的努力,克服重重困难,坚持求生存、求发展,成为香港的重要出版机构。1997年香港回归之后,香港三联得到更大的发展,到2010年年底,营业收入港币实洋超过3亿元,建立了一支200多人的编辑出版队伍。三联的出版物在我国港澳地区、东南亚以及日本、欧美都有很大影响,与海外的作者、读者建立了广泛的联系。还在海外设有分支机构,积极向海外拓展业务。

而北京三联书店,1951年1月,按照出版总署出版发行分工专业化的方针和组织中国图书发行公司的决定,原三联书店分为五个机构:发行部与商务、中华、开明、联合书店合组中国图书发行公司;社会科学图书的出版工作,并入新成立的人民出版社,保留三联书店名义,出版一部分图书;文学艺术类图书的出版工作,与新华书店文艺编辑部及上海群益出版社合并划归人民文学出版社;科学技术出版社,归机械工业部领导;《学习》杂志社归中央宣传部领导。总管理处工作人员一部分随机构调整分到各单位,一部分人上调领导机关和支援兄弟单位。当年8月,三联书店编辑部、出版部正式合并到人民出版社。至此,三联书店作为一个独立的出版机构已经不复存在。在业务存续期间,主要是翻译出版供国内参考的外版书和特殊需要的图书。

20世纪80年代初,经过"文化大革命"和改革开放初期,人们的思想比较解放,环境相对宽松,一些三联老前辈要求恢复三联书店。胡绳、徐伯昕、钱俊瑞、徐雪寒、周巍峙、沈粹缜(韬奋先生的夫人)于1983年11月23日向文化部党组、中共中央宣传部写报告,要求为三联书店恢复独立建制。提出:"三联恢复独立建制后,应为直属文化部的事业单位。总店设在北京(主要做编辑出版,兼办邮购和批发业务)。分店设在上海(不做出版,只办发行)和香港(做出版兼发行,目前已在香港工委领导下开启工作),将来可逐步在其他有关省市(例如重庆,在抗日战争时期,当时南方局和周恩来副主席曾亲自领导三联的重庆机构)设立分店。"还就恢复独立建制后的出版方针、资金来源、办公地点提出了具体建议。这些同志的建议受到文化部出版事业管理局及文化部党组的重视,积极创造条件向前推进,并及时向中共中央宣传部提交报告。

1984年3月19日,中共中央宣传部做了同意三联书店成立独立出版社的批复(中宣发函〔84〕51号)。全文为:"文化部党组:穆之同志二月二十二日送力群同志的文化部出版局关于三联书店发展为独立的出版机构的请示报告已收悉。我们原则上同意三联书店从人民出版社分出,成立独立的出版社,作为文化部的下属机构。何时开始成立,请你们酌定。"1985年1月,文化部出版事业管理局决定成立三联书店筹备组。组长:陈原;副组长:刘杲、吉少甫、范用;组员:王仿子、倪子明、戴文葆、沈昌文、董秀玉。筹备工作正式开展。筹备组经过反复酝酿,在当年5月形成《三联书店筹备处的请示报告》。报告全面、严谨、切实、可行。

很快,文化部就对三联书店筹备处的报告做了批复(文出字〔85〕第851号),批复全文如下:

三联书店筹备处:

1985年5月15日报告收悉。现对有关问题批复如下:

一、同意原三联书店编辑部由人民出版社分出,恢复"生活·读书·新知三联书店"(简称三联书店)的建制,为文化部直属出版社。三联书店的出书方针、范围和独立建社所需解决的具体问题,由三联书店筹备处向文化部专文报告审批。关于三联书店和人民出版社分开的具体安排,由三联书店筹备处与人民出版社协商办理;其中重大问题,可报文化部出版局。

三联书店的具体筹备工作由范用、许觉民同志领导。

二、可以考虑建立三联书店上海分店,为上海市出版局直属出版社。上海分店的建立应由上海出版局请示上海市委同意后,按照规定正式具文向文化部申请,办理审批手续。

三、如果上海分店成立,可以考虑由北京、上海和香港的三联书店协商,设立不占编制的编审委员会,监督出版方针的执行,协调北京、上海、香港三店的出书计划和对外业务活动。编审委员会名单由三联商定,报文化部备案。编审委员会的办事机构即三联书店。

四、可以考虑在上海成立三联书店联营股份有限公司,主要承担京、沪两地三联书店所发书稿的印刷、发行业务。公司应按规定向上海有关部门申请、办理审批手续。公司与京、沪、港三店均为独立核算的单位,彼此的经济关系可以在国家规定的范围内自行商定。

"报告"和对"报告"的批复中都明确提出"可以考虑建立三联书店上海分店",故此,在北京三联书店恢复独立建制的同时,上海三联的组建也提上了日程。

不久,国家出版局发文批准同意成立三联书店上海分店(国家出版局1986 年 8 月 30 出综字〔86〕第 747 号),文件内容如下:

沪版局〔85〕出字第 062 号函和沪版局〔86〕出字第 004 号函及 7 月 5日报送的《关于上海三联书店开展编辑出版工作的意见》(第二次草稿)均收悉。

按照文化部文出字〔85〕第 851 号文《对三联书店筹备处报告的批复》,根据你局的申请,征求了三联书店筹备处的意见,并经请示中宣部核准,同意成立生活·读书·新知三联书店上海分店,社号 486。

三联书店上海分店是三联书店的组成部分。要与北京的三联书店共同执行文化部1983年4月批准的三联书店的方针任务,以及1985年2月和5月三联书店筹备处建议的出书范围。同时,根据三联书店筹备处的建议,同意上海分店可以结合上海市的特点,多出版些经济、科技、科学管理方面的图书。但要量力而行,选题不要搞得太庞杂,注意把好质量关。

三联书店上海分店建立后,设在北京的三联书店和上海分店要组成不占编制的统一的编审委员会,按规定的方针任务,负责审定和协调北京的三联书店和上海分店的长期选题计划和年度出书计划,避免交叉重复。经编审委员会审定的计划分别报送国家出版局和上海市出版局审核,上海分店的计划并报国家出版局备案。

编审委员会的主持人要选派熟知三联书店传统精神,有影响的适当人员,由筹备处提名,报国家出版局备案。编审委员会应包括三联书店和上海分店的负责人,办事机构设在北京的三联书店内。

三联书店上海分店要建立健全的编辑部,要配备足够数量的专职编辑人员,编辑人员的名单并学历、经历报国家出版局备案。

请上海市出版局加强对三联书店上海分店的领导和管理,做好协调上海分店与上海其他出版社的出书工作。

希望北京的三联书店和上海分店发扬三联书店的优良传统和特色,在改革、创新中向读者提供高质量的优秀读物。

1986年1月,北京三联正式挂牌运营。8月,上海三联被批准复建,这一年是三联书店发展史上值得关注的一年。

北京三联书店恢复独立建制后,逐渐发展成为一家以出版人文科学和社会科学图书为主的综合出版社,出版物涉及哲学、历史、文学、艺术、经济、政治、法律和社会生活等领域。二十余年来,三联书店秉承"竭诚为读者服务"的宗旨,恪守"人文精神,思想智慧"的理念,坚持"一流、新锐"的标准,出版各类图书五千余种。其中,《陈寅恪集》《钱锺书集》《我们仨》《新知文库》等文化类读物,畅销不衰,深受各界读者喜爱;《现代西方学术文库》《文化生活译丛》《学术前沿》《西学源流》等丛书和译著,在介绍外国优秀思想文化方面,发挥了重要作用;《目送》《老子十八讲》《金庸作品集》《蔡志忠中国古籍漫画系列》等面向大众的读物,在读者中产生重要影响。三联书店作为中国思想学术文化出版重镇和品牌影响力最大的出版社之一,在业内和广大读者中享有盛誉,被誉为"知识分子的精神家园"。

除图书出版以外,三联书店还着力发展期刊出版,使之成为全面发展的重要一翼。在继续办好《读书》,保持特色的同时,从 1994 年起,陆续创办《爱乐》《三联生活周刊》和《竞争力》杂志。《三联生活周刊》成为中国最有影响力的周刊;《爱乐》是古典音乐文化杂志的重要品牌;《竞争力》则是独具特色的财经杂志。此外,三联书店获得音像电子出版资质,开始进军多媒体出版领域。三联书店于 1996 年创建北京三联韬奋图书中心,是北京具有影响力的人文社科书店之一。

上海三联书店自 1986 年复社以来,始终以"真诚生活、认真读书、追求新知"为宗旨,高举学术出版大旗,出版中外人文社会科学著作、高品位文化读物,先后创立了"上海三联人文经典书库""上海三联法学文库"和"上海三联·思想与社会文库"等学术文化出版的强势品牌,在国内享有良好的声誉,颇受学界好评。复社至 2010 年,上海三联已出版各类图书 4000 余种,其中有 100 余种获得包括"中国图书奖"在内的各类奖项,并有多种图书向海外输出版权。2003 年年底,上海三联书店归属解放日报报业集团后,出版社充分利用媒体集团出版社特有的资源优势,积极寻求新的发展机遇和成长空间,顺利地实现了 2005 年制订的"三年行动计划"的工作目标:一年销售图书码洋突破 6000 万元,年回笼货款在 3500 万元左右,年出书品种在 280 种上下，为上海三联积极打造"中国学术名社"创造了良好的条件。

60 多年来，京、沪、港三家三联书店分处三地独立发展，形成了各自的特色和优势，并不断取得进步，成为三个著名品牌，为我国出版事业和文化发展做出了重要贡献。但遗憾的是，三家店并没像出版管理机构和三联老前辈期望的那样，"组成不占编制的统一的编审委员会""成立三联书店联营股份有限公司"，而是各自封闭发展，互相来往较少，缺少信息沟通。

我到三联书店工作后，对上述情况有一个逐步了解的过程，但确实感到三家三联有加强合作、抱团发展的必要。一是在改革开放新形势下，出版行业竞争日趋激烈，联合、重组纷至沓来，不抱团发展就做不大，没有出路。二是三联事业发展的需要。三家三联荣辱与共，借助各自优势，品牌间"强强联合"，就能把三联前辈开创的事业做强做大。三是加大"走出去"力度，扩大三联品牌在国际上的影响力。四是三家同根同源，有天然的亲和力和密切关系，存在进行深度合作的基础，而具体实施起来，却受到一些其他因素的影响。

我任三联书店总经理之后，经常遇到或处理这样一些事情。比如，香港三联设在广州的一家书店关张调整，就有媒体刊登消息说：北京三联开的书店倒闭了。上海三联有一本书在国内获奖，有人打电话向我祝贺。有领导让我找一本三联出的新书，查一下却是上海三联出的。在一些媒体眼中，我们三联书店就是一家；在广大读者心目中，三家三联是同一家出版机构。既然社会上都把三家三联当成一回事，那么，我们为什么不自己主动去联合发展呢？就是带着这种认识，我提出了三家书店加强合作抱团发展的想法。2010 年 8 月，我借参加上海书展的机会，去拜访上海三联书店总经理陈启甸，两人"一拍即合"，想法完全一致。回到北京，我通过曾在香港三联书店任总编辑的李昕和香港三联董事长陈万雄、总经理曾协泰联系，对方热烈

2010 京沪港三联书店高层年会

响应,说香港三联对和北京、上海三联合作早有此意。后经过多次沟通,决定以"京沪港三联书店高层年会"的形式,搭建一个长期交流合作的平台。三方商定,第一次高层年会于 2010 年 10 月 26 日,在生活书店、读书出版社、新知书店合并成立 62 周年之际于北京召开,由北京三联书店承办。店领导班子对"2010 京沪港三联书店高层年会"高度重视,当作本年度一件大事,投入很多精力进行筹备工作。

此次年会为期两天,新闻出版总署副署长邬书林,中国版协主席于友先,中国出版集团公司总裁聂震宁,香港联合出版集团总裁、三联书店香港有限公司董事长陈万雄,中宣部出版局副局长刘建生,新闻出版总署出版管理司副司长陈亚明,中国出版集团公司出版部主任张贤明,三联书店老前辈、香港资深出版人蓝真,北京三联书店原总经理董秀玉及京沪港三地三联书店领导班子出席了 26 日上午的开幕式。会上,京沪港三家主要领导分别介绍了近年来各自的发展情况。与会领导、来宾先后发言。

国家新闻出版总署老领导宋木文在发给年会的贺信中说："我虽然不是三联人，但我多次表示，我愿与三联人为伍，与三联人同行。三家三联书店团结起来紧密合作，继承优良传统，维护发展品牌，承担传承文化的重任，这个举措很好，值得充分肯定。代我问与会同志们好，祝 2010 京沪港首届高层年会取得圆满成功。"

中国出版工作者协会主席于友先以"只有抱团才能更好地创新发展"为题做了发言。他在发言中说：

我首先代表中国版协祝贺京沪港三联书店高层会议的胜利召开！三联书店无论在解放前还是解放后，都是我们国家出版界一个非常独特的出版单位，肩负着独特的任务，所以党和政府一向对三联书店十分支持。现在中国的出版改革进入了关键时期，是要突破的时期。三家三联书店采取这样一个举措，我觉得是非常有利的。刚才蓝真同志谈到三联书店一个老的口号"团结就是力量"。我想这次的会议实际上就是抱团发展，只有抱起团来，才能更好地创新发展，这也是当前新闻出版改革的需要。只有抱团才能够发挥地域的优势，各自经营的优势，取长补短。只有抱团才能增强实力，只有抱团才能增强竞争力。有了实力就可以更好地弘扬和发展三联的品牌，弘扬和发展三联的精神，特别是韬奋同志讲的，竭诚为读者服务，才能更好地实施我们国家走出去的战略。我希望三家三联书店在今后深化改革的过程当中抱团发展，抱团创新，深化改革，做出更大的成绩，也给中国出版界带一个好头。

新闻出版总署副署长邬书林代表领导机关讲话，他指出，坚持为进步的出版事业奋斗是三联书店事业发展的光荣传统，坚持出版高品质的图书、期刊是三联书店事业发展的根本所在，重视高质量、高品质是三家三联书店之所以蓬勃发展的根本所在,坚持抓好经营管理和店内职工的培训是三联书店事业发展的内在保障。对京沪港三地三联书店的发展提以下几点建议:第一,要像当年创办者那样殚精竭虑爱护好、培育好、发扬光大好三联书店这个品牌;第二,要像当年积极追求进步那样,不断提升三联书店的品质;第三,要像当年三家书店合并成立时那样,搞好新时期三地出版机构的团结合作。1945 年抗战胜利后,生活·读书·新知三家书店首次在重庆合并时,曾经发表告同人书,指出:"这种合并,不是结束,而是团结;不是退守,而是前进;不是衰老,而是新生;不是缩小,而是发展。"新形势下,京沪港三家三联书店要团结起来,用好品牌优势和地处三地的区位优势,加大交流合作力度,优势互补,深度合作,凝聚民族力量,推动社会进步,为中华文化大发展大繁荣贡献力量。

中宣部出版局副局长刘建生在发言中说:三联是全中国乃至世界驰名的、弥足珍贵的品牌,是整个出版业界、文化业界的宝贵财富。今天,我们有幸看到京沪港三地的三联联袂结盟,深度合作,光大三联文化传统,弘扬三联优秀品牌,拓展三联出版事业,感到由衷的高兴。三地互助互补,共识共荣,心心相系,一定会创造出三联事业更加辉煌的明天。

三联老前辈、香港联合出版集团名誉董事长、三联书店(香港)有限公司名誉董事长蓝真在发言中说:

我们解放以后三联书店也开过会,但是没有这样的会议,所以今天参加会议我特别高兴,这个会议表现出了非常可贵的"团结就是力量"的精神,这就是在新的时期继承和发展了我们三联书店珍贵的传统,是三联书店最有代表性的、最有个性的品牌。三联的同志们要记住我们的前辈韬奋先生提出的"同志爱,爱店如家,爱同志如手足,爱事业如生命",我们要坚持这个宗旨。年会以后,我们三家书店一定要很好地紧密联系,互相学习,互相支持,共同发展。我代表我们的老同志发言,他们都很支持,所以我就代表我们的老同志向这个年会表示祝贺,对在座的老中青的三联同志问好、致意,也表示一点决心。我借用苏步青老先生的两句诗来表示我的决心:不辞衰老敲边鼓,敢助青年闯险关。希望你们把我们三联的品牌,把我们三联的品质,把我们三联的文化推向全面发展。

香港联合出版集团总裁、三联书店(香港)有限公司董事长陈万雄在发言中说:

我真的很高兴能够参与这次具有历史性意义的一次三联的年会,我代表香港三联书店,对这次维护发展三联共有品牌的年会表示衷心的感谢!作为三联人,我们拥有这么一个优秀的文化品牌是值得骄傲的,也是值得尊敬的。三联在这个时候重新讨论保护品牌、发扬品牌,是当前中国向更伟大、更强大、更现代化的国家发展当中非常重要的,相信通过这次年会,各地三联人会更认识、更珍惜、更努力于这个品牌,并愿意为它献身,只要努力,对于中华民族的文化就会做出重大的贡献。作为其中一方的香港三联书店,我们一定全力推动和落实这次会议的精神。

我在会上宣读了由我起草的经三方共同改定并由大会讨论通过的京沪港三联书店关于《弘扬三联品牌 坚守文化使命》的共同宣言。宣言全文如下:

三联书店肇始于邹韬奋、胡愈之、徐伯昕诸先生 1932 年 7 月 1 日创办的生活书店,迄今已有近八十年历史。生活·读书·新知三联书店、上海三联书店有限公司、三联书店(香港)有限公司同根同源,是三联品牌的继承者,多年来在不同地区为不同层次的读者服务,形成了各自的出版特色,产生了重要的社会影响,共同弘扬光大了三联品牌。为了加强交流,扩大合作,进一步维护和发展三联品牌,京沪港三地三联书店于10月26~27日在北京召开2010高层年会。会议形成如下共识:

——弘扬三联品牌。三联品牌是经过历史锤炼的著名文化品牌,由三联同仁和广大作者、读者心血凝聚而成,是我们最为宝贵的精神财富和核心竞争力。我们热爱三联品牌,坚决维护三联品牌的形象和合法权益。

——竭诚为读者服务。铭记三联店训,强化服务意识,切实为读者着想,认认真真出好书,努力满足广大读者的阅读需求。

——勇于文化担当。追求真理,弘扬学术,积累文化,传播新知。坚守文化理想和文化使命,营造知识分子的精神家园。

——保持格调和品位。牢记社会责任,关注现实人生,紧跟时代步伐,大胆探索创新,讲求品质,多出精品。

——努力拓展海内外市场。传承老三联企业精神,利用品牌优势和区位优势,加强海内外三联出版物发行,提升三联品牌影响力。

——同气连枝,紧密团结。居三地而心相系,优势互补,深度合作,服务社会,合力创造三联书店新时代。

多年来,社会各界和广大读者、作者给三联书店以厚爱,我们特在此深表谢忱。三联同仁决心不负众望,携起手来发扬光大三联品牌,用实际行动回报社会和读者,为国家昌盛、社会进步、文化繁荣做出贡献。

在10月26日下午的高层年会中,三地三联书店的领导就《关于京沪港三联书店建立紧密合作关系的构想(讨论稿)》进行了讨论,会上达成了如下共识:

1.三地三联书店应该建立信息交流的机制和渠道,重大事项相互通报,在各自的网站主页上彼此链接,并以此相互通报新书出版信息,交换内部刊物。

2. 三地三联可共同组织业务研讨活动,可组织业务人员互访,进行业务观摩和交流,互派人员定期培训。高层年会原则上每年一次。

3. 版权合作要进一步加强。彼此要主动推荐合作选题。互相给予最优惠待遇,互相给予版权合作优先权。可共同策划一些外向型重点图书,共同组织编写,共同编辑设计,共同印制,海内外同时出版发行,以便降低成本,提高效率。特别是逢有重大店庆可三方合作出版有影响的图书。

4. 定期交换样书。每季度或每半年一次。交换样书应是新出版的重点图书,不包括一般图书和教材。

5. 共同在内地投资连锁书店,共同在海内外开拓零售业务。

6. 共有品牌的弘扬光大和权益维护。1932 年 7 月 1 日为三联书店创始日,以后逢五逢十的年份,三地三联共同举办店庆活动。在各自开办的三联书店里,集中陈列、销售三家三联出版的图书,并定期举行相关文化活动。共同抵制贬损三联品牌的现象,维护三联的合法权益。

7.建立联络员沟通机制。为加强合作、提高效率,三地三联书店指定专人为联络员负责相关沟通事宜,生活·读书·新知三联书店的联络员为副总经理翟德芳,上海三联书店联络员为总经理助理陈逸凌,三联书店(香港)有限公司联络员为副总编辑侯明。

在随后的会议中,三地三联书店的领导进一步讨论了关于如何加强合作交流、如何办好 2012 年八十周年店庆、三家合力出版有影响有气势的精品丛书、建立联络员制度等具体问题,并确定下一年的三地高层年会在香港举行,由三联书店(香港)有限公司承办,时间为 10 月。

会议在完成各项议程之后,我们邀请沪、港三联的朋友共登香山,欣赏秋景。大家一路交谈甚欢。下面我这首小诗反映了当时的情景和当时的心情。

偕京沪港三联高层年会代表登香山

峰似香炉雾似烟,欲上极顶九盘旋。

严霜始降绿尚劲,时令渐近红半丹。

坡里向阳好取暖,山上风冷宜抱团。

宣言拟就心气足,兄弟携手攀峰巅。

"2011 京沪港三联书店高层年会"是在香港召开的,由香港三联承办。第二届高层年会的最大收获是提出"在全球图书市场打造'大三联'品牌"的战略目标,并决定由三家共同投资成立股份制形式的"北京三联国际文化传播公司"。成立联合公司由北京三联牵头承办,经过一年多的筹备,克服了涉及跨地区、跨不同主管单位、香港资本到内地投资等因素带来的困难,于 2012 年 11 月最终完成。

2012 年 11 月 29 日上午,京、沪、港三家三联书店合资成立的三联时空国际文化传播(北京)有限公司的揭牌仪式在北京隆重举行。全国人大常委会副委员长、民进中央主席严隽琪,国家新闻出版总署副署长邬书林,中宣部出版局局长郭义强,全国人大常委会委员、民进中央副主席兼秘书长朱永新,中国出版协会常务副理事长兼秘书长刘建国,中国出版集团公司总裁谭跃、副总裁李岩等出席了仪式,并为三联国际公司揭牌。

生活·读书·新知三联书店、上海三联书店有限公司、三联书店(香港)有限公司以及中国版协、人民出版社、商务印书馆、中华书局、人民文学出版社、人民美术出版社、人民音乐出版社等相关单位领导以及三联书店员工共 100 余人出席了揭牌仪式。揭牌仪式后,三联国际公司即召开董事会,研究发展规划等具体经营事宜。

中共中央宣传部出版局局长郭义强在揭牌仪式上发言,他说:三联书

三联时空国际文化传播公司挂牌成立

店是我国出版业知名品牌，长期以来在出书育人、丰富人民群众精神文化生活、推动学术繁荣、促进社会进步等方面发挥了非常重要的作用。由京沪港三家三联联合成立的、面向更宽阔空间的国际传播公司，将进一步扩大三联书店经营范围，提升三联书店发展空间，增强三联书店品牌影响，特别是面向海外的号召力、影响力，还将进一步壮大三联书店的主业，增强三联书店传播先进文化、服务广大读者的能力。

中国出版集团公司总裁谭跃在发言中说：今年对三联是一个特殊的年份。现在回顾，三联今年"大题特作"，七月份在人民大会堂隆重的庆祝大会，给出版界留下了深刻印象，同时三联"小题不断"，激发了我们内在的发展活力，今天就是"小题大做"。希望三联每一分耕耘在坚持和努力中都会成为一分收获。我们出版集团的人都相信，天道酬勤，只要努力，文化的旗就会扛得更好。

上海三联书店有限公司总经理陈启甸在发言中说：三联国际公司的成

立是我们京沪港三家书店实施战略合作跨出的坚实一步。京沪港三家三联同根同源,一直以来,有天然的血脉联系和高度的精神默契,我们是三联事业的共同继承者。当前,出版行业日益呈现市场化、数字化、国际化的发展态势,出版机构的合作日趋频繁,为顺应这一潮流,我们三家三联书店紧密加强战略合作,通过共同打造三联国际公司,迈向国际化。

三联书店(香港)有限公司总经理李济平在发言中说:在党的十八大胜利召开,学习宣传贯彻十八大精神的背景下,我们迎来了三联国际挂牌成立的喜庆日子。三联品牌,同宗同源;三联兄弟,同气连枝。我们三地三联能够走在一起,共同创办这家合资公司,得益于天时、地利、人和。在国家推动文化大发展、大繁荣的历史机遇面前,三联书店这个具有八十年光荣传统的文化品牌,应该更好地团结起来,为国家正在实施的文化强国战略,尽一分绵薄之力。

在三联时空国际文化传播公司揭牌仪式上,我代表北京三联书店致辞。致辞中说:由于历史原因,三家三联分布在北京、上海、香港三地,各自独立出版,虽不存在严重的竞争关系,但因为三地人才不能集中利用,作者和出版资源得不到整合,彼此的优势也得不到互补,从共同品牌出发,三家三联需要更加密切和带有实质性的合作。为此,我们在 2011 年举办的第二届三家三联高层年会上动议成立一家三方合资公司,主要借助香港的高端人才、经营理念、管理经验以及丰富的选题资源和京沪两店在中国内地的出版品牌优势、编辑人才优势和发行渠道优势,迅速实现规模化发展。同时,注重引进和开发版权,借助香港的地域优势和在世界各地建有网店的优势,以促进"走出去"工作的开展。这样一间新公司将有助于从整体上提升三联品牌在国际国内的影响力,使读者和文化界知晓有着光荣历史和传统的三联书店,在新时代仍然是团结合作的,是有共同的理想和追求的,是大有作为的。

　　我们坚信,有各级领导和相关部门的有力支持,有三联品牌的号召优势,有三家三联的鼎力协助,有一支奋发向上的团队,有不拘一格的创新机制,我们一定会成功。作为"三联国际"的控股方,生活·读书·新知三联书店一定会全力支持"三联国际"的运营发展,一定会按照公司法的要求尊重公司的经营,一定会支持"三联国际"在机制体制和产品内容上的创新,一定会尊重合作各方的利益。

　　三联老前辈们早就有京沪港三家三联合资成立一家"联合公司"的构想和谋划,这一构想在我们这一代三联人手上实现了。在为新公司取名时有诸多限制,有的不便使用,有的与已有的重复,结果最后落定"三联时空国际文化公司"。"三联时空"这个名字好,预示着公司有无比广阔的发展空间,雄鹰尽可以凌空翱翔。六年过去了,京沪港三联的合作愈加密切,"三联时空"的经营也有了新的面貌。愿雄鹰展翅,在打造"大三联"国际品牌的征程中越飞越远,越飞越高。

韬奋图书馆

——弘扬韬奋精神的文化地标

2012年7月16日上午,三联书店举办了"韬奋图书馆"开馆仪式,第一家以韬奋先生的名字命名的公益图书馆在北京亮相。中共中央原政治局委员、国务院原副总理、九届全国人大原副委员长邹家华、中宣部副部长蔡名照、国家新闻出版总署副署长邬书林、中国出版集团党组书记王涛等出席了开馆仪式,并为开馆揭牌。这是三联书店继承韬奋精神、弘扬三联传统的重要举措,也实现了几代三联人的愿望。

韬奋图书馆位于三联书店综合业务楼一楼,三联韬奋书店东侧,大厅宽敞明亮。一进图书馆大厅,左侧墙上镌刻着邹韬奋先生为生活书店确立的宗旨:竭诚为读者服务。两侧悬挂着郭沫若先生为韬奋图书馆撰写的嵌名联:韬略终须建新国,奋飞还得读良书。韬奋图书馆的额匾是由郭沫若先生手书的,另一牌匾则由黄苗子题写。韬奋图书馆现有藏书两万五千余册,其中约五分之一为五十年代前的版本。其中最珍贵的,是抗战胜利后,筹建韬奋图书馆时各方捐赠及购置的图书,书上印有"韬奋图书馆藏书"字样的椭圆章。

韬奋图书馆是我国当今唯一一家由出版单位设立、以社会公众为服务对象的公益性社区专题图书馆,将以近现代出版史和出版人物研究为特色专题。图书馆开馆后除了供内部使用外还向社会公众开放。

中宣部、新闻出版总署、中国出版集团、北京东城区领导先后致辞,充分肯定三联书店创办韬奋图书馆的社会意义及其对文化发展的贡献，称赞三联书店在自身发展后热心公益事业，为我国文化企业带了好头，认为这一举措具有标志性意义。

邹韬奋的长子、曾任党和国家领导人的邹家华，因年事已高，平常很少外出参加活动。当我邀请他参加韬奋图书馆的开馆仪式时，老人欣然答应了。当揭开蒙着红绸的牌匾，大声宣布韬奋图书馆开馆时，他激动的心情溢于言表。是啊，此时此刻三联人都怀有一种激动的心情，因为创办韬奋图书馆的愿望由来已久。

三联书店的主要创办人之一，中国著名的新闻记者、出版家、政论家邹韬奋先生（1895—1944），因患癌症，1944 年 7 月 24 日，不幸与世长辞。9 月 28 日，中共中央发出唁电后，即由周恩来同志主持筹备纪念和追悼的事宜，组成 13 人的筹委会，拟定了《纪念和追悼邹韬奋先生办法》，其中就有"在重庆设韬奋图书馆，由各界人士自愿捐赠书报"一项。周恩来上报毛主席时加了"提议以韬奋为出版事业模范"，10 月 16 日，毛泽东主席批示："照此办理。"但由于当时复杂的社会环境和历史条件，设立韬奋图书馆的工作未能展开。

抗战胜利后，经过生活书店同人和沈钧儒、李公朴等知名人士的不断努力，1948 年，韬奋图书馆的筹建又得以积极进行。生活书店为筹建韬奋图书馆，将"生活出版合作社股金"四万元捐献出来，并将当时大部分图书及韬奋先生的藏书集中到上海。郭沫若为祝贺韬奋图书馆即将建立，还写了一副以韬奋名字为句首的嵌字联：韬略终须建新国，奋飞还得读良书。可惜的是，由于时局的变化，这次建馆最终又未能实现。

1949 年新中国成立，根据政务院的有关规定，韬奋图书馆未能建立，后来建立了韬奋纪念馆。1951 年，三联书店合并到人民出版社，这批图书转入人民出版社图书资料室收藏借阅。

1986年，三联书店恢复独立建制，从人民出版社分离出来。1996年秋天，三联书店新办公楼竣工，具备了设立韬奋图书馆的条件。1997年1月，店里做出《关于设立三联书店韬奋图书馆建制的决定》。据当时筹建韬奋图书馆的首任馆长苑兴华先生回忆：除购置必要的各种工具书及各学科参考书之外，范用、丁之翔、李文、王仿子、劳季方、黄慧珠、吴道弘等许多老同志送来自己收藏的书刊，特别是珍贵的旧版三联书刊。本店职工也送来父辈保存的旧版书刊和自己的藏书，许多兄弟出版社也都慷慨支持，一个供内部借阅的图书馆初具雏形。

韬奋图书馆初步设定为三个功能：一是为编辑工作服务，购置各种工具书及各学科参考书；二是收集从生活书店设立以来出版的本版书刊；三是有关三联书店的店史资料的收集积累。这一切，除了购买，更多的是要靠捐赠和交换。捐赠消息发出去以后，三联老前辈热烈响应。第一个捐赠大户就是范用先生，他让人送来七八捆抗战时期的旧杂志。更让人惊喜的是，他告诉时任馆长的苑兴华，在新华厂存放三千多册三联书店以前的旧版书，可以联系拉回来。经过与人民出版社的有关领导联系，在7月15日全部运了回来。这批图书为韬奋图书馆打下了基础，成为镇馆之书。书运回时，范用说了一句感人肺腑的话："汪曾祺遽然弃世，我说不定也会这样，说走就走。我要在这之前，把该办的都办好，再上路。"在提到收集三联书店店史资料时，范用表示赞成。他说，有些实物也可以收集。遗憾的是当时没有收藏条件，没能进行下去。范用对图书馆是一直关心的，像沙发坏了、灯的开关要改动（一个人看书一屋子的灯全都亮）等小事，也提醒工作人员尽快修好。由此可见范用这位三联老前辈为此付出的心血。

1998年韬奋图书馆正式开馆使用，但面积狭小，挤在楼顶一个只有一百多平方米的空间，没能得到充分利用。曾任馆长的苑兴华退休后告诉我："回想起来，说是图书馆，其实就是个小型资料室。除我之外，工作人员先后有仇辉、秦人路、王怀秀、夏晔、张瑞玲、陈品洁,其中秦人路和王怀秀已经作古。我们几年的努力,不过是给韬奋图书馆的建设开了个头,迈出了第一步。重要的是对韬奋图书馆初建的参与,体现了我们心中的一种三联情结。"

我于2005年到三联书店工作时,分管图书馆,对上述情况有了更多的了解。当我了解到三联前辈们筹建图书馆的坎坷经历和他们未了的夙愿后,深感自己肩上的责任——这是三联人责无旁贷的一个历史责任。我暗暗下定决心,一旦时机成熟,就要努力实现几代人60年来未能实现的夙愿。我的这一想法也完全符合三联人的心愿,原任总经理沈昌文给我写信,慷慨陈词地讲恢复三联韬奋图书馆的必要性和意义,还多次到办公室找我建言献策。原任图书馆馆长苑兴华已退休,但几次见我都要言及办好韬奋图书馆的事,还给我送来他撰写的《我与韬奋图书馆的初建》一文供我参考。时任韬奋图书馆负责人徐建平提交了《关于筹建开放性的韬奋图书馆的建议》,对场地、时间安排、功能设置和经营模式、经费预筹都有详尽的考虑。逢年过节,我去一些三联老同志家拜访,不少人关心图书馆建设,甚至提出在离世之前希望能看到对外开放的图书馆开办起来。这样,我的肩上除了有一种责任感之外,还有一种紧迫感。

2011年冬,三联书店一层东侧对外出租的房子合同到期。这个房子占地320平方米,位置好,面临隆福胡同大街,开门就是居民区,门前有川流不息的人群,很适合开办图书馆。但对于是否收回来办公益性的图书馆,店内意见不统一。有的同志从经济效益考虑,提出租出去每年有近60万元收入,收回来不仅租金没有了,每年还要投入几十万元,一来二去每年要投入一百多万元,还不包括开办费。有人提出,现有图书馆在楼顶上不动,能查个资料就行了。针对这种情况,我们先是在领导班子中统一认识。我在店务会上说:我们为什么要设立真正意义上的韬奋图书馆?一是实现中共中央第一代主要领导人毛泽东、周恩来与郭沫若等著名文化人士及三联前辈们的夙愿;二是响应党中央关于推动文化大发展大繁荣的号召,为促进先进文化发展贡献力量;三是践行"竭诚为读者服务"的办店宗旨;四是打造三联文化名片,扩大三联品牌影响力,旨在传承弘扬韬奋精神,服务社会,为建设书香社会做出贡献,建立一个与读者、作者、知识界、文化界等社会各界深入交流沟通的平台。近年来,我店提出"做强做开"的发展思路和打造"三联文化场"的概念,以美术馆东街 22 号综合业务楼为依托,成功改制韬奋书店,建立读者俱乐部、开通书香巷,设立网上书店,开通淘宝网三联旗舰店,正在形成一个上下立体、内外贯通、文化氛围浓郁、高度密集的核心文化圈,韬奋图书馆是"三联文化场"的重要组成部分。我们的规划是,先期建成研究近现代出版史和出版人物的专题图书馆,然后向综合性图书馆过渡;先以三联书店建店八十年来出版的本版图书为主体,然后向各出版单位所出版的图书扩展;先建立实体图书馆,再开通网上图书馆;先以立足北京,服务本地为主,同时以各种形式向外延伸发展。最后,大家一致同意按照社会效益优先的原则,抓紧把韬奋图书馆办好,成为服务公众的文化场所,在我们手上实现几代三联人的夙愿。会议决定我兼任图书馆馆长,配一名副馆长具体负责,各部门密切配合,紧锣密鼓地开始筹备工作。我还代店领导班子起草了《关于设立面向社会开放的公共图书馆——韬奋图书馆的决定》,面向全店员工公布,希望全店员工认识建立韬奋图书馆的意义,积极支持并提供必要的帮助。

在韬奋图书馆筹建过程中,我们得到了许多领导、朋友以及各方面的大力支持。邹家华同志听取了我们的专题汇报,非常重视和支持图书馆的建设,并提出了重要的指导意见;中宣部、新闻出版总署的各级领导对韬奋图书馆给予了亲切的关怀;中国出版集团领导给予我们具体的经济支持;许多三联老前辈热心图书馆建设,主动捐献图书资料,这些都使我们感到温暖,同时更坚定了把图书馆办好的信心和决心。

　　经过多方努力，韬奋图书馆终于在三联书店八十周年店庆期间开馆。邹家华同志揭开牌匾，一个以面向公众、服务读者为最终目标的韬奋图书馆终于落成，当年三联前辈的梦想和几代三联人的努力变成了现实。三联书店全体员工参加了开馆仪式，见证了几代人创建的韬奋图书馆开馆这一重要时刻。三联书店前任总经理沈昌文到会发言，他是韬奋图书馆的积极支持者，他这样说："我们三联的公益事业是有历史渊源的，一定要努力把它办好。比如说要办好韬奋图书馆、书香小巷、我们的韬奋门市部等，这些都是具有公益性质的事业……三联不仅是在近期的效益上，而且要有一个长远的效益、有长远的眼光来发展我们的事业。"我在会上代表全体员工表示："我们将继承、发扬前辈的优良传统，弘扬韬奋精神，竭诚服务社会，办好韬奋图书馆等一系列公益事业，以赤子之心回报社会。"韬奋图书馆开业运营几年来，馆内员工尽职敬业，取得良好的社会效益。坐落在三联办公楼一层东侧、与三联韬奋书店比邻的韬奋图书馆，现已成为弘扬韬奋精神的一个文化地标。

隆重举办三联书店八十周年店庆活动

我在三联书店工作期间，带领店领导班子干的最大、最有影响力的一件事，就是举全店之力，也竭尽一己之力隆重举办八十周年店庆活动。所谓最大，就是在三联书店发展史上举足轻重、至为重要；所谓最有影响力，就是在出版界乃至全国都造成了巨大影响，上到党和国家领导人，下到普通读者，都对三联的品牌予以关注，这极大地提升了三联书店在全国读者心中的知名度、美誉度。这有当时全国重要媒体的宣传报道为证。

2012年7月26日下午，三联书店创建八十周年庆祝大会在北京人民大会堂隆重举行，国内的一些重要媒体当天就进行了及时报道。中央电视台新闻联播节目在头条位置播放7分钟，先是全文播送胡锦涛总书记祝贺三联书店创建八十周年的贺信，尔后播报了庆祝大会盛况，还回放了三联书店的光荣历史以及在各个时期发挥的重大作用。我们是在庆祝大会结束后，于娃哈哈大酒店举行的联欢晚会现场看当晚新闻联播的。当看到央视如此重视三联店庆，给三联这样的评价和地位，许多三联老前辈喜极而泣。这次庆祝活动是北京三联书店、上海三联书店、香港三联书店共同举办的，三家三联书店的领导人紧紧拥抱，频频举杯，为此热烈庆祝。当新闻联播播放完这条消息，联欢会现场成了欢乐的海洋，欢庆活动的欢快氛围达到了顶点。那天晚上的联欢会是央视著名播音员海霞为我们主持的，久经"沙场"的她也和三联人一样激动，抑制不住内心的兴奋。在海霞的主持下，三

三联书店举办创建八十周年庆祝大会

联员工自编自演的节目多姿多彩,发挥了最好水平。当三联老前辈和三家三联负责人共同登台合唱《团结就是力量》这首歌时,许多人眼中都闪烁着晶莹的泪光。

新华社为三联书店八十周年店庆大会发了通稿,次日(10月27日)人民日报、光明日报、中国新闻出版报等报纸均在头版头条刊载了这一重要消息:

大标题:胡锦涛总书记致信祝贺三联书店创建八十周年

二级标题:吴邦国 温家宝 习近平 李克强表示祝贺

三级标题:李长春表示祝贺并会见庆祝大会与会人员

报道全文如下:

新华社北京7月26日电(记者 顾瑞珍)在三联书店创建80周年之际,

中共中央总书记、国家主席、中央军委主席胡锦涛致信三联书店,向全体员工和离退休老同志表示热烈的祝贺和诚挚的问候。

胡锦涛指出,80 年来,三联书店始终秉持爱国进步立场,在我国革命、建设、改革各个历史时期,编辑出版了一大批优秀图书和刊物,赢得了一大批忠实读者,为传播先进思想、弘扬优秀文化、促进社会发展做出了积极贡献。

胡锦涛强调,在深化文化体制改革、推动社会主义文化大发展大繁荣的新形势、新任务面前,希望三联书店坚持走中国特色社会主义文化发展道路,以创建 80 周年为契机,创新体制机制,发挥特色优势,不断推出思想性、知识性、可读性有机统一的精品出版物,为建设社会主义文化强国贡献新的力量。

党和国家领导人吴邦国、温家宝、李长春、习近平、李克强分别向三联书店创建 80 周年表示祝贺。

26 日下午,三联书店创建 80 周年庆祝大会在北京人民大会堂举行。会前,李长春亲切会见了与会人员,并同大家合影留念。

中共中央政治局委员、中央书记处书记、中央宣传部部长刘云山出席庆祝大会并讲话。中共中央政治局委员、国务委员刘延东致信祝贺三联书店创建 80 周年并出席庆祝大会。刘云山在讲话中充分肯定了三联书店创建 80 年来取得的显著成绩和做出的重要贡献,希望三联书店和出版界深入贯彻落实党的十七届六中全会精神,按照胡锦涛总书记在贺信中提出的要求,弘扬优良传统,坚持特色品位,不懈开拓创新,自觉肩负起传播社会主义先进文化的重要责任,推动出版业实现新的跨越。要牢记出版使命,把建设社会主义核心价值体系作为根本任务,宣传先进思想理论,倡导文明道德风尚,更好地以先进文化引领社会发展进步。要竭诚服务读者,深入研究读者多层次多样化的阅读需求,丰富题材种类,降低消费门槛,为人民群众提供更好更多的精神食粮。要坚持一流水准,着眼世界学术文化发展前沿，立足中国哲学社会科学发展实际，推出更多体现中国视角、具有中国气派的学术文化精品。要继续深化改革，大力推进体制机制、内容形式和传播方式创新，推动出版业与现代信息技术融合，更好地激发出版业的创造活力和发展动力。要加强队伍建设，遵循人才成长规律，着力培养一批学术造诣深厚的编辑人才、一批懂经营善管理的复合型人才、一批适应出版业走出去的国际化人才，为出版业繁荣发展提供有力支撑。

李瑞环、李岚清、严隽琪、陈奎元、孙家正和邹家华、许嘉璐等也以不同方式对三联书店创建 80 周年表示祝贺。

庆祝大会上，新闻出版总署署长柳斌杰、中国出版集团公司总裁谭跃、三联书店总经理樊希安、三联书店作者代表金冲及、三联书店老员工代表吴道弘做了发言。

中央宣传思想工作领导小组成员、中央和国家机关有关部门负责人参加庆祝大会。

中央新闻媒体如此重视三联书店创建八十周年店庆宣传，源自中央宣传部领导的高度重视，在此之前的 7 月初，中宣部有关部门就下发了《三联书店创建 80 年报道通知》，对整个报道做了详尽的安排。

在人民大会堂召开庆祝大会之前，各大媒体就已经开始对三联书店创建八十周年进行重点报道，形成了浓厚的氛围，而大会堂庆祝大会的报道，把整个宣传活动推向了高潮，"三联书店创建八十周年"成了重大社会事件和文化热点。

大会进行第一项是刘延东同志宣读中央领导同志和人大、政协等领导同志的贺信，她依次宣读，光宣读贺信就占去了不少时间。胡锦涛总书记的贺信已在媒体报道中全文引用，其他领导同志的贺信我在此一一予以展示。

时任中共中央政治局常委、全国人大常委会委员长吴邦国为三联书店八十周年店庆题词：

恪守"人文精神、思想智慧"理念，继承为人民服务的优良传统，为时代发展再做新的贡献。

时任中共中央政治局常委、国务院总理温家宝为三联书店八十周年店庆题词：

求索真理，启迪民智，传播新知，泽被后世。

时任中共中央政治局常委李长春致贺信。贺信内容如下：

值此三联书店创建 80 周年之际，谨表示热烈祝贺，并向全店干部员工致以亲切问候！

三联书店是在中国共产党领导下创立的进步出版企业。80 年来，三联书店始终秉承"竭诚为读者服务"的店训，自觉融入时代进步的洪流，积极宣传先进思想理论，传播科学文化知识，编辑出版了大量优秀出版物，涌现出一批成就卓著的出版编辑人才，在传承人类文明、提高民族素质、繁荣学术文化等方面，发挥了积极作用。特别是党的十六大以来，三联书店认真贯彻中央关于深化文化体制改革的决策部署，不断推进体制机制创新，面向市场，服务读者，为加快发展注入新的生机活力。

希望三联书店以 80 年店庆为契机，认真学习贯彻党的十七届六中全会精神，坚持正确的出版方向，抓住机遇，加快发展，推出更多思想性、知识性、可读性相统一的优秀出版物，在服务读者的过程中赢得市场、壮大实力，努力建成具有较强竞争力和影响力的国际一流出版传媒企业，为繁荣

发展我国出版事业做出新的更大贡献,以优异成绩迎接党的十八大胜利召
开。

　　时任中共中央政治局常委、书记处书记习近平致贺信。贺信内容如下:

三联书店:

　　值此三联书店创办 80 周年之际,谨向你们表示热烈祝贺和诚挚问候!

　　80 年来,三联书店积极宣传先进思想理论,传播科学文化知识,出版了
大量精品力作,为繁荣文化出版事业、丰富人民精神生活发挥了突出作用。
希望你们抓住机遇、开拓进取,坚持为人民服务、为社会主义服务方向,弘
扬三联品牌,继承三联传统,多出好书,多出精品,为推进社会主义文化大
发展大繁荣做出新的更大贡献。

　　时任中共中央政治局常委、国务院副总理李克强致贺信。贺信内容如下:

　　我是三联书店多年的读者,也曾经常在三联韬奋书店的书丛中流连并
购书,自然有一份情感。在此,谨祝生活·读书·新知三联书店八十华诞。生
活中不能没有读书,读书总会得到新知,即使是温故亦可知新。希望三联书
店秉持传承,面向未来,努力打造读者喜爱、积淀深厚的百年文化品牌。

　　时任中共中央原政治局常委、全国政协原主席李瑞环为三联书店八十
周年店庆题词:

　　传承文明,服务社会,功在千秋。

时任中共中央原政治局常委、国务院原副总理李岚清为三联书店八十周年店庆题词并治印。

印文:弘扬韬奋精神

题词:传播真理百折不挠,唤起民众抗战救国。

时任中共中央政治局委员、国务委员刘延东致贺信。贺信内容如下:

值此三联书店成立八十周年之际,谨致热烈祝贺! 并向全体三联人致以诚挚的问候!

80年来,在党的正确领导下,三联书店始终秉承邹韬奋先生"竭诚为读者服务"的宗旨,恪守"人文精神,思想智慧"的理念,坚持"一流、新锐"的标准,薪火相传、发展壮大,成为广大作者与读者沟通交流的纽带和桥梁。80年来,经过一代又一代三联人的不懈追求和努力,三联书店推出了大量涉及经济、政治、文化、社会等领域,具有鲜明时代特征的精品力作,集古今中外优秀文明成果之大成,宣传先进思想、传播科学知识、彰显人文关怀,为求索真理、启迪民智、丰富人民群众精神文化生活、繁荣发展社会主义文化,为中国革命、建设和改革事业做出了积极贡献。

党的十七届六中全会吹响了推动社会主义文化大发展大繁荣、建设社会主义文化强国的号角,新闻出版业迎来了前所未有的历史机遇。三联书店作为具有优秀历史和光荣传统的出版机构,肩负着光荣使命,责任重大。希望三联书店站在新的起点上,大力弘扬社会主义核心价值体系,传承韬奋精神,坚守社会责任,继往开来,改革创新,充分发挥三联品牌优势和影响力,坚持社会效益和经济效益相统一,贴近实际、贴近生活、贴近群众,不断推出更多更好引领风尚、教育人民、服务社会、推动发展的有中国品格、国际视野的优秀出版物,为建设社会主义文化强国、实现中华民族伟大复兴做出新的更大贡献!

中共中央原政治局委员、全国人大常委会原副委员长、国务院原副总理邹家华为三联书店八十周年店庆题词:

继往开来锐意创新,繁荣文化服务人民。

时任全国人大常委会副委员长、民进中央主席严隽琪为三联书店八十周年店庆题词:

出版重镇,精神家园。

时任全国政协副主席、中国社会科学院院长陈奎元为三联书店八十周年店庆题词:

弘扬先进文化,服务大众人民。

时任全国政协副主席、中国文学艺术界联合会主席孙家正为三联书店八十周年店庆题词:

当代文化建设需要弘扬真诚敬业的三联精神:文化如水滋润万物,悄然无声,正因为如此,一切从事文化职业的人都应有一种至真至善至精至诚的文化情怀和敬业精神, 当我们纪念三联书店创办八十周年的时候,我们又想起了这种精神,时光冲刷并未令它淡去光彩,时代的需要和社会的呼唤令它倍加珍贵。

时任全国人大常委会原副委员长许嘉璐为三联书店八十周年店庆题词：

不尽新知岂待寻，生活万变妙而深。读书恰似登高处，掩卷犹聆圣哲音。

中共中央政治局委员、中央书记处书记、中央宣传部部长刘云山在庆祝大会上做了重要讲话：

今天，三联书店在这里隆重举行创建80周年纪念大会，这对三联书店、对整个出版界来说，是一件值得庆贺的事情。胡锦涛总书记发来贺信，高度评价三联书店的重要贡献，对三联书店今后发展提出殷切希望。这充分体现了党和国家对三联书店的亲切关怀，对出版工作的高度重视。刚才，几位同志的发言，结合三联书店不平凡的历程，回顾成就、展望前景、表达美好祝愿。在此我谨向三联书店全体同志表示热烈祝贺，向为我国出版工作做出贡献的专家学者和长期以来关心支持出版业发展的各界人士表示衷心感谢！

刘云山同志在讲话中对三联书店和出版界提出五点希望：一、牢记出版使命，更好地以先进文化引领社会发展进步。二、竭诚服务读者，更好地满足人民群众日益增长的精神文化需求。三、坚持一流水准，更好地创作生产高质量、高品位的学术文化精品。四、锐意改革创新，更好地激发出版业的创造活力和发展动力。五、加强队伍建设，更好地构筑出版业繁荣发展的人才支撑。

三联书店八十年店庆大会有两位现任政治局委员到会，一个宣读贺信,一个做重要讲话,可见其分量之重。而在开会之前,在人民大会堂陕西厅,李长春同志专门听取了我汇报三联书店近几年的发展状况。

我是第一次近距离向中央领导同志汇报工作,说实在话,心里有点紧张,手心都出了汗。好在李长春同志和蔼可亲,坐在旁侧的刘云山、刘延东同志也不时插话,气氛很活跃,使我紧张的心情一下子放松下来。一开始,我半坐在沙发上,等汇报完,我发觉自己竟将整个身子坐在沙发里,可见我的心情已由紧张转为松弛。

听完汇报之后,李长春同志和各位领导一行来到人民大会堂三层南过厅接见与会代表。参加人员有中央宣传思想工作领导小组成员,中央宣传部、新闻出版总署等单位各一位负责同志,三联书店干部职工代表,三联书店作者、读者代表,共计约 200 人。接见活动由中宣部常务副部长雒树刚同志主持。李长春、刘云山、刘延东同志在人民大会堂南过厅接见与会代表并合影留念。之后,李长春同志即兴做重要讲话。讲话的主要内容是勉励三联书店及全国出版业发扬三联传统,争取更大光荣,努力为社会主义文化大发展大繁荣做出贡献。李长春同志的讲话,使与会代表深受鼓舞。

参加接见并留下来继续参加会议的,除刘云山、刘延东同志外,中央宣传思想工作领导小组成员有:全国政协副主席、中国社科院院长陈奎元,中宣部常务副部长雒树刚,中宣部副部长、中央外宣办主任王晨,中宣部副部长、文化部部长蔡武,中宣部副部长、国家新闻出版广电总局局长蔡赴朝,人民日报社社长张研农,教育部部长袁贵仁,新闻出版总署署长柳斌杰,新华社社长李从军,解放军原总政治部副主任杜金才,中央办公厅副主任赵胜轩,国务院副秘书长江小涓。

邹家华同志参加了会议接见和庆祝大会的全过程,80 多岁的老人精神矍铄,和李长春、刘云山、刘延东等党和国家领导人接见会议代表后,又坐在主席台上参会至结束。而他之前正在北戴河休假,是当天专程从北戴河赶回来的,中午也没顾得上休息。有这么一些重量级的人物出席,可见三联书店庆祝大会规格之高,受到的重视程度前所未有。

在各方高度重视下,在精心筹备下,庆祝大会顺利进行。天公也很作美,本来中午还下雨,临开会时雨已停了,不久便雨过天晴。人民大会堂小礼堂内,会议的各项议程顺利进行。我代表三联书店做了 6 分钟发言。

我在发言中表达对三联前辈的景仰之情,表达对来自各方面关爱的感激之意,表达我们对推进三联事业发展的决心。

中央文献研究室原主任金冲及代表作者、读者发言。金老在发言中说:

与其说我是作者代表,不如说我是读者。我是生活、读书、新知三家出版社的老读者,而且是忠实读者。它对我的一生产生了重大影响。

事情要从六十五六年前说起,那正是我在国民党统治区进大学读书的前后。当时生活书店出版的《青年自学丛书》和《大学丛书》,还有韬奋的许多著作,新知书店出版的《新知丛书》、读书生活出版社出版的《大众哲学》等,我大多读过。这些书的作者几乎都是马克思主义者在各个学科领域内的名家。像许涤新、薛暮桥、翦伯赞、侯外庐、胡绳、华岗、艾思奇、李达等。我几乎都是通过读这些书才了解和熟悉他们的。读这三家出版社所出的书,远比读大学课堂上老师指定的参考书要多得多,可以说在我眼前打开了一个新的天地。进步同学组织的读书会还从中选一些书逐章逐节地讨论。

回想起来,我懂得的一点马克思主义基本原理和社会科学各方面的基础知识,最早就是靠读这三家出版社的书打下的基础。由于那时正处在成长中的青年时期,又是如饥似渴地读的,它的影响在自己头脑里可以说根深蒂固、受益终身。这绝不只是我个人的经历,在我周围国民党统治区的进步青年中可以说相当普遍。它产生的广泛社会影响,也许是今天的人们难以想象的。

生活、读书、新知这三家出版社到解放战争后期合并成了三联书店。后来恢复独立经营，又给我一个突出的印象，就是学术品位比较高。像《陈寅恪集》《钱锺书集》《钱穆作品系列》这些书都是由三联出的。所以，我写的书能够由三联书店出版，从我内心来说，感到特别高兴。

中国出版集团公司总裁谭跃代表上级主管单位发言。他在发言中说：

在中国近现代以来的出版业，三联书店可谓独树一帜。她个性鲜明，品格独特，文以载道，志向高远；她在共产党的长期领导下，传播马列理论，引领思想潮流；倡导文明新知，促进社会进步；推崇先进文化，建设国民精神。她传播先进文化，因而成就于文化先进；她得力于文化名人，因而造就了文化经典；她致力于服务大众，因而赢得了大众口碑。在中国现代出版史、思想史、文化史和学术史中，三联书店事功卓越，影响卓著。

三联书店八十年的历史，也可以说是一部出版的教科书。她的影响、她的贡献、她的成功都明确告诉我们，时代性是其生机，她既是时代的产物又是时代的号角；思想性是其灵魂，她既受到先进思想的洗礼又为思想的先进传道；经典性是其品格，她在传播经典中锻造了一个出版经典；大众化是其生命，她在服务大众中确立自身的文化价值。

他强调指出，时代性、思想性、经典品位和大众口味，是三联成功的基本经验，是三联发展的优秀传统，也是我们当今做强出版、做大企业、做响文化影响极其珍贵的重要启示。

新闻出版总署署长柳斌杰在庆祝大会上做了长篇讲话，讲话时长35分钟。他代表新闻出版总署向三联书店创建80周年表示热烈的祝贺！向长期以来关心和支持新闻出版工作的中央领导同志和众多专家学者表示衷心的感谢！向三联书店的全体员工和离退休老同志致以崇高的敬意！

他说：

党中央历来关心三联书店，十分重视三联书店在革命、建设和改革开放中的重要作用，党的三代领导核心都对三联的出版工作做出过重要的评价和指示。以胡锦涛同志为总书记的党中央，也十分关心三联书店的改革发展，胡锦涛总书记发了贺信，李长春同志接见与会代表并发表了重要讲话，高度评价了三联书店的历史功绩和文化贡献，充分肯定了党的十六大以来三联书店深化改革、创新发展的新成就，对进一步做好当前新闻出版改革发展提出了殷切希望和明确要求。云山同志、延东同志亲临庆祝大会，云山同志还发表重要讲话。这一切，都充分体现了党中央、国务院对全国新闻出版战线的高度重视和亲切关怀，是对全国新闻出版工作者的巨大鼓舞和鞭策。我们一定不负中央领导同志的厚望，继承和发扬革命前辈新闻出版工作的优良传统，在改革开放的时代里，为中华民族的伟大复兴贡献力量。

他强调，三联书店80年的辉煌历史，是一部坚持真理、追求新知、服务大众、开拓创新的历史，也是一部崇尚文化、探求科学、精研学术、弘扬文明的历史。作为我国出版企业的优秀代表，三联书店见证了我国革命出版业由小到大、由弱到强的发展历程，对三联发展历程的回顾与总结，也是对中国现代出版业的回顾与总结，给予我们诸多的启发和前行的动力。一是要大力弘扬三联优良传统，自觉肩负起中华民族伟大复兴的历史使命。二是要努力出版更多传世精品，不断丰富中华民族的文化宝库。三是要始终坚持与时俱进、改革创新，不断激发出版社发展的内在活力。四是要积极推动中华文化走出去，切实增强中华文化在世界上的感召力和影响力。

在庆祝大会会场外，我们悬挂中央领导人题词，以及其他文化界、出版界领导和名流的题词与作品，记得有吉炳轩、柳斌杰、王蒙、铁凝等人的题词，黄永玉等人的画，沈鹏等人的书法，还有三联一些老前辈的书法、绘画作品，可谓琳琅满目、美不胜收。还有一些人的题词，如周有光、杨绛、饶宗颐、屠岸、汤一介、资中筠、余英时、顾骧、张信刚、周振鹤、蔡澜、冯骥才等人的题词，因为开本小，无法挂出展示，令人遗憾。我们将这些题词放进纪念册供人欣赏。在会场内空余处我们摆放了三联书店历年来出版的精品图书。平时不觉得，摆起来还真有让人震撼的强大阵容。一些人赞不绝口，一些人爱不释手。在与会人员的礼品袋里，我们装了几本精品书，一副镇纸，一本名为《激流勇进》的纪念册和一张邮局专门为三联八十周年店庆制作的首日封。俗话说"秀才人情纸半张"，我们用这种方式表示一下微薄的心意。

在京的一些三联书店老前辈纷纷表示希望参加在人民大会堂举办的三联书店创建八十周年庆祝大会。然而很遗憾，一些同志年事已高，有位生活书店的老员工，已经95岁高龄，坐着轮椅，想进到人民大会堂非常困难。我们为了弥补这个遗憾，决定在第二天上午，专门在娃哈哈大酒店的一个大包房中举办三联书店老同志庆祝店庆座谈会。与会人员有95岁以上的仲秋元、王仿子、李定国等，共计14位老前辈和他们的后人、亲属。那天，我带领一些壮小伙子，背的背，抬的抬，把这些老人聚到一起。一些老同志多少年没见面了，一见面那个亲热劲让人无法想象。有的老同志在发言中还流了眼泪，称赞我们这一届领导班子办了一件大好事，给三联书店长了脸，赢得了荣誉。我们准备了蛋糕、鲜花来庆贺大家共同的生日，潘健拍摄的一张张珍贵的照片留下了美好的回忆。一些远在外地的老前辈，没能参加人民大会堂的庆祝大会和在娃哈哈大酒店召开的老同志座谈会，我们按所造的花名册，寄去纪念品和慰问信，向这些老前辈表示敬意。远在外地的三联老前辈，也以各种方式对我们举办店庆活动表示支持，或表达一点心意。三

联书店老前辈孙杰特意寄来一枚老式店徽，并附来一封信："这是我 1949
年 6 月参加三联书店上海分店后发给我的店徽，编号 707，现留给你们做店
史收藏。"

可以说，三联书店上上下下，前辈或后来者，所有三联同人对八十周年
店庆活动都是满意的。三家三联书店的关系通过店庆空前密切，对此次合
作非常满意。中宣部、新闻出版总署、中国出版集团领导和有关部门的领导
对这次活动的圆满组织很满意。广大读者通过店庆分享我们的喜悦，我们
利用店庆挖掘资源，推出一批好书并实行特价优惠，读者朋友也很满意。多
方共赢的结果宣告了三联书店八十周年店庆活动的圆满成功。

转眼五年多时间过去了，现在对八十周年店庆活动进行回顾，梳理一
下我们当时的做法，积累了哪些经验可资借鉴，我就此思考了许久。有一些
工作设想、安排、计划，包括指导思想等，当时也是清楚的，而有一些是在工
作过程中逐渐明晰的，还有一些则是借鉴兄弟单位的做法和经验。在组织
大规模活动方面，三联缺少经验，我们先后到商务印书馆学习他们组织 110
周年馆庆的经验，到中华书局学习他们组织 100 周年局庆的经验，学习人
民文学出版社举办建社 60 周年社庆的经验。这些兄弟单位的领导和具体
做事的同志给我们以无私的支援。中华书局时任总经理李岩还派出一个工
作团队到三联书店，将中华书局局庆具体流程和做法一一加以介绍。对学
到的这些经验，我们从三联实际出发，在借鉴中予以新的创造。概括起来
说，三联书店经过店庆活动积累起来的经验有这么几点，我把它表述为"十
六字"方针，即"目标明确，思路正确，锲而不舍，精心运作"。

隆重举行八十周年店庆活动，充分肯定了三联书店的历史地位和历史
作用，充分肯定了三联书店（包括生活书店、读书出版社、新知书店）创始人
和前辈们的功绩和贡献，特别是中华人民共和国成立前，许多三联前辈出
生入死从事进步出版事业，有巨大的付出和牺牲。隆重举行八十周年店庆

活动,也是对他们的抚慰和致谢。在日趋激烈的出版竞争中,品牌优势是最大优势,我们新一届领导班子提出"发展品牌和依托品牌发展"的思路,首选"品牌战略",以此引领全部事业前进。隆重举行店庆,可以进一步擦亮三联品牌,增加三联品牌的影响力和号召力,增加全体员工的凝聚力。还可以通过店庆活动来锻炼提升我们的工作能力,再一次吹响"集结号",使大家整齐步伐奔向新的奋斗目标。

如歌行板：
恢复设立生活书店始末

恢复设立生活书店，是生活·读书·新知三联书店的一件大事，也是中国出版界的一件大事。几代三联人，尤其是生活书店老前辈的夙愿，在我这一任上终于实现了。每当想到这件事，想到当年为之实现而做出的艰辛努力，想到恢复设立后担任第一任总经理为之发展付出的心血，心里就有几分自豪、几分不舍、几分眷恋，当然还有发自内心的美好祝福。

2013年7月1日，三联书店继上一年在人民大会堂举行庆祝建店八十周年大会之后，又一次在人民大会堂举办重大活动：隆重召开"弘扬韬奋精神 恢复设立生活书店"座谈会。出版界，作者与读者代表，三联书店、生活书店老前辈和员工代表，共计150余人出席会议。中共中央原政治局委员、国务院原副总理、第九届全国人大常委会副委员长邹家华同志为生活书店恢复设立题词并做书面讲话。国家新闻出版广电总局党组书记蒋建国、中宣部出版局局长郭义强、中国出版集团公司总裁谭跃、党组书记王涛等有关领导出席了座谈会。

生活书店是一家有着80多年历史的"老字号"，1932年由中国现代出版先驱邹韬奋先生于上海创办。生活书店以"促进大众文化"为己任，其所出版、发行的各类图书内容涉及当时大众生活的诸多方面。生活书店推介倡导进步思想，传播普及科学知识，以极大的热忱关注国计民生，逐渐成为当时中国出版行业的先进代表。1948年，生活书店与另外两家进步出版机构——读书出版社和新知书店合并成立生活·读书·新知三联书店。

2013 年 4 月 26 日，国家新闻出版广电总局批准了生活·读书·新知三联书店恢复设立生活书店的申请；6 月 5 日，生活书店拿到了由国家工商管理部门颁发的营业执照——自 1948 年并入三联书店，历经 65 载，这一有着光荣历史的出版老字号重张开业。

说起恢复设立生活书店这件事，须简要回顾生活书店的历史。生活书店的历史是从《生活》周刊开始的。《生活》周刊是黄炎培创办的中华职业教育社的机关刊物，1926 年 10 月由邹韬奋接任主编。邹韬奋接手后，变换《生活》周刊的内容与形式，可读性大为增强，吸引了更多读者。同时开设了编者与读者对话的"读者信箱"专栏，倾听读者的意见和要求，讨论各种问题，受到读者欢迎。在邹韬奋和负责经营工作的徐伯昕的精心培育下，《生活》周刊的发行量不断上升，一年内由原来的 2800 份提高到了 2 万份。到 1931 年，这份周刊日常发行量达到创纪录的 15.5 万份，其中直接订阅的有 5 万份。这个发行数字，已与当时全国最大的日报——《申报》和《新闻报》的发行量不相上下。

期间，《生活》周刊变化的关键，是"九一八"事件。事件发生的第四天，《生活》周刊即公开声明，"与国人共赴国难"。那一年的 10 月 10 日，《生活》周刊发行特刊《国庆与国哀》，胡愈之撰写《一年来的国际》长文，预言"九一八"事件将成为第二次世界大战的序幕。胡愈之在自述回忆中说："从这开始，《生活》周刊逐渐改变了方向，关心和议论起了国家民族大事，使刊物和全国人民反蒋抗日的愿望一致起来，刊物更是受到读者的欢迎。"同年 11 月，《生活》周刊社号召读者为在黑龙江抗日的马占山将军和他所领导的民族战士捐款，捐款竟达 15 万元之多，轰动了全国。

《生活》周刊的抗日主张与国民党政府推行的不抵抗主义相抵触，冲突不可回避。反动势力对邹韬奋及其主持的《生活》周刊进行压制，破坏事件迭起。为救亡图存的急迫需要，也为了不让中华职业教育社卷入政治漩涡，邹韬奋、胡愈之、徐伯昕等共同商议，决定脱离职教社，自主经营。

1932 年 7 月，他们以《生活》书报代办部为基础，由一些知识分子集资在上海创立了合作社性质的生活书店，推举邹韬奋为理事长、徐伯昕为总经理。先后主持编辑工作的有胡愈之、张仲实、张友渔、胡绳等。生活书店同人满怀政治热情和信心，为促进新文化出版事业、开展宣传教育、鼓舞人民的斗志、配合军事斗争，为实现改造社会、开创未来事业起到了重要的推动作用。

生活书店创办的年代正值多事之秋，战事频繁，局势混乱。在不断遭受反动势力挤压干涉的情况下，书店同人以"促进文化、服务社会"为主旨，以"努力为社会服务，竭诚谋读者便利"为目标，竭诚尽智为海内外各阶层读者服务。从成立到抗日战争前夕的 5 年中，生活书店出版大量期刊和书籍，这些书刊以鲜明的政治进步性在读者中赢得了很高声誉。抗日战争初期，生活书店总店先后迁到武汉、重庆，这时已直接接受中国共产党的领导，工作迅速开展，在重庆、成都、桂林、西安、昆明等 50 多处设立了分店，还设立香港、新加坡两处分店。

生活书店在邹韬奋等人的主持和策划下，成为当时中国革命出版事业的一支中坚力量，因而也特别遭到国民党政府的迫害，书刊不断被查禁，分店陆续被查封，很多工作人员被逮捕，有的惨遭杀害。1941 年皖南事变时，国内分店除重庆外，全都被查封或被勒令停业。国民党政府甚至无理威胁要将该店并入他们官办的正中书局，当即遭到邹韬奋严词拒绝。在十分困难的条件下，生活书店一方面坚持用"生活"名义出书，一方面另派干部设立文林、骆驼等出版社，出版书籍。1945 年抗日战争胜利后，总店迁回上海。1947 年年底又被迫迁到香港。1948 年 10 月，为适应新的形势，在党的领导下，生活书店、读书出版社和新知书店在香港合并成立生活·读书·新知三联书店。

从创办到 1948 年的 17 年间,生活书店共出版期刊 30 多种(如《生活》《新生》《世界知识》《译文》《全民抗战》《文艺阵地》《理论与实践》等);图书 1200 多种,其中既有马克思主义经典著作(如《反杜林论》《共产党宣言》《国家与革命》等)、哲学社会科学论著(如胡绳的《新哲学人生观》、沈志远的《新经济学大纲》等);也有大量中外文学名著,外国的有高尔基的《燎原》、梭罗诃夫的《被开垦的处女地》、望·蔼覃的《小约翰》等,中国的则有茅盾的《残冬》、郁达夫的《迟暮》、萧红的《生死场》等;此外还出版了大量以"世界知识丛书""时事问题丛刊"为代表的时政读物和以"青年自学丛书"等为代表的关于生活教育和职业修养方面的图书。这些出版物在知识界、青年学生和广大读者中产生了巨大影响,广泛传播马克思、恩格斯、列宁、毛泽东的政治主张,推动抗日救亡运动,传播进步文化和科学知识,为中国民族、民主革命的胜利做出了宝贵的贡献。

合并成立后的生活·读书·新知三联书店,在"生活精神"的感召下,秉承韬奋先生创办生活书店的宗旨,内容上不断开发适应当下大众需求的新品种,亦学亦思,以学带思,钩深探微,逐渐形成了以"人文精神,思想智慧"为核心的出版定位,成为一家独具特色和品位的出版社,在中国人的读书生活中有着不可替代的地位。

既然如此,为什么还要恢复设立生活书店? 一些人对此很有兴趣,希望挖掘这一重大举措背后的原因,在中国出版史上记述"生活书店恢复设立"这一节时以资使用。也有的人心存疑问:恢复生活书店,有这个必要吗?

对恢复设立生活书店的必要性,我考虑很多,这也是我们出发的基点。在给新闻出版总署提交的《三联书店关于申请设立"生活书店出版公司"的请示》中,我们着重讲了两点:一、设立"生活书店出版公司"是三联书店事业发展和规模化经营的需要。三联书店近年来发展突飞猛进、成就引人瞩目，各项工作跃上新台阶：经济效益节节攀升，2013年实现销售收入2.25亿元，实现利润4500万元，连续3年保持两位数以上增长速度；社会效益明显提升，《三联经典文库》《中国经济改革二十讲》《金克木集》《万水朝东》《目送》《巨流河》等一大批好书颇受好评。2012年成功实施分社制，成立了学术、文化、综合三个出版分社和对外合作部、专题项目部，进一步解放了出版生产力。在此情况下，三联书店如果继续坚持以往精品路线，保持原有出版定位、固有品牌风格和特色，将会遭遇发展瓶颈。经深入研究并借鉴国内外出版业的成功经验，我们认为，最好的办法是增设出版品牌，使图书产品线从品牌上得以分流。在发展大众生活类图书时，三联书店可以使用"生活书店"出版品牌，为读者提供更多更好的精神食粮。二、设立"生活书店出版公司"是保护"生活书店"这一著名出版品牌的现实需要。"生活书店""读书出版社""新知书店"均为三联书店历史上的著名品牌，我们非常重视这些历史品牌的商标权保护，1997年我们就已在国家商标局注册了这三家书店的商标使用权。但是，因为不能同时获得以此出版图书的权利，只能眼睁睁看着邹韬奋先生创立的"生活书店"品牌被不相干的人随意拿去使用而束手无策。设立"生活书店出版公司"之后，我们就可以名正言顺地保护和使用这一出版品牌，使其权益免受侵害。这是几代三联人的共同心愿。

以上两条原因是重要原因，但限于行文篇幅，我们没有充分展开。关于恢复设立生活书店我还有更多的考虑，这些考虑是基于现实需要，也是基于长远发展。生活·读书·新知三联书店1948年在香港合并成立，历经并入人民出版社、恢复独立建制，以及改革开放以来20余年发展，已经完成从红色出版阵地向学术文化出版重镇转型，被称为"知识分子的精神家园"，在出版风格上已形成"精品路线"，比较强调专业特色。二十世纪八九十年代出版面向大众的图书比较多，有很大影响。进入二十一世纪后，或者说2005年我到三联书店工作后，发现三联书店越来越向专业化的方向发展，走"精品"路线。如何发扬三联传统,为更广大的大众服务,这是我到三联书店后思考比较多的一个问题,还为此进行过专题研究。2009年1月我任总经理之后,面临迅速加大出版总量、提高两个效益的压力。一方面,我要继续坚持以往的精品路线,保持原有的出版定位、固有的品牌风格和特色,不能让人非议我"改变三联书店传统与出版特色";另一方面我要扩大生产,增加品种和规模,提高经济效益。怎么办? 恢复设立生活书店是最好的选择。如果成功,使图书产品线从品牌上得以分流,既对原来的格局"不伤筋动骨",又能打开一片新天地。而生活书店最适合承担这一重任,因为它从一成立就是强调面向大众的。我查过生活书店过去的书目,文学书、科普书、生活类图书都大量出版过,使其恢复设立、重新开张可谓"一脉相承"。而使用这种方式扩大生产规模、多出精品,国内外出版社都有成功经验。远的不说,人民出版社就使用"东方出版社"副牌,商务印书馆使用"商务国际"副牌,人民文学出版社使用"天天出版社"副牌、人民音乐出版社使用"华乐出版社"副牌,中国大百科全书出版社使用"知识出版社"副牌,科学出版社使用"龙门书局"副牌,等等。生活书店恢复设立,可以放开手脚出版大众生活类图书,又使三联书店这一著名品牌的面目清晰可辨、始终如一。

　　我的另一层考虑是,要想扩大规模,显著提高效益,在未来走得更好更远,三联书店必须集团化发展,持续推出品牌,努力打造三联品牌群,这就是所谓的发展品牌、拓展品牌。在这一思路下,我开始集团化设计,在内部实行分社制,成立了学术、文化、综合三个出版分社和对外合作部、专题项目部,成立了上海分公司和三联时空国际传播有限公司(由北京、上海、香港三家三联共同投资),以求培养出更多的新的品牌。但是,我也深知,新品牌的培育有一个过程,而新品牌群建设又不可等待。怎么办,恢复原有出版品牌是最好的路径。我心里的目标是,先把生活书店恢复起来,然后逐次把读书出版社、新知书店恢复起来,原三联书店作为品牌总部,下辖若干子品牌,"一花引来百花开",把三联老前辈开创的事业不断光大,实现新的辉煌。我当时确实雄心勃勃,恢复设立生活书店就成了三联延伸和拓展品牌的关键环节。

还有,保护品牌也是我们应尽的责任。由于长期以来"生活书店"品牌闲置,未能作为实体书店运营,2010 年 5 月 27 日国家商标局已通知三联,该商标注册被撤销,品牌保护出现"危机",被社会上一些人随意使用。一些三联前辈对此很有意见。我在给上级领导的有关报告中写道:"我们认为这对三联的辉煌历史是一种嘲讽,是几代为中国进步出版事业做出重大贡献的三联人所无法接受的。"继而提出"恢复使用是最大最有效的保护"。

2012 年 7 月,我们迎来韬奋先生创办的生活书店 80 周年,也迎来生活·读书·新知三联书店建店 80 周年。生活书店是三联书店的源头。在一系列店庆活动中,我们通过编写和出版三联店史,进一步认识到三联传统在今天的现实意义,深切感受到"生活书店""读书出版社"和"新知书店"这三个出版品牌对于今天三联书店的重要性,增强了店领导班子对恢复几个著名品牌的信心和决心,我们决定先从恢复设立生活书店做起。

实际上,关于恢复设立生活书店等品牌,我之前的三联领导人也进行过这方面的探讨。据说,董秀玉任总经理时,就找过当时出版署的有关领导,希望恢复三联中的个别品牌,得到的答复是:你们把三联办好了再说吧。听说后来也申请使用过副牌,因严格控制,最后也未获批准。

确实,无论使用何种方式恢复老出版品牌,都很不容易,需要走很长远的路,付出很多的努力。

2009 年 1 月 23 日,我被任命为三联书店总经理的当天下午,就到新闻出版总署找柳斌杰署长汇报工作。柳署长很快会见了我,原因一是我们较熟识,二是三联书店在署领导心目中的位置比较重要。成立中国出版集团之前,像三联书店、商务印书馆、中华书局、人民文学出版社等,都是新闻出版总署的直属单位,归总署直管。集团成立后,虽然划归集团管理,中间隔了一层,署里只负责行业领导,不分管具体事务,但这些出版社遇到问题习惯上还是找署里。我到三联书店工作后也延续了这一习惯。而且我是从吉林省新闻出版局调京的,之前和出版总署领导(包括宋木文、于友先、石宗源等历任署长)以及各司司长、各处处长,打交道较多,"熟人好办事",凡事有个依赖。说真心话,我在当三联书店总经理时,没少得到署领导及相关部门领导的帮助。

在柳斌杰署长的办公室,我汇报了三联书店的一些情况,特别讲了肩上的压力。我刚刚被任命为三联书店的党委书记、总经理,做了这个品牌老店的一把手,高兴是有点高兴,但还没怎么高兴,就觉得肩上的压力不轻,逐渐感到"千刀万剐,不当一把"的说法有点道理,也感到"穿衣穿布,当官当副"的调侃不无道理。当然这都是我的心理活动。柳署长对三联的情况有一些了解,鼓励我把压力变动力,问我有什么要求? 我说就是希望给点政策支持。"什么政策支持?""批准我们成立一家副牌出版社,把生活书店这一品牌恢复起来。"接着我又详细阐述了理由。柳署长听了笑笑说:"你先好好干,先把关系理顺,把队伍稳定下来,发展起来,过几年我们再来研讨这个问题。"实际上,这一问题一经提出,便被搁置下来。但我认为柳署长讲得有道理,凡事都有个条件吧。

大约一年之后,经过积极调整、布局,三联书店各项工作走向常规化,店领导班子明确提出实施"品牌、人才、企业文化"三大战略,其中"品牌战略"居首,形成了"发展品牌,依托品牌发展"的清晰思路。在这种情况下,恢复生活书店的动议又提了出来。我们咨询了出版管理司有关领导和工作人员,看怎么办好。得到的答复是"非常困难""几乎没有可能"。其原因是我们国家成立出版单位实行审批制,国家控制总体规模和布局,在数量上实行总量控制,已有格局和数量不可突破。当然,有极特殊情况,确因事业发展需要的除外。现在想办出版社的单位不少,都在那里排队,但审批通过的极少。对此我心里清楚,因为我曾经在吉林省从事出版管理,全国出版社数量多年都在570家左右,吉林省14家出版社,20世纪80年代以来就是这个格局。

那有没有别的办法?有关部门的领导给我们出了一个主意:想方设法兼并重组一家已经办不下去的出版社。当时全国出版社都在转企改制,有的出版社正在和主管的行政单位脱钩,有的因经营困难办不下去在寻找新"婆家",这是一个兼并重组的机会。有的出版单位已先行一步,比如吉林出版集团兼并重组了北京全国工商联出版社,江西出版集团兼并重组和平出版社。看来这是一条行得通的路子。但我们得走两步棋,一是先兼并一家出版社归属三联,二是将这家出版社改名——改为"生活书店"。

既然这条路可行,我们就在这条路上探索。在几个经营比较困难的出版社中,我们选中了西苑出版社。我和我店总编辑李昕去找了金城出版社王吉胜社长。王吉胜社长管理金城出版社(归属中央办公厅保密局)的同时,兼管西苑出版社,是资深出版人,做过中央编译出版社负责人,北大毕业,学养丰富,经验老到。吉胜社长有浓重的三联情结,听说我们有兼并西苑出版社的意图,表示大力支持,表态说:我们共同办也行,交给三联办也行,怎么都成。当时的场面、吉胜社长的爽朗态度给我留下了深刻印象。虽然后来此事没有成功,但我和王社长成了好朋友。兼并西苑出版社没有成功的原因,是在深入了解情况并具体进行操作之后,发现两个问题难以突破。一是据说西苑出版社有一两千万元的债务,这个债务要由兼并方负担,三联书店有这个实力,但要办起手续,须经层层批准,目前尚无先例;二是必须全部接纳社中原有人员,但该社原属于中央机关,人员都是事业编制,三联书店已经转企,在体制上难以实现"无缝对接"。鉴于此种情况,虽然几经研讨,已是"爱不释手",但也只好"割爱而去"。

2011年下半年,三联书店开始筹办八十周年店庆,在做店庆工作方案列举重点工作时,将恢复设立生活书店又提上了日程。转年春天,我们就店庆筹备工作分别向中国出版集团、新闻出版总署、中宣部有关领导和相关部门的领导做了汇报,其中重点讲了恢复设立生活书店、设立韬奋图书馆、召开《三联经典文库》出版座谈会,在人民大会堂隆重召开庆祝大会等几个重大事项。在反复研究店庆方案时,有的领导提出"两步走"的设想,这个想法得到了时任中宣部副部长蔡名照同志的肯定。所谓"两步走",就是把恢复设立生活书店从整个店庆工作中剥离出来,集中精力搞好八十周年店庆活动。待店庆活动结束后,再来商议恢复设立生活书店事宜。对此,我表示完全赞同。虽然没能解决,但毕竟提上了议事日程,受到时任新闻出版总署、中宣部有关领导的重视。

八十周年店庆系列活动结束之后,我们便认真准备材料,进行相关筹划。第一步按总署领导指示,先和有关部门沟通。出版物管理司明确表示支持,但设立新的出版管理机构要找综合业务司。综合业务司领导对我们很热情,在听了我的情况介绍后,表示研究一下再做答复。后来几次沟通都没有进展。申报材料虽然报上去了,也接收了,却没有下文。后来我去催问,该司负责人说了理由,因为我们报告中写的是"拟恢复设立生活书店作为三联书店的副牌社"。他说:"现在都在进行出版改革,所有副牌社都变实体经营,新成立副牌社不符合出版改革方向,因此不能批准。"我说:那我们把三联书店作为实体社申报,作为三联下属的二级单位。回答是:断无可能。负责审批的同志也帮我们想了一些办法,当时出版社条件成熟时可以成立分社,可否把生活书店作为三联一个分社? 后来研究的结果是,这样也没有可能,因为现在成立分社的,都是出版社在异地设立分社。在三联书店设立"生活分社",没有类似先例,况且也没有实质意义。再说,如果不独立建制,不独立使用书号,出版社自己就可以成立分社,那就不用出版行政部门审批。转来转去又回到原点,面对"走投无路"的情况,情急之下,我以个人名义给柳斌杰署长写了一封信。柳署长收信后开始过问此事并推动进展。然而就在这个时候，出版总署领导调整，柳署长到全国人大任教科文委主任，此事又一次搁浅。

当初提出恢复设立生活书店这一想法，得到了三联书店老前辈仲秋元（原生活书店员工、首任三联书店重庆分店总经理，曾被捕关进渣滓洞监狱）、王仿子（原生活书店员工，先后在衡阳、桂林、上海、香港生活书店工作，曾任文化部出版事业管理局副局长等职务）、蓝真（原生活书店员工，香港三联书店总经理）等一批老同志的支持。

我专门就此事向邹家华同志汇报过，老领导对这件事极为关注，觉得这是一个很好的设想。推进遇到困难，我再一次向邹家华同志汇报。按照邹家华同志的意见，我把《关于请求恢复"生活书店"作为三联副牌的函》送给他阅示。邹家华同志在这个文件上批示："请中宣部刘云山部长阅示。"很快，刘云山同志就在文件上批示："名照同志：请商谭跃同志重视并研究家华同志的意见。"同日，蔡名照副部长批示："请谭跃同志阅，请按云山同志指示落实，如需协调总署，请及时告知。"这一批复的时间是 2012 年 10 月 24 日，从此时起，生活书店恢复设立又一次启动并得到推进。

恢复设立生活书店的工作得到了中国出版集团领导的关心和支持，在接到上级领导批示之后，谭跃总裁听取了我们的汇报，并责成有关方面协助推进。集团领导王涛、李岩也从中帮忙出力。

尽管有中央领导同志的批示和各个方面的关注，生活书店的恢复设立依然进展缓慢，署内有关部门依然认为成立生活书店作为三联书店的副牌社不符合改革方向，态度不太积极。

此时蒋建国副署长已升任新闻出版总署党组书记，在两局合并成立新闻出版广电总局之后，主要负责新闻出版方面的工作。为了继续推进，我找蒋建国书记汇报了有关情况。蒋建国同志长期在省里工作，担任过湖南省委常委、省委宣传部部长,调到新闻出版总署工作后作风务实,为人和善,我为三联书店的事没少找他,也算"熟头熟脸"。在蒋书记办公室,我简要讲了情况并希望尽快推进。蒋书记让我把有关材料补充完善后再给他发去,表示会关注此事,并尽量推进。有一件事让我感动:我去蒋建国办公室时,礼节性地带去一盒茶叶,临走时把茶叶留下。他接过茶叶看了看,让我等一下,结果从里间取出两瓶"内参酒",说,这是湖南特产,送你尝一尝。盛情难却,只好收下,这两瓶"内参酒"我珍藏至今。

2012 年 11 月 23 日,我收到蒋建国同志亲笔回信:

希安同志:

　　您十一月十九日发来的材料收到了。对您所嘱关注恢复生活书店品牌一事,我已转请有关方面同志抓紧研究提出意见。

蒋建国
十一月二十三日

后来,我从新闻出版广电总局有关同志处获悉,蒋建国同志一直在力推这件事。在新闻出版总署和广电总局合并前的总署最后一次会议上,就把恢复设立生活书店作为一个重要议题。那一阶段因为要合并,人心惶惶,许多人在新闻出版总署的牌子前合影留念。我去办事时也留了一张合影。两单位合并前事务繁多,蒋建国同志还把恢复设立生活书店的事放在心上!之后他主政新闻出版这边,主动找有关部门研议这件事,积极予以推进。我们三联书店这边也积极配合,尽量为恢复设立生活书店创造有利条件。

转眼到了 2013 年春天,新闻出版广电总局有关部门让我们补充恢复设立生活书店有关材料,并让中国出版集团下属的中国出版传媒股份有限公司出具《关于同意三联书店设立"生活书店出版公司"的函》,我们由此判断,恢复设立生活书店将有实质性进展。一天下午,我在三联书店对面一家理发店理发,刚理到一半,接到蒋建国同志打来的电话。他说,正在研究恢复设立生活书店事宜,有同志讲你们申报的是成立三联书店副牌社,现在批副牌社确有困难。如果把生活书店办成实体出版社,成为一个正式出版单位,你同意不同意? 我说,我同意,这样最好! 但生活书店恢复设立以后,一定得归三联书店管,是三联下属的一家出版社。如果生个孩子给别人抱走了,我们可不干。蒋建国同志说,你放心,恢复设立的生活书店是由三联出资,三联管,是三联下属的二级单位。末了,还关切地问:三联出资没问题吧? 我赶紧说,没问题,请您放心!

通了这个电话之后,恢复设立生活书店进入了"快车道",我们就域名问题、出版范围问题、注册问题等方面和有关部门反复沟通,在上级有关部门指导下进行设立前期的准备工作。

2013 年 4 月 26 日, 国家新闻出版广电总局下发新出审字〔2013〕471号文件《关于同意设立生活书店出版有限公司的批复》。文件全文如下:

生活·读书·新知三联书店有限公司:

你单位三联店字〔2013〕第 17 号文件补充材料收悉。

经研究,同意由生活·读书·新知三联书店有限公司出资设立生活书店出版有限公司,简称"生活书店",主管、主办单位为生活·读书·新知三联书店有限公司,出书范围为:出版人文社会科学著作、文学艺术作品、大众文化读物和实用生活知识类图书。

请到北京市新闻出版局办理图书出版单位登记手续, 并到中国 ISBN中心办理出版者前缀。

生活·读书·新知三联书店有限公司作为主管、主办单位,应加强对生活书店出版有限公司的领导和管理,督促其认真遵守国家的法律、法规和各项出版管理规定,按照现代企业制度的要求规范筹建和运营,努力多出好书,为出版繁荣做出贡献。

国家新闻出版广电总局(代章)

2013 年 4 月 26 日

　　至此,生活书店恢复设立终于尘埃落定。图书出版许可证上核定的业务范围是出版人文社会科学类著作、文学艺术作品、大众文化读物、生活实用类图书等书籍的综合性出版社,可以从事图书电子出版物、音像制品批发、零售、本版书发行等业务。确定的主管单位、主办单位均是生活·读书·新知三联书店有限公司,明确写明:根据《出版管理条例》,准予从事图书出版活动。很快,我们就投资 5000 万元完成了注册,办理了企业法人营业执照,刻印了公章,还选定二楼一块 200 余平方米地方作为办公场所,进行简易装修,为尽快开展工作创造条件。

　　接下来,我们重点抓了两件事。一是成立生活书店领导班子,配备中层干部,选调编辑和有关人员。为了确保三联书店对生活书店的领导、便于解决发展中的重大问题,切实搞好书店的运营,店里决定由我兼任生活书店恢复设立后的第一任总经理,三联书店总编辑李昕兼任生活书店第一任总编辑,还专门下发了文件:

关于樊希安、李昕同志兼任生活书店总经理、总编辑的通知
三联店字[2013]第 34 号

各部门:

　　为加强对三联书店所属生活书店出版有限公司(简称生活书店)的出版经营管理工作,经店领导班子会议研究决定,并报出版集团公司同意,由

樊希安总经理兼任生活书店总经理,李昕总编辑兼任生活书店总编辑。

特此通知

生活·读书·新知三联书店有限公司

2013 年 6 月 13 日

店里决定聘任原文化出版分社社长助理罗少强同志担任生活书店编辑部代主任(三联书店部门副职),聘任中共杭州市纪检委、市监察局原正处级纪检监察员于峰同志担任生活书店综合办公室主任(三联书店部门正职)。还从店里选调一些人员到生活书店工作,记得从三联书店调来的有总编室杨学会等。

2013 年 6 月 13 日,生活书店召开第一次会议,在新装修的会议室里,宣布了店里决定,研究了有关工作,畅谈了远景。与会人员在一张白纸上共同签名,表明将同心协力在一张白纸上画出优美的图画,也是留下一个纪念。从此,生活书店恢复后的正常运营就开始了。

我们重点抓的另一件事,是筹备恢复设立生活书店座谈会。按照规定,不允许搞各类庆典。我们不搞庆典,就以"弘扬韬奋精神"为主题,开一个恢复设立生活书店的座谈会。会上我们摆上新做的店牌,有一个揭牌仪式。整个座谈会简朴、隆重、热烈。

邹家华同志原定参加会议,后因身体原因未能到会。他不仅特意为恢复生活书店写了"继承优良传统,竭诚服务读者,繁荣社会文化,促进经济发展"的题词,还让人代读了书面发言。

时任国家新闻出版广电总局党组书记,为生活书店恢复设立出过大力、做过大贡献的蒋建国同志亲临会议。他在讲话中高度评价了"生活书店"在历史上发挥的积极作用,阐述了韬奋精神的内涵,对生活书店和三联书店提出了"继承传统牢记使命、面向大众服务人民、打造精品弘扬品牌、深化改革锐意创新"四点希望。中国出版集团总裁谭跃在发言中要求,新成立的生活书店一要坚持理想使命,二要坚持服务大众,三要坚持奋斗精神,四要坚持以文化人。接下来,著名作家王蒙的发言,原生活书店员工代表仲秋元、蓝真的发言,原生活书店总编辑张仲实之子张复的发言,都给了我们极大的鼓励和支持。

三联书店老同志徐伯昕、黄洛峰、沈静芷、朱枫等前辈的家属,特意从各地赶来参加会议。到会的还有中国韬奋基金会副理事长兼秘书长王小平同志,中国出版协会副秘书长沈建林同志,中国发行学会副秘书长王成法同志,以及上海三联书店、三联书店(香港)有限公司、人民出版社、商务印书馆、中华书局、人民文学出版社、人民美术出版社、人民音乐出版社、中国大百科全书出版社等出版单位负责同志,江苏凤凰出版集团、山东出版传媒股份有限公司、四川新华文轩出版传媒股份有限公司、宁夏黄河出版集团、浙江、黑龙江、北京、深圳、青岛、宁波新华书店集团等三联书店战略合作伙伴代表,新华社、人民日报、光明日报、中央电视台、中央人民广播电

作者陪著名作家马识途(右)参观恢复设立的生活书店

台、经济日报、中国新闻出版报等媒体代表，读者代表。发来贺信的有三联老前辈97岁老人王仿子，三联作者、著名语言学家、108岁老人周有光，生活书店老读者、著名作家、99岁老人马识途，还有商务印书馆、中华书局、上海三联书店、三联书店（香港）有限公司等兄弟出版单位。面对这些激励、鼓舞和鞭策，三联人既激动，又感受到压力沉重。

面对压力我表达了决心。我说：

今天，是高兴的日子，但眉梢的笑容还没散去，沉甸甸的压力便压在了肩头，任重道远，我们深知肩上的担子不轻。与邹韬奋等生活书店开创者和三联书店老前辈相比，我们的胸襟、视野、才识、能力都难望先驱们项背。但重任在肩，我们会竭尽心力，在中宣部和国家新闻出版广电总局的领导下，在中国出版集团的具体指导下，紧紧依托三联书店，按照各级领导要求和三联前辈的期望，弘扬韬奋精神，继承优良传统，坚持正确出版导向，以"促进文化，服务社会"为宗旨，竭诚为读者服务。我们将坚持三联书店"一流新锐"的质量标准，放下身段，面向大众，但决不降低格调和品位。我们会深入研究市场搞好定位，发挥自身优势，和三联书店实行差异化经营，努力在大众出版领域开拓，为更广大读者提供优质精神食粮，获取社会经济效益双丰收。我们会加强队伍建设，用好作风建班子，用好传统带队伍，用好机制出人才，用好环境聚人气，为生活书店的长远发展奠定基础。现在全国人民都在为实现伟大民族复兴而奋斗，作为韬奋"生活"事业的传人，我们也有一个梦想，这就是重现生活书店当年的辉煌，"虽不能至，心向往之"，经过长期不懈的努力，相信最终会获得成功。

做好一项事业仅表决心不行，还必须有实实在在的具体行动。恢复设立生活书店一年之后，我就离开了三联书店，也交卸了生活书店总经理的职务。但在兼任生活书店总经理这一年多时间里,我始终把生活书店良性运营作为三联书店全盘工作的重中之重,和总编辑李昕密切配合,尽一切努力,打好生活书店发展的根基。一是研制生活书店发展规划,确立长远目标和措施;二是抓紧招聘编辑,建立一支人才队伍,引进李娟等优秀编辑;三是重视作者队伍建设,借助生活书店的品牌名望和恢复设立各项活动,和曾严修、王蒙、吴敬琏、金冲及、马识途等一批老作者建立密切联系,组到了一批好稿;四是确立一批重点选题并抓紧实施,力争尽快推出第一批图书,在社会上造成影响;五是协调有关发行工作,理顺关系,使生活版图书发行渠道顺畅。上述各项工作,主要是李昕带领大家在做,那时他"坐镇"生活书店,在三联和生活两头"忙活",尤其是在发掘作者资源、确定和实施重点选题、编辑队伍建设等方面,李昕贡献巨大。他还利用其曾在香港三联任职的条件,把香港的一些选题引到生活书店,扩大了作者和选题阵容。李昕在生活书店时确定的选题,一直到三年之后才出版完。我自己则更多地在宏观管控、把关定向方面多做工作。但有时也深入到微观层面,做一些编辑、出版、发行的工作。比如我和台北三联书店老朋友王承惠联系,把台北三联版《舌尖上的台湾小吃》引入生活书店,在大陆出版,作为生活书店出版的第一本图书,在厦门海峡两岸图书交流会上举行首发仪式,力求扩大生活书店在海内外的影响。我把我大学老师喻朝刚先生和夫人共同完成的《分类两宋绝妙好词》在生活书店修订再版,亲自担任责任编辑(这是我在三联书店工作期间唯一担任责任编辑的一本书),和廉勇一起完成了编辑工作,这本近百万字的图书出版后受到好评,已再版了多次,成为生活书店的"看家书"。我还就河北农民夫妇画家用农民画反映廉政建设的图书倾注心血,和相关人员研究出版发行方面的细节,并向有关中央领导写信推荐,送给参会的"两会"代表。我也曾多次找张作珍、孙漩、于峰、罗少强就生活书店发行工作进行研究,发货问题、回款问题、宣传推广问题,都力争一一落到实处。生活书店的同志们很努力，三联书店各部门的支持也很给力，使生活书店的出版工作很快走上正轨并不断取得进步。对此，我和李昕总编辑看在眼里喜在心头。

2014 年 8 月 5 日，我刚刚离开三联书店不到一个月，赴成都参加马识途先生在生活书店出版的新书《百岁拾忆》的座谈会。李昕也从贵阳（他去参加全国图书交易会）赶来，我们在成都会合，共同主持这个会议。这是我参加生活书店的最后一次活动。记得在宾馆门前有条府南河，在河中间风雨亭上设有餐厅，席间我和李昕把盏道别，期望他继续主持好生活书店，努力把眼下的事业推向前进，像脚下的府南河水逐浪连波、源远流长。没料想，一个月之后李昕因多种原因，也离开了生活书店。又是几年过去了，不断听到生活书店进步、发展的消息，也常看到生活书店出版的新书。我由衷地祝愿生活书店："生活之树常青"，沿着先辈的足迹，不辜负前辈们的期望，迈着坚实的步伐一路走下去。

让一盏灯照亮一座城市

在三联书店工作时，我办了这辈子最正确的一件事，就是开办北京首家夜间不打烊书店——三联韬奋 24 小时书店。

尝试开办 24 小时书店，我几年前就有这个想法。几次到台湾开展出版交流，我都到诚品书店参观，受到一些启发。2014 年年初，由北京市新闻出版局协调，三联韬奋书店得到国家 100 万元资金扶持。这些钱怎么用，我动开了脑筋。再就是我 2014 年 1 月 17 日参加了李克强总理召开的教科文卫界给政府工作报告提建议的座谈会，建议总理把"倡导全民阅读"写进政府工作报告。三联书店作为文化央企，应该在推动全民阅读方面起到带头作用。基于以上想法，我下定了开办 24 小时书店的决心。这年春节过后的 2 月 8 日，我提出，用两个月筹备，4 月 8 日试营业。

书店是在 1996 年开办的三联韬奋图书中心基础上拓展创办的，经营面积 1500 平方米，图书品种 8 万种，和设在二楼的"雕刻时光"咖啡馆联动经营，满足读者 24 小时购书、阅读、餐饮、购物、休闲等各种活动需要。我们在原有基础上装修了殿堂，增加了阅读桌凳、阅读灯等设备，为此，店里又付出 60 多万元开支。没想到这一新生事物一出现就受到广大民众和新闻媒体的普遍关注，立即成为社会文化热点，许多人都涌到书店观看。加上有 300 多家媒体宣传报道，造成了很大的社会影响，店堂的营业额很快得到提升。过去一个白天只有 3 万元营业额，而现在一下子提升到 6 万元，实现了

创办三联韬奋 24 小时书店

良好的社会效益和经济效益。这个结果使我"喜出望外",便把开业以来的情况给李克强总理写信做了汇报。2014 年 1 月中旬我参加座谈会见到李克强总理时,总理叮嘱三联书店一定要发挥品牌示范作用,多出好书,引领阅读。现在 24 小时书店办得不错,就想到给总理写信汇报一下。没想到李克强总理很快就回了信。总理回信全文如下:

北京三联韬奋书店全体员工:

　　来信收悉。获知你们于近日创建 24 小时不打烊书店,为读者提供"深夜书房",这很有创意,是对"全民阅读"的生动践行,喻示在快速变革的时代仍需一种内在的定力和沉静的品格。阅读能使人常思常新。好读书,读好书,既可提升个人能力、眼界及综合素质,也会潜移默化影响一个人的文明素养,使人保持宁静致远的心境,砥砺奋发有为的情怀。

　　读书不仅事关个人修为,国民的整体阅读水准,也会持久影响到整个社会的道德水平。希望你们把 24 小时不打烊书店打造成为城市的精神地标,让不眠灯光陪护守夜读者潜心前行,引领手不释卷蔚然成风,让更多的人从知识中汲取力量。

李克强

2014 年 4 月 22 日

　　总理回信是对我们的肯定,更是鼓励和鞭策,也给我们提出了殷切希望。我们进一步树立了信心,更感到肩负的责任,决心努力把书店办成总理期待的"城市的精神地标"。2014 年当年,北京三联韬奋书店全年营业收入同比增长 58%,利润同比增长 111%,共接待读者 28 万余人次,比上年增长 68%。2015 年销售收入 2150 万元,与上年同比增长 4.6%,利润为 310 万元,同比增长 4.38%。2016 年销售收入 2300 万元,同比增长 7%,利润为 330 万元,同比增长 6.45%。三年半时间过去了,三联韬奋 24 小时书店经受住了时间的检验,经营方面处于良性状态,洋溢着生机和活力,这盏照亮城市的明灯将持久地照耀下去。

　　说实在的,当时开办 24 小时书店,我不是以经济效益为目的,并没想到有这么好的经济效益,我们完全是着眼于社会公益,尽社会责任。只要能够盈亏持平,我们就长期办下去。有人问,你们图个啥?我们说,就为吸引更多的人来这里读书。有人问,乞丐来了你们也服务? 我们说,乞丐来了我们照样服务,读者无高低贵贱之分,他今天是乞丐,读书多了就有可能不再是乞丐,我们决不能因身份卑微而歧视他。更多的人则是关心我们这家 24 小时书店能否坚持下去。现在三年半时间过去了,我们 24 小时书店每天不停地在运转着, 经营业绩比我们预想的要好许多, 白天日均销售额为 4.2 万元,夜间为 1.75 万元,两者相加日均零售额为 5.95 万元,是未开办 24 小时书店前每天零售额的 2.1 倍,不仅营业额大幅增长,营业利润和员工收入都有较大幅度的提高。我对来书店夜读者情况做过观察分析,一般来说,晚上

9 点至 11 点，读者年龄差距很大，从几岁的幼儿到百岁老人都有；从晚上 11 点到晚上 12 点，主要是 50 岁以下的读者；到凌晨 3 点，基本是 16 岁到 30 岁的年轻人，大多是北京高校的学生或中学生结伴而来，还有平时忙于上班、闲暇时间来夜读的上班族们，还有从外地赶来的、带着孩子们来进行夜读体验的读者，还有一些领导干部和特殊群体慕名而来。我国著名作家、百岁老人马识途到北京看女儿，听说三联办了 24 小时书店，一天晚上专程到书店参观，还买了几本书法的书作为纪念。因为人流多，经济效益就好，增加了晚上的销售，还明显拉动了白天的销售。这也说明我们 24 小时书店切中了读者和市场的需求，实现了社会效益和经济效益相统一。因为当初开办时带有尝试性质，也没想到会这么成功，更没想到会给个人带来什么荣誉，相反，肩上却有很重的压力。当时确定要办 24 小时书店时，一些同志劝我爱惜名誉，说：你已经功成名就，别把一世英名砸在 24 小时书店的失败上。有的同志开玩笑说我是"退休前猖狂一跳"。有人说开 24 小时书店违反人的生活规律，注定不能成功。正式开业后，也有人怀疑"红旗到底能打多久"，说考验"大约在冬季"，认为北京这边的书店和台湾诚品书店比不了，咱们北方冬天晚上冷，没人愿意上街，谁会去书店？面对这一切，我没有动摇，敢于坚持，从根本上说还是源于文化企业家的社会责任。我们从事的是文化行业，我们的企业是文化企业，我们文化企业家担负着传承文化和服务社会的职能。正因为如此，我们要把服务社会和社会效益放在首位。为企业的生存，我们也要搞好经营，要挣钱，但是我们的目的是传承文化、服务社会。这是我们创业的初衷和根本。这方面，许多文化界、出版界的老前辈给我们后人树立了榜样：张元济先生"昌明教育平生愿，故向书林努力来"；邹韬奋先生提出要处理好事业性与商业性的关系，强调出版的"文化本位"，倡导竭诚为读者服务。他们都是我辈学习的榜样。我们开办 24 小时书店不图名，不图利，图的是更多人来读书。我算了一笔账，每晚有 60 人在韬奋书店读书,一年就有 2 万多人。当夜深人静时,一些年轻人坐在阅读桌前或坐在书丛中的小凳子上读书,看到他们孜孜不倦的样子,就看到了国家和民族的希望。

北京三联韬奋 24 小时书店之所以能够获得成功,原因是多方面的,但天时、地利、人和是成功的主要原因。

天时,即党和国家高度重视文化建设和倡导读书的利好大环境、大气候。我们中华民族有重视读书的优良传统,"耕读传家"历来为人们所称道。"读万卷书,行万里路"被视为事业成功的必备条件。党和国家几代领导人都重视文化建设,力倡读书,毛泽东同志更是手不释卷的典范。党的十八大之后,新的中央领导集体更加重视文化建设和倡导读书活动,并带头读书,身体力行。习近平总书记当年到陕西下乡插队时,留给乡亲们的最深印象

北京韬奋 24 小时书店
读者读书场景

是爱读书,从北京带去最多的物品是书。他说:"读书已成了我的一种生活方式","现在,我经常能做到的是读书。读书可以让人保持思想活力,让人得到智慧启发,让人滋养浩然正气"。他在接见台湾星云大师时说:"您送我的书我都读完了。"百忙之中坚持读书,不仅是总书记的个人行为,更是一种号召,产生了良好的社会影响。李克强总理爱好读书,喜欢在书丛中流连并购书。他不仅个人喜好读书,还在社会上力倡读书。"倡导全民阅读"首次写入《政府工作报告》,让全民阅读成为国家行动,为全民阅读活动在全社会的深入开展催生了新局面。党的十八大以来,党中央、国务院先后出台多项促进文化建设和全民阅读活动的政策措施。《全民阅读促进条例》已经列入国家立法程序,将以法律法规的形式扎实推进全民阅读工作。国家扶持实体书店的政策和举措连续出台,仅免征图书销售环节增值税这一项,每年就让利33亿元。全国各省市纷纷出台相应政策,不仅使文化建设和读书活动有了经济上的支持,更是在其拉动下营造了开展全民阅读活动的氛围。全国各地的阅读活动丰富多彩,如中央国家机关主题读书活动,国家知识产权局党校读书活动,国家发改委青年读书论坛,公安部直属机关读书交流会,等等,各级机关的读书活动也开展起来了。"北京阅读季""深圳读书月""书香上海""书香杭州"等,各地的阅读品牌争相推出,全国300多个城市有经常性的阅读节、阅读日活动。广泛开展的读书活动催生了人们的阅读热情,拉动了图书销售,实体书店的经营出现转机,正是在这种大气候下三联韬奋24小时书店应运而生。

地利,即三联韬奋24小时书店所具有的区位优势和优越的人文地理环境。书店位于美术馆东街22号,拥有地处首都北京的有利条件。北京是特大城市,是国家政治、经济、文化中心,城市人口众多。据2013年年底统计,总人口2114万人,其中流动人口802万人。总人口中受教育的人多,愿意读书的人多,阅读环境好。推动包括实体书店在内的公共文化基础设施建设,是北京发挥全国文化中心示范作用、建设中国特色社会主义先进文化之都的重要内容。我们开办 24 小时书店得到了北京市有关部门的大力支持,时任北京市新闻出版局党组书记、局长冯俊科同志为我们出谋划策。其次,我们所处的具体位置条件优越。一是具有得天独厚的文化圈。向西延伸是美术馆、景山公园、故宫、北海公园,向南延伸有北京人民艺术剧场、商务印书馆、王府井步行街,向东是隆福寺文化商圈。这些文化商圈近几年都有较大发展。我们三联书店近几年也以编辑业务楼为依托打造三联文化场,改革重组了韬奋书店,创办了韬奋图书馆、读者俱乐部、书香巷等,和雕刻时光建立了"荣辱与共"的战略合作关系,文化圈的发展逐渐聚拢了更多的人气。二是具有极为便利的交通条件。我们的店面处于北京城东西南北交叉的交通枢纽位置,104、108、109、111、103 等多路公交线路交汇于此,地铁 5 号线、6 号线开通后交通更加便利,正在修建中的地铁 8 号线出口就在书店楼下。交通的便利使人流大增,韬奋书店近几年成了人流潮涌的"热码头",我们对此看在眼里,喜在心里,意识到开办 24 小时书店的时机已经成熟。

人和,说的是人们对读书和倡导阅读形成高度共识。人们对三联韬奋24 小时书店的高度关注和肯定,源自人们内心对读书的喜欢和钟爱。前面讲到,24 小时书店把销售功能扩展至兼有图书馆的阅读功能,为愿意到公共场所挑灯夜读的人打造一处"深夜书房",提供一块"阅读的绿洲"和"精神的净土",满足人们的阅读心理和阅读需要,与人们的阅读渴求高度契合。打造"深夜书房"大大方便了"书虫"阅读,也给忙于工作的上班族挑选图书提供了更多的机会。一位读者夸赞我们:"为读书人燃起一盏灯,一座城市就被点亮了。"央视节目主持人海霞说我们"给年轻人的夜生活增添了文化色彩"。一个"居无定所"的流浪者在来信中说:"我们这个时代是该好好读书的时候了,读书的确是一剂洗心的良药,它能帮我们洗涤因世俗而蒙尘的心。除去心灵的尘埃,才能让人生有一个明明白白的方向和定位。"在这个多元化的时代,人们对事物的认识很难一致,但对"读书"却不约而同地推崇。这种对崇尚读书的高度共识,给我们开办 24 小时书店集聚了正能量。

　　由于创办三联韬奋 24 小时书店,我被评为"2014 年中国文化产业十大年度人物"。在 2015 年 2 月 1 日举办的评奖揭晓典礼上,我第一个上台领奖。中宣部副部长孙志军给我颁奖。他说,三联书店是文化产业中把社会效益放在第一位的典型。我在发言中说:人生大道留真迹,岁月长空布正声。对出版工作者来说,多出好书,让更多人读书,是我们永远的追求。我将用余生之力,在推动全民阅读、推进书香社会建设方面做更多的工作。这一段话就是我的"誓言",誓言无声,我会付出更大努力。

信任、尊重、理解与宽容

说起我在三联书店的工作经历,不能不说到三联书店在全国很有影响力的《三联生活周刊》。

《三联生活周刊》的创办自有根基,所谓"来源有自",向前追溯,可以上溯到20世纪20年代。《生活》周刊1925年10月11日在上海创办,1926年起由邹韬奋任主编,发行量达到15万份,是极有影响的刊物。当年,邹韬奋在发刊词中说:"本刊的态度是好像每星期乘读者在星期日上午的闲暇,代邀几位好友聚拢来谈谈,没有拘束,避免呆板,力求轻松生动简练雅洁而饶有趣味。"

1995年,时逢邹韬奋先生100周年诞辰。生活·读书·新知三联书店继承《生活》的传统,于1月14日恢复出版了《三联生活周刊》。时任三联书店总编辑董秀玉在这一期的"编辑手记"中说:"今天,我们处于世纪之交的大时代中,这是我们的幸运。如何从老百姓最最平凡的生活故事中,折照出这个时代,反映出人们普遍关注的社会新课题,为人们提供崭新的生活理念和生活资讯,当是我们最需努力的关键。"

而在此之前,据我所知,恢复设立三联书店的第一任总经理沈昌文,也为创办《三联生活周刊》付出了心力。是他提出了这一动议,并开始设计有关方案。继任总经理董秀玉把创办周刊变成现实。据曾任三联书店副总经理、副总编辑,又长期分管周刊工作的潘振平回忆:

　　1992年年底,生活·读书·新知三联书店组成了新的社务委员会,董秀玉出任总经理,沈昌文、林言椒任副总经理,杨进和我是助理。三联新班子的一项重要工作就是创办杂志,以此带动三联的发展。董和沈都有在《读书》杂志工作的经历(沈从三联总经理的职位退下后,还留任《读书》主编),对办刊物有极大的兴趣,也富有经验。但是,要创办一份周刊,当时三联一无充裕的资金,二无合适的人才,所以只能采取"编辑自主,经营外联"的基本策略,依靠社会资金,组成合资的文化公司负责经营活动,并通过招聘社会人才组成编辑部。这项工作,在管理、沟通、磨合等方面的难度可想而知。

　　董秀玉总经理面临困难不退却,认真策划、积极支持周刊的发展,付出了许多心血,对周刊的发展功不可没。

　　2005年8月,我到三联书店工作时,《三联生活周刊》已成长、发育成熟,开始走向良性发展阶段,但也面临着许多问题。以张伟民为代总经理的领导班子对周刊的管理模式进行了积极探索。

　　2009年1月,我任三联书店总经理、党委书记,兼任《三联生活周刊》总编辑。如何继续管理好期刊在我脑海中占有重要位置:一方面,按照国家新闻出版法规的规定,三联书店对《三联生活周刊》的出版、经营工作行使监督管理的职能,负有重大责任;另一方面,期刊已在三联书店的经营中有举足轻重的作用,对三联书店来说,期刊只能办好,不能办坏,必须探索行之有效的管理方式,使之获得突出社会效益和经济效益,既有利于三联书店一主两翼(一主是图书出版,两翼是期刊经营和韬奋书店的经营)战略的实施,也有利于期刊自身的成长进步。

　　在新的条件下,如何对《三联生活周刊》实施管理,我大体采取了"萧规曹随"而又大胆创新拓展的思路。一是坚定不移地实施上届领导班子确认的管理模式,进一步贯彻"主编责任制",把主编负责制落到实处,充分调动管理团队的积极性。二是对期刊的广告经营做了认真研究,审慎对待一些同志关于"自营"广告的建议,经过分析,认为朱伟提出的"广告外包"的决策是正确的,予以坚定不移的支持。在广告问题上,一些同志总认为"肥水不流外人田",这种想法不能说不对,但我认为,广告经营须有专门人才,有一支过硬的广告经营队伍,而我们不具备这个条件,如果自营,还要占用我们编辑团队许多精力。我们一些同志办刊是内行,但经营广告却是外行。而且广告经营还存在许多风险,我们不应裹挟其中。基于这种认识,我们顶住了"诱惑",对期刊的广告实行"外包"经营。与我们合作的唯思堂广告公司信守合约,取得了每年15%的收入增长。使期刊广告经营成为期刊乃至三联书店的重要经济支柱。三是加大激励机制,对做出突出贡献的经营团队加大奖励力度,真正实现多劳多得。每年年终奖励都要"到位",期刊领导层高于店领导的薪酬收入。四是加大了期刊和店内其他各项工作的互动。鼓励期刊利用已有资源出版图书,扩大店内选题资源。同时也加大本版图书和店内重大活动在期刊的宣传力度,利用期刊的资源扩大三联书店的影响力。对此,朱伟给予积极配合和大力支持。

关于期刊管理,以上都是大政方针,具体实施由分管店领导潘振平去办。我和振平是到三联书店才认识的。振平曾长期在东北插队,既有上海人的精明,又有东北人的豪爽,学养丰富,为人谦和,老成持重,长期分管期刊工作,从一创刊就参与其中,和朱伟合作长达20年之久。他为期刊的创办发展做出了重要贡献,但从来都是推功揽过,不计较个人得失。他的为人和贡献赢得了包括朱伟在内的所有期刊人的尊敬。

潘振平对期刊很有感情,对期刊的认识也很有见地。他认为:期刊的成功,主要得益于四个方面:第一,定位准确,具有鲜明的特色;第二,有一个好的机制,从而有效克服了期刊内部各部门的内耗;第三,有一个好的编辑经营团队,特别是有一个好的主编,有强烈的市场竞争意识和创新意识,能不断根据市场变化改进编辑和经营工作;第四,有一支好的队伍,员工素质高,能力强,期刊才能生气勃勃,充满活力。

确实,正如潘振平所言,有一支好的编辑团队,特别是有一个好的主编是期刊成功的主要原因。朱伟确实是一个好的主编,而且带出了一个好的经营团队,用"功莫大焉"来形容朱伟的贡献一点也不过分。1993年3月8日,新闻出版署批复了生活·读书·新知三联书店的报告,同意创办《三联生活周刊》:"希望按照社会主义精神文明建设的要求办好刊物,使刊物为培育改革开放事业所需人才做出贡献。"创刊伊始,特别是在1996年周刊稳定地以半月刊方式出版之前,主持者多有变动。起先是朱正琳、梁晓燕策划的《生活》半月刊,继之以钱钢、陶泰宗组织的"大腕级"编辑团队。中间又有徐友渔、吕祥主事的过渡期,以及朱学勤的短暂加盟。到了1994年下半年,则是杨浪、杨连新主持的创刊号出版,翌年又以月刊形式出版了4期。

期间几起几落,有人员变动,资金投入变动等多种原因。1995年8月,新任执行主编朱伟临时受命,从此开始了他长达20年的周刊出版生涯。朱伟曾是《人民文学》的著名编辑,经他手发表了不少有影响的作品,并扶掖了一批后来成为文学名家的新人。在来《三联生活周刊》之前,他曾创办过《东方纪事》和《爱乐》杂志。朱伟有上海人的精明头脑,深厚的文化底蕴和很强的应变能力。经过前述两刊的历练,他在1995年8月接手《三联生活周刊》后不久,很快就完成了由一名文学编辑向期刊管理者的转型。朱伟在管理上确有思路,确有办法,确有高招,对期刊的贡献,有刊物在,有事实在,有许多人的评价在,我不再重复叙述。只是在这里谈一谈和朱伟工作方面的合作以及管理上的一些体会。

回顾这一段管理周刊的经历,如果说有一点经验的话,那就是我们这一任领导班子真正把"主编负责制"落到了实处,给主编朱伟最大的权力、最大的信任。俗话说，疑人不用，用人不疑。用一个人、用好一个人，就要予以信任。用好一个主编，充分发挥他的作用，就要给予充分信任。信任是落实主编责任制的前提，而政治信任是对一个刊物主编的最大、最重要的信任。朱伟不是共产党员，但据我对他长期以来的观察，认为他是拥护中国共产党的，和党一条心，为人有是非观，有正义感，处事注重大局，办事有底线，而且积累了丰富的办刊经验，对刊物如何从自身角度宣传贯彻党的方针路线，对刊物的社会效益和经济效益如何结合，有一套思路和办法，政治上完全可以信赖。这样说，不等于我作为主要领导、作为期刊的总编辑在政治把关上不负责任、放任自流。我在这一点上是非常清醒的。我清醒地认识到，《三联生活周刊》是思想文化类刊物，有很强的意识形态属性，宣传导向正确与否，事关刊物的命运和前途。如果在导向上出了问题，不仅会给党和人民事业造成损失，也会给刊物带来灭顶之灾，进而使三联书店在社会上造成不良影响。事关大局，事关生存、发展，我岂能在政治把关上不慎之又慎！对此我有原则，也是坚持原则的，我所讲的原则就是生活周刊的宗旨和文章必须有利于国家、有利于党、有利于社会、有利于人民。天下没有绝对的自由，世上也没有无底线的事物。我希望周刊继承韬奋先生关注大众、关注现实的现实主义办刊立场，多反映大众的喜怒哀乐和现实生活的风云变幻，少一些风花雪月和琴棋书画。我希望周刊继续自己讲道理、讲故事，且有深入分析、见解独到的风格，有血有肉，不去图解政治口号，而是用情用理去推动世道人心的变化。我希望周刊把社会效益放在第一位，按我们周刊老前辈邹韬奋先生所要求的，处理好事业性和商业性的关系，看重、强调事业性，不断培基固本，在面向市场、争取市场效益的同时"不为浮云遮望眼"，不做市场和金钱的奴隶。我希望周刊秉承三联书店"竭诚为读者服务"的宗旨，处理好党性、人民性和知识分子属性三者之间的关系，一切为了人民，一切为着大众，避免贵族化倾向。我希望周刊继承邹韬奋先生的办刊传统和近代以来的新闻进步传统,遵守办刊规律,尊重事实,敢讲真话,坚持风格和特色。所有这些认识,我都是在和周刊管理层的交流和互动中渗透、逐渐达成共识的。我很少去周刊,但我们有多种交流形式。在和他们相处时,我们是朋友,不是"耳提面命"的领导,我只是把我们的思考说给他们听,也不是什么"谆谆教导"。周刊的管理层很尊重我,很尊重领导班子,尽量按上述的希望去做,所以我们信任他们。信任也是一种压力,绝对的信任产生绝对的压力。朱伟没有辜负领导班子的信任。在我任期刊总编辑期间,刊物没有发生过政治导向问题,而且主动配合"国家行动",在黄岩岛、钓鱼岛的宣传报道方面做出了贡献,受到了中央有关部门的肯定。

除了政治上信任,我们还给予了朱伟经营管理上的充分信任。店里只管原则、只管导向,只定社会效益指标和经济效益指标,其余一切由朱伟和他领导的管理层说了算,给他较大的经营管理自主权。对于管理层人员的搭配和选拔,店领导班子尊重朱伟的意见,先后提拔李鸿谷、李菁、李伟进等期刊领导班子,加强了领导层力量,也使期刊发展后继有人。刊物的印数等他们自己说了算;办刊物的员工工资、奖金核定,他们说了算;刊物广告的经营完全由他们去做,店里不予干预,等等。所有这些,都给朱伟足够的空间。

所谓尊重,就是尊重朱伟在办刊方面的思路,让他按照自己的办刊思路,去充分发挥他的想象空间,不断开辟新的境界。朱伟是办刊人才,人才难得。从本质上说,朱伟是知识分子从事办刊工作的一个代表,尊重知识分子是我们党长期坚持的政策,也是我们办好周刊的现实需要。朱伟在办刊方面有许多奇思妙想,具有开拓创新意识。他来周刊时,就有以文化批评的方式讨论社会新闻热点的建议。到了周刊之后,他很快完成了从文化人到媒体人、从文人到文化商人的成功转型,他在办刊方面重视对周刊进行整体设计,如定位调整、面貌变化、内容创新等;在设计的框架内,具体操作每期刊物时,特别注重创意策划,把握做什么、怎么做两个基本点。2005年,在朱伟的主持下,月刊再次改版扩容,调整周刊定位,使之由传统新闻性周刊转变为综合性周刊。他认为"一本刊物如果要发展,就一定要突破甚至颠覆原有的格局"。而综合性周刊的定位,确实在内容涉及方面打开了更广阔的空间。他说:"刊物与人总是要有更新的,不更新,人和刊都会老。"这就是勇于改革创新,努力与时俱进,不断创新刊物的面貌和内容。期刊有两点至今让我们引以为豪:一是期刊报道的内容几乎全由周刊记者采写,哪怕事情发生在"天涯海角",周刊也要发自己记者写出的东西;二是在国内重大灾害面前,如四川汶川地震、青海玉树地震、云南彝良地震,我们周刊的记者几乎都是头一拨赶到现场采访。而这些都是按照朱伟的办刊思路产生的结果。

　　所谓理解,就是理解朱伟为完成任务、承担责任而付出的艰辛和遇到的困难。人无完人,朱伟身上也有缺点,压力过大的时候,朱伟也有控制不住的情绪发泄。周刊这个管理团队总体是团结的,对朱伟也是信服的。但一些人也有非议,比如说朱伟脾气暴躁、主观任性。由于他催稿、用稿过于严苛,有些人戏称他为"逼稿暴君""审稿魔头"。因为他经常毫不留情地"枪毙"不合格的稿件,一些记者见到他就紧张,也有人对他不满。我就亲眼见到有的记者借年终联欢会的机会把酒泼到朱伟脸上发泄不满。听到这些反映,我和朱伟交流过,了解了他的"苦处"。比如到了集中发稿这一天,稿子等着上版和下厂印刷,有的记者不仅不交稿,还把手机关了,整个人"消失了"。遇到这种情况,能把人急疯、气疯。这么一说,我深深理解了他的难处,知道他是为工作得罪了人。我除了劝说他注意工作方法之外,还帮他做一些"疏解"工作。继续在管理上为他"撑腰""打气",因为主编是刊物的中心,维护好这个中心的权威,对于刊物的立场、风格、气质,以及团队的稳定至关重要。

理解还表现在对人员的管理上。因为周刊是品牌期刊，受到许多人关注，一些有志于媒体专业的人想到周刊工作，朱伟的态度是，进来可以，先进来实习，如果合适就"留下"，不合适就"走人"，因为周刊不养闲人。对此，我们予以理解。确有一些适合的留了下来，一些不适合的被淘汰了，离开了，这样长期坚持，使周刊有了一支能打硬仗的骨干队伍。

所谓宽容，就是周刊在内容上或经营方面出现个别问题之后，店里予以妥善处理，尽可能予以包容。俗话说，金无足赤，人无完人。周刊在成长发展中，难免会出现意想不到的问题，特别是像朱伟这样勇于开拓的人，周刊这样勇于涉及社会敏感问题的刊物。有时会因内容报道不当或把关不严受到上级批评。在我任职期间，周刊就有几期刊物出现过上述问题。对此，我们不护短，不迁就，严肃批评，果断处理。同时，也坚持实事求是的原则，是什么问题就是什么问题，不上纲上线，努力做到妥善处理。再就是三联书店店领导主动承担责任，对上级做出深刻的自我批评，接受批评教育和处理，尽量保护朱伟和刊物编辑团队的积极性。

在五年半的时间里，我和朱伟合作得很愉快，两人从工作关系发展成为朋友关系。他退下来之后，我们有时候还喝个"小酒"，做一些交流。朱伟和他的团队没有辜负我们这一届领导班子的信任，在我任总经理时，把周刊的事业做到极致，获得了两个效益的双丰收。周刊被评为新中国成立六十周年最有影响力期刊，获中国出版政府奖优秀期刊奖等多项殊荣，期刊的国内数字阅读影响力排名第一，提升了社会美誉度。经济效益也大幅提升，营业收入、利润显著增长，成为三联书店的重要支柱，为三联书店的发展做出了突出贡献，同时，为周刊的持续发展培养了人才队伍，形成了以朱伟为首的优秀管理团队。李鸿谷、舒可文、苗炜、李菁、李伟、阎琦、吴琪等，兢兢业业，分兵把口，各司其职，共同创造了期刊的新辉煌。其中李鸿谷进步最快，现已从朱伟手中接过"接力棒"，把周刊的事业推向一个新的发展阶段。在这里，我还要向周刊的其他员工致敬。周刊就好比是一架机器，它的运转离不开每一个部件、每一颗螺丝钉。就拿发行来说，我所熟悉的范于林老师，那样一个精瘦的、年届花甲的人，却迸发出那么大的能量，肩上竟压着那么沉重的担子，负着那么大的责任，不仅负责着周刊的发行，还要紧盯着《读书》的订数。我们的新媒体建设也不甘落后，钦峥已成为集团确定的新媒体建设人才。其他部门和人员我不一一列举，大家都圆满完成自己的任务，保持着周刊这架机器的高效运转，同时也在成长着、进步着，不少人加入了人才队伍，为周刊的后续发展积蓄着力量。

兼任周刊总编辑那些年，周刊每年的年夜饭我都要参加，不管路途遥远，不管雪天路滑，都要赶过去。我喜欢听朱伟报年终数据，"稻花香里说丰年"；我喜欢看店里分管周刊的副总编辑潘振平和一些人大杯喝酒，那种"不醉不归"的劲头；我更喜欢透过房间的玻璃，看周刊的员工在深夜点燃礼花，让漆黑的夜空缤纷灿烂。离开三联领导岗位，不再兼任周刊总编辑，自然不会再赶去吃年夜饭，但"梦里依稀花千树"，遥祝周刊明天更灿烂。

第三辑

我与中版集团

新时期出版人改革亲历丛书

荣任"渠道总司令"

我是 2014 年 7 月由三联书店调中国出版集团工作的。实际上 5 月份就来了调令,不知什么原因没有宣布,一直延迟到 7 月份。我并不想到集团来,不是因为在三联好处多多,而是在三联我是"一把手",想干事就能干成一些事情。到了集团成了"副职",想干事还得请示上级主管部门,多半是"研究研究",走许多程序,等到批准,满腔热血已是心灰意冷。这是我以前从别人身上得到的经验。有鉴于此,在集团领导征求我意见时,我表示还是愿意在三联书店"继续效力"。"如此者三",从 2013 年夏季便已动议的这件事,迟迟没有动静。我以为领导已经放弃,没想到组织上决心比我强大。谭跃总裁于 2013 年 9 月 28 日晚设宴招待我,席间就我二人,说是相互交流,实则是"鸿门宴"。他笑着说:"希安,你再考虑考虑。你在三联干得不错,很有成绩,已证明自己。我想请您到集团来,在经营上帮我一把。"领导谦虚,善做思想工作。话已至此,吾复何言,只得就范。说到底,自己是共产党员,心里有党性、组织纪律性,只要组织上坚持的事情只有服从。

我到集团工作后,任中国出版集团党组成员、中国出版传媒股份有限公司副总经理,负责市场营销和财务工作。这两项工作都很重要。但财务工作是按部就班、照章办事,发挥余地不大。财务指标上去了,收入、利润增加了,那是集团领导的结果;下属单位经营业绩好,那是领导班子拼搏奋斗的结果;"资金池"收益增加,那是财务部门精心理财的结果。我自己除了在年初确定指标时算算账、和下属单位领导"瞪瞪眼",年中开开会,年末对完不成收入、利润指标的单位"骂骂娘"之外,日常签字居多,并无多少新的创意。

而市场营销则不同。市场营销是集团比较薄弱的一个环节。谭总希望在我的分管下有所改观。因为李岩副总经理分管出版,我分管营销,谭总在一次集团大会上讲,李岩是"内容总司令",希安是"渠道总司令"。实际上,按现行体制,谭总才是这两方面的"总司令"。说我们俩是"总司令",那是谭总的领导艺术,是落实我们各自承担的责任,把责任压实到我们肩上。

当谭总宣布"总司令"任职时,李岩分管的出版部兵强马壮,我则是"光杆司令",手下一无部门二无兵,面对这种情况,我这个"总司令"何其难也。好在我过去在三联书店负责过营销,积累了一些经验,和全国新华书店、民营书店建立有密切联系,人头较熟。如何启动工作,我从深入调研开始。我带着唯一可以调遣的员工乔先彪分两条线调研。一是到集团下属各出版社调研,了解营销现状,重点是了解各出版社对集团营销方面的需求和建议。二是到广东、安徽、上海、浙江等地发行部门和实体书店调研,了解行业供需情况,找出我们的优势和短板。在此基础上,我们向集团领导提出了《关于加强中国出版集团营销工作的建议》,列出2015年五个方面的工作重点,我戏称为中国出版集团营销工作的"五个一工程"。这五项工作是:

一、成立市场营销部,作为集团市场营销工作的统管部门;

二、召开集团市场营销工作会议,具体布置市场营销工作;

三、下发关于加强市场营销工作的决定,对集团层面和下属单位层面的市场营销工作提出明确要求;

四、实施"中版好书百店千柜工程",借助集团精品生产优势和大中书城合作,打造自有产品营销渠道和销售平台;

五、进一步完善"全国经销商大会",擦亮品牌,使之成为中版市场营销的一张名片。

上述建议得到集团领导批准后，我便逐步开展实施。此时，从荣宝斋出版社借调了王欣新，形成了连我在内的"三人小组"。我们紧密团结，开始了艰辛的拓展之路。

第一件事就是谋划成立市场营销部。为什么要成立市场营销部？成立市场营销部干什么？这些都需要深入论证。我在向集团领导提交《关于在股份公司本部设立市场营销部的建议》中，首先阐述了设立市场营销部的必要性。

一是适应出版业态发展新形势的必然要求。随着数字化出版和电商的大规模拓展，对传统出版和营销形成了挤压态势。如何才能适应新形势、创新营销模式、实现集约化营销、提高市场占有率，已成为我们面临的重要课题。面对当前市场新形势新格局，确实需要成立专门的部门，强化图书的营销推广工作。二是贯彻落实"集团化"战略的重要抓手。整合营销是"集团化"战略的重要体现，成立专门的市场营销部，能够有效整合集团品牌、内容、作者、渠道等优势营销资源，强势出击，不断扩大集团出版物的市场覆盖率。三是切实加强出版经营工作的具体举措。各重要的出版传媒集团都有市场营销部门，对加强出版经营工作发挥重要作用。集团作为出版"国家队"，既有实现文化担当和传播优秀文化的使命，又肩负确保国有资产保值增值的重任，要强化经营就必须重视营销，成立营销部门专司营销工作，能够促进出版主业的收入和利润的增长。四是做大做强出版主业的有力保障。设立市场营销部，明晰集团与各单位的工作着力点，发挥两个积极性，形成功能互补，才能准确把握国家发展新态势，敏锐地感应市场新潮流和捕捉读者新需求，紧抓市场先机，积极策划出版畅销选题，提高集团图书的单品种效益和市场占有率，实现做强主业的目标。五是为拓展营销渠道、创新营销模式提供组织保证。设立市场营销部，才能有专门部门、团队积极探索与各省(市)新华系统、三大电商等业内发行商及其他业内外发行渠道商建立联系、优势互补,逐步建立战略合作关系,拓展营销渠道。能更准确地判断市场形势,细分市场需求、创新营销模式(如微信、微博、微视营销等),实现全媒体营销。

市场营销部的基本职能:

1. 制定集团统一的营销战略规划,明确营销工作目标、任务和要求。

2. 搭建平台、统筹指导,协调各单位做好营销推广工作。

3. 重视各单位的拓展诉求,提供更高效的服务和更有力的支撑,协助解决好各单位遇到的困难和问题。

4. 帮助各单位开展确有重大社会影响力的重点产品营销,打造重量级经典营销案例。

5. 加大对各单位营销业绩的考核力度。

6. 配备专门人员,配套专项资金,强化对整体营销工作的推进和指导。

设立市场营销部的目的,就是要以"打造精品、拓展市场"为宗旨,积极贯彻落实"集团化"战略,在原有工作的基础上更加深入地开展集团图书的营销工作,发挥集团既有优势,挖掘各社发展潜力,努力宣传集团形象和各出版单位品牌,提升集团品牌影响力和市场竞争力,培育读者对集团品牌的忠诚度,扩大集团的市场份额,谋求更广阔的发展空间;就是以创新的姿态打造出版营销双向一体的平台,努力形成从出版运营到营销发行的全方位互动合作链,探索创新营销模式,加快集团的渠道建设和拓展,为集团所属各图书出版单位提供更高效的服务和有力的支撑,从而提升集团的综合竞争力,并为集团拓展出版产业链,提供资源集聚和发展经验。因此,建议尽快将此事提上议事日程进行研议。

谭跃总裁同意我的"建议",批示"意见很好",很快提交总裁办公会研究。2015 年 6 月 29 日,中国出版集团正式行文,下发《关于设立市场营销部的通知》,内容是:"经中央宣传部批复同意,中国出版传媒股份有限公司设立市场营销部。"至此,中国出版集团有了专门从事营销工作的部门。

在筹备成立市场营销部的同时,各项营销工作紧锣密鼓地进行着。2015年5月5日上午,中国出版集团首次市场营销工作会议召开。先由文学、商务、中华、百科、三联、现代、中版教材七个单位做典型发言。而后由我做《关于加强中版出版物市场营销工作的报告》,用了将近一个小时。在重点讲了加强营销必要性和基本思路之后,我重点解读了即将下发的《中国出版集团公司关于加强市场营销工作的意见》,此前已将《意见》下发征求"意见"。谭跃总裁在讲话中,要求营销工作要做到"六个落实"。他说:"发行营销总体上看相对较弱,因此专门研究很有必要。经过近一年的准备,将出台的意见很好,希安的报告好,调研得好,总结得好,提出的措施好,有思路,有激情,有信心,有市场开拓的气势,现在的关键是落实好。落在目标、指标上,比如畅销书、重印书、单品种、教材,包括市场占有率,没有指标就没有指向,这是第一个落实。二是落实到年度工作规划和营销计划上。三是落实到产品和品牌上,产品营销是重点,品牌营销是灵魂。四是落实到机制和队伍建设上。万事成功在人,人取决于机制。机制必须调动人的积极性,机制好,人才聚,机制不好,人才散。五是落实在战略创新上,创新才能抓住机遇。六是落实在各单位和集团两个效益的提高上。"

在广泛征求意见并加以丰富完善之后,集团正式印发《中国出版集团公司关于加强市场营销工作的意见》。《意见》分为强化市场营销的重要性、强化市场营销的实施目标和组织保障、集团公司和各出版单位市场营销工作职责划分、集团公司和各出版单位市场营销工作重点四个部分。这是中版集团成立之后下发的第一个关于市场营销的文件,一年多调研,反复征求意见,凝聚了许多人的智慧。限于篇幅,我这里重点引用"集团公司和各出版单位市场营销工作职责划分"这一部分:

市场营销工作从集团公司和各出版单位两个层面进行强化。通过明晰集团与各单位的工作着力点,发挥两个积极性,实现功能互补,有效整合集团品牌、内容、作者、渠道等优势营销资源,不断扩大市场覆盖率和市场占有率,提升社会效益和经济效益。

集团公司的主要职责:

1. 制定全集团统一的营销战略规划,明确年度营销工作目标、任务和要求,争取国家政府资金支持,并组织规划的实施和任务的落实。

2. 搭建统一的营销平台,负责与各地发行集团建立良好战略合作关系;策划、组织、开展集团公司统一的各种重大营销活动等。

3. 指导和支持各单位做好营销推广工作;打造有示范作用的重点经典营销案例;加大对各单位营销业绩的考核力度;加强对营销发行人员的培训。

4. 组织各出版单位统一参加各种交易会、博览会、订货会等重大营销活动;积极履行社会公益责任,组织或参与各种图书公益捐赠活动等。

5. 指导和协调集团公司内各单位实体书店建设,制定规划,重点扶持,分类指导,打造著名实体书店品牌。

6. 加大对品牌单位和品牌产品的营销宣传力度,借助强势媒体和新媒体,策划年度重大宣传推广活动,扩大品牌的社会知名度和影响力。

各出版单位的主要职责:

1. 领导班子内有专人负责,根据本单位的实际情况和出版特色,制定相应的图书出版营销规划和策略,并组织实施。

2. 设立专门部门,遴选专业人才,组成专项团队,安排专项经费,明确目标任务,责任落实到人。

3. 整合营销力量,探索将市场策划部和发行部合并运营,或尝试设立其他新的运营机构,提高营销工作效率和全媒体营销能力。

4.组建培育高效的营销合作团队,注重培养营销骨干,定期对营销人员进行专业培训,为创造更好的营销业绩提供人才支撑。

5.维护好原有发行渠道,探索新的营销方式,注重传统营销方式和新的营销方式融合,为完成本单位全年营业收入和利润增长指标做出贡献。

6.制定和完善营销业绩考核办法,量化发货、回款、退货率等考核指标,建立奖惩机制,加大奖励力度,激发一线营销人员的主动性、能动性和积极性。

成立了市场营销部,召开了集团首次市场营销大会,下发了集团首个关于加强市场营销工作的文件,集团市场营销工作一下子打开了局面。接下来我们重点做两件事情,一是抓营销队伍培训;二是抓各项营销活动的开展。培训是为了提高营销人员素养,开展活动,是让"码头"热起来、动起来。

我亲自抓培训,请营销专家来讲课。我也登台讲课,仅讲稿就准备了一万多字,且反复修改,争取让大家听了有所收获。我在授课时讲道:加强市场营销工作,对一个出版集团、一个出版社来说很重要,对中国出版集团公司、中国出版集团公司所属各出版社尤为重要。

一是因为中国出版集团公司不像其他出版集团,有属于自己的发行集团、发行渠道,有专门的发行单位进行业务支撑。因为没有自有渠道,就存在营销流通不畅、产品发行"沙滩流水不到头"的问题,在业务上属于"高位截瘫"。

二是中国出版集团所属各出版社进入市场的时间晚,在市场内发育不充分,缺少充分的市场营销历练和丰富的市场营销经验,与我们在出版方面的优势不成正比。一些业内人士称中国出版集团的一些出版社是"一流出版,三流营销",这话说得有些过分和刻薄,但我们集团出版强、营销弱却是不争的事实。

三是我们出版社有许多同志有文化情怀,这应当充分肯定,但有的人随之而来也有文人的清高,重出版、轻发行。出版是人求我,发行是我求人,拉不下脸,弯不下腰,一些领导不愿管营销,一些人员不愿从事营销工作,一些编辑不愿介入营销活动。

四是就营销说营销,就营销看营销,对营销的重要性的认识站得不够高。对我们出版企业来说,营销就是文化传播力,强化营销就是强化文化传播力,扩大营销,表面看强调的是经济效益,实质上是扩大社会效益。营销和扩大社会效益是同心圆的关系,是正能量叠加的关系。一本好书就像一块石头,丢进湖水中,形成的圆形波纹越大影响就越大。但我们有的同志对这一点认识不足,有时把它看成"两张皮"的关系,甚至把它看成对立的关系。没有从本质上认识二者的一致性。

五是中国出版集团公司面临新的发展机遇,确定了新的战略目标,集团公司把每年收入、利润双增8%,三年两项指标各增长25%兜底作为经营目标。目标已定,只能前行,没有退路。各单位要实现这一目标必须加强市场营销工作。

为了鼓舞营销人员的热情,使之树立信心,我在授课结束时赋诗三首,记对营销工作的感受,和大家共勉。

> 营销就像山里行,
> 也有风雨也有晴。
> 山山都有好风景,
> 一山放过一山迎。
>
> 营销就像水上行,
> 一波奔涌一波平。

波波都有鱼虾藏，

撒网就获好收成。

营销就像田里行，

一田黄时一田青。

田田都出丰收果，

辛劳换来好年景。

　　积多年在出版行业之经验，我比较深刻地认识到，选题的生命在于创新，营销的生命在于"活动"。各种"活动"是营销的基本形态和运行载体。营销活动有大小、新旧、奇稳、快慢等之分，但唯独不能没有"活动"。如果没有"活动"，营销的生命也就停止了。故此，我们支持下属单位开展各种活动，也从集团层面组织一些层次高、有影响力的营销活动。

　　2015年7月16日，中国出版集团公司携手凤凰出版传媒集团举办的"首届中版图书订货会"在徐州体育馆盛大开启。此次订货会，集团一改传统订货模式，在范围上从覆盖全国订货商，转变为做深做透区域市场、下沉基层门店为重点；在形式上从以实物订货为主，转变为以服务和实物营销并重；在目标上以单纯追求订货数据，转变为拉动市场求实效为主。通过区域预订、团购包销、众筹预订等订货新模式，积极做好中版集团新版出版物的订货、展示和销售，全力推动"中版好书"进书店、进图书馆、进机关、进企业、进社区、进军营、进农村。业内人士认为："首届中版图书订货会"是中版集团整合出版资源、集体发力的创新举措，能更好地发挥中版品牌及各单位的综合优势，为各单位搭建整体营销平台；通过创新订货模式，有效扩大店外预订、区域预订和政府采购的份额，实现图书营销意义的全面提升；探寻全面推进出版单位营销工作创新和提升双效的实践路径。为做好此次订货会,中版集团动员旗下各出版单位优中选优、精挑品种,通过突出主题、突出精品的陈列,向订货商和江苏广大读者集中展示了 10 000 余种、近 60 000 册的精品图书。除推出好书外,中版集团还组织了一系列主题鲜明、紧扣市场的配套营销活动:在徐州举办了"中版精品展销会",启动了在江苏全省 70 家门店、为期一个半月的"中版精品展销月"活动,举办了纪念抗日战争胜利 70 周年、新疆维吾尔自治区成立 60 周年、西藏自治区成立 50 周年和"一带一路"等主题出版物展示,策划了"寻找中版图书金牌销售员"活动,举办了《抗日战争》新书专题讲座等多项活动,既展示了中版集团的出版品牌和实力,又全面展现了出版业在新业态下的正能量。

7 月 17 日下午,中国出版集团公司与江苏凤凰出版传媒集团联手举办了"中版集团与凤凰传媒营销业务座谈会",中版集团所属 23 家出版单位、凤凰出版传媒集团所属 12 家地市店及凤凰国际书城的主要领导与会。双方就两大集团如何进一步深化合作,在分析上半年营销情况的基础上,研判出版发行业下半年走向,进一步探讨在"互联网 +"的新形势下,如何实现图书营销方式方法的创新与拓展,如何加强中版集团精品图书的营销、提升市场占有率等议题进行了广泛交流和探讨,达成了共识。中版集团还与凤凰集团签署了战略合作协议,为双方加快联合、发挥优势互补、搭建共同平台、齐谋发展大业、实现互利共赢准备了条件。

接下来各项活动"闪亮登场",组织上海书展突破以往规模;中版图书展销在南国书香节永久落地;和江苏凤凰传媒共同举办"中版图书馆配会";组织下属单位营销人员走访多家省市基层新华书店,开展业务对接活动等。一个个活动,像红线穿珠,让中版集团的营销工作显现生机和活力。

其他方面也都按照集团领导的要求,逐一加以落实,还实施了"中版好书百店千柜工程",利用新媒体创新营销方式,把"经销商大会"打造成"中版营销名片"等。经过两年多奋斗,整个营销工作呈现了喜人局面,在中版集团社会效益和经济效益的提升中显示了自身的作用与价值。

创设和实施"中版好书百店千柜工程"

我在中国出版集团分管营销工作期间,着力最多、干得最出彩的一件事,是创设和实施"中版好书百店千柜工程"。

"中版好书百店千柜工程"是中国出版集团公司借助出版"国家队"拥有众多品牌出版单位、众多品牌产品的优势,在国家新闻出版广电总局、中宣部出版局、中国版协的支持和指导下,联手全国重点书城,面向全国广大读者推送好书的一项重点发行工程。这一工程于2014年开始策划,2015年上半年正式启动,计划用三至五年的时间在全国选择100个重点书城,建立中版图书销售专区。在专区内以集团各出版社产品分设专柜、专架,每个专区设10个以上专柜,100个书城总设1000到2000个专柜,故名"中版好书百店千柜工程"。这些专区、专柜、专架集中展示销售中版好书,努力把更多的中版好书更快地送达读者手中,践行"用好书引领全民阅读"的核心理念。

2015年4月22日,中版集团在深圳书城隆重举行"中版好书百店千柜工程"全国启动仪式,4月23日,中央电视台《新闻联播》重点报道了"中版好书百店千柜工程"首家落地的相关情况,在社会各界产生了良好反响,受到广大读者欢迎,成为业内外关注的热点。至今分别在深圳书城、徐州市新华书店、广州三水购书中心、上海书城、外图厦门书城、山西图书大厦、宁波书城、云南新华图书城、海口解放路新华书店、南京新街口新华书店、新疆

"中版好书百店千柜工程"启动仪式

维吾尔自治区新华国际图书城、乌鲁木齐市新华书店购书中心、湛江书城赤坎店、广东新华发行集团股份有限公司赤坎购书中心、昆明新华书店连锁有限公司昆明书城、遵义书城、钟书阁静安寺芮欧店、广东省新华"四阅·永泰店"、新疆阿克苏书城、新疆哈密市新华书店等多家书城落地,并将在浙江、海南、山东、安徽、福建、辽宁、陕西等省市各大书城全面推进。

"中版好书百店千柜工程"实施两年来,逐步取得成效,已成为中国出版集团著名品牌。截至 2016 年 10 月 15 日在哈密书城落地,全国已经有 20 家书城以"店中店"和专区等形式设立中版图书销售专营区。集中销售中版图书的卖场面积达到 5000 平方米以上。当年 11 月底,各落地书店进行运营情况总结和销售数据统计,14 家提供落地前后销售对比数据的书店中,12 家销售实现增长,其中海口解放路新华书店增长 84.44%,深圳书城增长 8.57%, 新疆新华国际书城增长 28.29%, 上海书城福州路店增长 15.14%,昆明书城增长 62.77%,宁波书城增长 5.39%,外图厦门书城增长 7.93%,云南新华图书城增长 19.59%,佛山三水购书中心增长 29.36%。以上各店平均增长 15.70%。

实施"中版好书百店千柜工程",主要有这样几点思考。

一是用优势。品牌出版社多、品牌产品多,是中国出版集团的最大优势。集团旗下共有几十家出版单位,每年出版图书约 1.5 万种,品种众多,品质优良。其中新书、重印书约各占 50%。中版图书在零售市场占有率保持在 7% 左右,持续稳居全国第一。好书多,有品牌效应,我们凭借这一优势和各书城顺利地形成战略合作关系,很快推进了工程实施。

二是补短板。中国出版集团和地方出版集团相比,最大的短板就是缺乏自有发行渠道,"高位截瘫",图书销售集中在各大省会城市书店,向下延伸不畅。实施"百店千柜工程"的目的,就是解决营销渠道短板的问题,打造一个销售中版图书的平台和渠道。

三是换思维。过去我们集中抓选题,抓精品生产,抓优质图书,这个思路完全正确,必须长期坚持。但我们对营销重视不够,投入的力量不多,出版发行上下游间出现"拥堵",一些好书发行数量少,没有送达广大读者手中,未产生应有的价值和社会作用,甚至影响到上游图书生产的积极性。认识到这一点后,我们在坚持精品生产的同时,投入更多的精力抓营销,做到生产营销并举,开始出现预期效果。

四是增效益。实施"中版好书百店千柜工程",我们着眼的是在销售环节实现两个效益相统一。着眼点、抓手都是用好书引领阅读。我们将它定位为"导向工程",旨在用好书宣传社会主义核心价值观,为读者向善向上提供正能量。我们努力搭建一个社会公共服务平台,用中版好书做引领,倡导多读书,读好书,帮助读者解决选书购书难的问题。从抓社会效益入手,实现经济效益,从而达到两个效益相统一。

五是谋双赢。"中版好书百店千柜工程"在全国各大重点书城落地,离不开合作方的支持。人家欢迎我们去,接纳我们,是给中国出版集团"面子"，但"中版好书百店千柜工程"不是"面子工程"，谋求的是长期存在，因此必须考虑合作方利益，把立足点放在谋双赢上。一是建立长期战略合作关系，明确双方权利和义务，固化各方利益，建立长效机制；二是提供各种便利条件，使合作书店在专区专柜的经营上提升效益；三是通过销售图书折扣增减等办法，给书店让利；四是通过对营销成果予以奖励等经济手段，对书店给以支持。对合作双方来说，这是一项互惠互利工程。

我到集团分管营销工作后，常常想，我们的"短板"在哪里？从某种意义上说，"短板"就是增长空间。我认为，中国出版集团最大的"短板"就是缺少自有营销渠道。按说，这方面我们是有优势的，全国新华书店的"龙头老大"——新华书店总店就在中国出版集团内，但出版发行改革后，各省新华书店"自立门户"，或成立发行集团，或归属本省出版集团。一下子使新华书店总店"高位截瘫"，身首分离，原有渠道尽失。再加上有好些年因经营不善，长期陷于亏损之中。近几年虽有改观，但仍在"苦苦挣扎"。反观各省，人家有新华书店为依托，内引外联，营销工作搞得红红火火。还有的出版社通过自身优势，建立自有发行渠道，如中信出版社的"中信书店"。我也想和海航合作，策划在全国开办连锁店，但因投资过大，或是合作事项谈不拢而放弃。在这种情况下，我想到了我在三联书店搞营销时，曾在一些大书城设过"三联图书专柜"，效果还不错。因为是品牌社，书店对三联的图书有所青睐和"关照"，专柜放在书店最好的位置。我们中国出版集团也有这个优势呀，拥有商务、中华、三联、人民文学、人民音乐、人民美术、大百科全书、荣宝斋等众多品牌出版社。在我国国家级出版规划、国家级出版奖励、图书零售市场占有率、大众出版物销售收入、出版物进出口规模、版权贸易及输出规模等方面均占有最大份额。这是我们独特的、别的出版集团无法比拟的优势。我们利用这一优势和全国各地的书城合作，设立中版图书销售专区、专柜、店中店，这是完全有可能的。通过调研证实，这种想法可行。因为各大书城都在升级改造,迫切需要提高书品品位,中版图书是他们进货的首选。加上现在各书城经济效益指标提升,经营压力增大,急需多卖好书增加坪效。2014年11月,我在深圳书城调研,深圳出版发行集团董事长尹昌龙、副总经理何春华都支持我的想法,当即找来书城经理、卖场经理进行研商。订下合作方向后,约定2015年世界读书日期间在深圳书城举行"中版好书百店千柜工程启动仪式"。2015年4月22日下午,"中版好书百店千柜工程"在深圳书城中心城正式启动。中心书城在最好的卖场区域长期设立36个专架和14个专柜集中展示、销售中版好书,中国出版集团公司决定在4月22日至5月18日期间与之合作举办"中版好书展销季",充分让利读者,包括专区陈列的1000种精心挑选的优秀图书和书城所有的集团所属23家出版单位的近万种图书九折优惠销售,让读者享受阅读、享受优惠。从深圳出发走向全国,中国出版集团公司积极与全国范围内的广大战略合作伙伴深度合作,全面推进"中版好书百店千柜工程"的落地,快速形成规模效应。

中国版协常务副理事长、中国图书评论学会会长、国家新闻出版广电总局原副局长邬书林,韬奋基金会理事长聂震宁,国家新闻出版广电总局进口管理司司长蒋茂凝,出版管理司副巡视员袁越伦,中国出版传媒股份有限公司副总经理樊希安,深圳市委宣传部副部长刘佳晨,深圳文广新局局长张合运,深圳出版发行集团董事长尹昌龙、副总经理何春华等出席启动仪式,并为"中版好书百店千柜工程"揭幕,正式拉开了"中版好书百店千柜工程"在全国落地的序幕。我们提出的口号是:从深圳出发,走向全国!

这一工程启动后,我们不断总结经验,从单个书城合作上升到和省市新华书店合作。有省市书店领导的参与、重视,这一工程就会在一个区域里得到较快发展。比如我们和广东的合作上升到发行集团的层面后,"中版好书百店千柜工程"很快就在湛江、广州推行开来。在海南有新华书店老总何洋、陈纯栋支持,我们在海口解放路书店设立了位置最好、效益也最好的

"中版图书销售店"。我们还把实施这一工程和引导全民阅读结合起来,通过开展多项活动,推动当地的全民阅读活动,因此也受到当地党委和政府领导的欢迎。我们注重因地制宜,突出特色,在新疆实施这一工程时,和创新文化援疆模式结合起来。先后在新疆国际书城、乌鲁木齐市新华书店设立了销售专区,在阿克苏书城设立了精品图书"店中店",建立了中版好书直通新疆地区的便捷通道和展示平台,用好书引领、激发新疆少数民族读者对汉文图书的阅读兴趣和需求,取得了良好效果。新疆国际书城设立中版好书专柜5个月后,销售增长35万元,同比增长40%。"工程"落地哈密书城的当天,哈密市各族群众表现出极高的购书热情,各类图书销售达到了20多万元,创书城成立以来单日销售数量的最高纪录。中版好书销售专区在哈密书城落地的同时,集团还向哈密图书馆捐赠了10万码洋的精品

新疆哈密书城
"中版好书百店千柜工程"专区

图书,通过多种形式支持新疆的建设发展,充分体现了文化央企的社会责任和文化担当。

在遵义书城建立中版图书销售专区，还和红色城市文化结合起来,为建设书香遵义贡献一分力量。书城共设立 18 个专架、专柜,陈列了集团旗下 23 家出版社的 3000 多种图书,还首次设立了纪念红军长征胜利专题图书展台。其中《长征》《地球的红飘带》《长征·1936》《毛泽东张闻天与长征胜利》《长征记忆》《马背上的共和国》等主题图书,受到当地读者的欢迎。我和贵州出版集团董事长彭晓勇,以及商务印书馆、大百科全书出版社、三联书店等成员社领导参加落地仪式并考察遵义市文化建设。期间,三联书店和遵义市新华书店就开办遵义书城 24 小时书店达成明确合作意向。

在工程实施中,我们还不断扩大合作范围,从和各地新华书店合作扩展到与民营书店合作。在上海钟书阁落地"中版好书百店千柜工程"是我们第一次和民营书店合作。中版销售专区设 30 个书架、5 个大型精品专台,重点陈列约 3000 个品种、200 多种重点图书。新闻出版广电总局王岩镔司长参加落地仪式,称这是中版好书和最美书店的结合;中宣部出版局郭义强局长调研工程落地钟书阁芮欧店时,充分肯定了实施这一工程的效果,并提出具体要求。在和各省新华书店、书城合作过程中,我们做到尊重对方,以对方为主,多听对方意见,在政策允许和中版集团条件许可的情况下,尽量予以扶持,尽量满足对方的要求。对个别暂没达到实施工程标准的,我们予以"婉言谢绝"。如在派员对烟台一书城进行考察后,认为目前不具备条件,取消了原有的合作协议。在"数量"和"质量"的问题上,我们更看重"质量",宁可少些,也要好些,决不降低品位。在工程实施过程中,对存在的发展不平衡、个别落地书店重视不够、社店双方信息沟通不畅、亟须建立统一的管理模式、工程整体效益有待更好发挥等问题,我们也不回避,采取积极措施予以解决。

2017年1月10日,"中版好书百店千柜工程"工作会在北京北发大酒店举行。我在会上对这一工程的实施进行了全面总结,同时指出推进中的难点,希望与会的20家落地书城的经理及其上级单位领导建言献策。

云南省新华书店集团总经理李东华,新疆维吾尔自治区新华书店党委书记徐晓涛、副总经理闫奇,海南凤凰新华出版发行公司常务副总经理陈纯栋,广东发行集团副总经理陈少波等落地省市新华书店、书城代表分别发言,介绍经验,交流想法。商务印书馆党委书记、副总经理肖启明,中国大百科全书出版社党委书记、副社长刘晓东,中华书局党委书记、副总经理周清华等中国出版集团旗下出版社领导及相关负责人出席会议。目前,"中版好书百店千柜工程"进展顺利,取得了较好的成绩。对落地书城销售情况的初步统计显示,大部分书城的销售实现了增长。中国出版集团召开"中版好书百店千柜工程"工作会并给予部分表现优异的落地书城奖励,这是一种心意,一种导向,也是一种鼓励,进一步激发书店的积极性;更是表达一个决心:中国出版集团要把"中版好书百店千柜工程"坚定不移地推进下去。会议举行了颁奖仪式,对工程建设推进、销售增长突出的广东新华发行集团等15家发行单位给予奖励。奖项设有工程建设推进及运营奖、销售增长奖两种。其中,获得工程建设推进及运营奖的广东新华发行集团、新疆维吾尔自治区新华书店、云南省新华书店,每家奖励2万元;海南凤凰新华出版发行有限公司、深圳市新华书店、阿克苏市新华书店,每家奖励1万元。同时,对销售增长10万元以上且增长比例5%以上的书城给予奖励。此次,中版集团奖励海南省海口市解放路新华书店3万元,奖励深圳书城中心城2.5万元,奖励新疆新华国际图书城2万元,奖励上海书城福州路店1.5万元,奖励云南省昆明市新华书店1.5万元,奖励浙江省宁波书城1万元,奖励福建省外图厦门书城、云南新华图书城、广东佛山三水购书中心各5000元。

中国出版传媒商报记者邹昱琴以"三大贡献强化社店合作"为题,报道了这次会议,重点梳理了这一工程带来的三大贡献。认为该工程实现了社会效益、经济效益双丰收。工程有力地推进了全民阅读,经济效益的提升也很明显。2016年中国出版集团销售收入达103亿元,其中就有"中版好书百店千柜工程"的贡献。

目前"中版好书百店千柜工程"整体发展健康、有序,给中版集团、落地书店带来了三大贡献。

一是该工程使中国出版集团拥有了自身的营销渠道,解决了中国出版集团缺少自有发行渠道的短板,为中国出版集团搭建了与全国经销商合作共赢、交流的平台,使中版好书拥有了更全面的推向全国的机会。也推动中国出版集团下属出版单位逐渐改变了重生产、重编辑、轻营销的倾向,内容生产与营销推广并重,营销工作得到了自上而下的重视。

二是该工程为中国出版集团提供了一种与各地新华书店建立密切联系的新方式。工程使得中国出版集团与书店建立了一种定期沟通的机制和模式,并进行固化,通过定期举办活动、培训等沟通方式,使交流互动成为常态。

三是该工程搭建起了倡导全民阅读、推荐好书的阅读推广平台,有效推进了全民阅读的进程。中国出版集团每年能够出许多精品图书,实施这一工程可以把好书尽快送达读者手中,引领民众多读书、读好书,为倡导全民阅读尽一分责任。

两年多来实施"中版好书百店千柜工程"的实践证明,这项工程看得准、立得住、有成效、可持续。这项成果是在集团领导重视、各方支持、出版社共同努力下取得的。是营销团队拼搏奋斗取得的,我、乔先彪、王欣新"三人小组"主抓这件事情,其中甘苦自知。我们策划、奔波、沟通,有时一个书城要去两三趟才能落实,一年几十次外出奔波,真的是"不是在书店,就是在去书店的路上"，累，并快乐着。这项成果更是在各省新华书店领导和各落地书城经理及工作人员努力支持下取得的。没有他们的支持，我们将一事无成，在此向支持实施这一工程的朋友们致以深深的敬意。实干兴邦，实干兴企。一句话，"中版好书百店千柜工程"是大家一起干出来的。

擦亮"经销商大会"这张名片

在中国出版集团,对外有两张重要"名片",一是"读者大会",一是"经销商大会"。前者在每年全国图书交易会期间举办,偏重于内容方面,由"内容总司令"李岩负责组织实施;后者在每年1月北京图书订货会之前举办,偏重于市场营销方面,由我这个"渠道总司令"组织实施。怎么把"经销商大会"办好,办出特色,真正成为中版对外的一张名片,我着实费过一些脑筋。通过创新和资源积聚,经过大家共同努力,"经销商大会"现已成为业内著名品牌。经销商大会每年举办一次。我是这个大会的总策划、总导演,也是这个大会的节目主持人。连续三届,每届都站在台上主持半天,西装革履,调动自己身上的"一切积极因素",尽量让出席大会的上级领导满意、集团领导高兴、经销商点赞、出版社营销人员自豪。在被誉为"金牌主持人"的背后,我承担的是责任,付出的是辛劳。亮丽名片凝聚着集团和各出版单位营销团队的心血。

先说"经销商大会"的定位。办了30余年的北京图书订货会是业界盛会,每年都有大批出版社编辑、营销人员参会。这既是一个订货会,也是业内新老朋友大聚会。一年之初,又是新业务拓展之时,利用此际"探亲访友"、加大业务交流、密切相互关系,是最佳选择。我在三联书店工作时,每年订货会之时都要开"两会":一是订货会前的"会前会",把各省、各书店老总和业务员请来,介绍我们这一年的新版书和重点书;二是订货会期间的重点客户"招待会",说白了就是酒会。大家聚在一起喝喝酒、谈谈心,畅叙一下友谊,联络一下感情,落实一些订数。一年之计在于春,北京订货会对出版社真的很重要。醉翁之意不在酒,在于订数也。据我所知,其他出版社也大体如此,弄得一些经销商在订货会期间疲于奔命,还由于相互撞车难以周全应对而招致不满。在中版"经销商大会"之前,我们集团各出版单位也是"各自为战",分头邀请客户,浪费资源不说,一些大单位,比如商务、三联、中华还要相互"通气",避免"撞车",就像为子女办婚礼,不能在同一时间和同一场所举行,事先要相互打一个招呼。那么集团层面的"经销商大会"要办成什么样式的会议呢? 我思索良久,先用排除法。一是不能办成像出版社那样的"招待会",各出版社本来就有,你再弄一个,不是抢资源吗? 二是不能办成某些出版社那样老套的会,"喝喝酒,拉拉手,人一走,啥也没有",白忙活;三是要突出营销特点,搭建营销平台,不能办成类似于"内容大会"。排除这些之后,就形成较为明确的基本思路。

(一)整合营销行业资源和下属各社资源,把"经销商大会"变成集团下属各社共享的舞台。订货会之前,各社不再单独举办"会前会",既可避免重复、撞车,又能集中优势资源,把到北京参加订货会的经销商"一网打尽"。既然是"共享",那就大家事大家办,在集团统一谋划协调下,各社分工负责,负责邀请嘉宾和有关会务事项。集团还从各社抽调相关领导和业务骨干,组成若干小组,责任到人,分头完成集团下达的各项会议筹办任务。

(二)上档次、上水平,把"经销商大会"办成一年一度的"营销嘉年华"。借助中国出版集团的区位优势、品牌优势和产品优势,利用品牌社众多、在业界影响广泛、和客户关系密切的优势,邀请业界高层领导、知名营销专家莅临会议指导,邀请各省出版集团、发行集团,新华书店领导出席,形成业界一流阵容,带动全国各地经销商纷至沓来。

(三)重交流、讲互动,调动集团下属出版社、各省经销商两个积极性,把"经销商大会"办成交流、研讨、探索的平台,办成一个相互评价、共同推进的平台。比如我们请各省经销商评选出集团各社优秀营销人员,让各社营销人员评出书城优秀采购经理和"金牌营销人员"。

(四)充实内容、注重创新,把"经销商大会"办成一个有灵魂、有思想的"文化场"。我们请业界领导、专家讲业界新精神,年度打算、预期、愿望;每届设置一个新的大家感兴趣的营销话题,请"业界大咖"上台交锋、研讨,给人以启发;请下属各社以灵活多样的方式介绍新书、重点书;请业界有创意的"龙头企业"介绍经验以及对营销新模式的探讨,引发营销人员参与的浓厚兴趣。

(五)重激励、求实效,把"经销商大会"办成一个表彰先进、评比行业精英、奖励获奖单位和个人的"激励鞭策会"。每届都评出"中版图书年度优秀销售门店""中版图书年度优秀采购经理""中版图书年度优秀营销案例""中国出版集团年度优秀营销员"等,让这些获奖人员走上红地毯领奖,并在中国出版传媒商报刊登他们的照片和主要事迹,扩大他们的影响。在"经销商大会"会场,我们还安排丰富多彩的抽奖活动。抽奖的礼品是著名作家的签名本。我们利用集团作者资源的优势,准备铁凝、莫言、贾平凹、刘震云等人的签名本,既不违背"八项规定",又充满浓郁书香,还能以此聚拢人气。

以 2016 年第四届"经销商大会"为例。2016 年 1 月 5 日下午,北京春季图书订货会前夕,中国出版集团公司在京举办了第四届经销商大会暨营销创新论坛。全国重点经销商代表和中宣部、国家新闻出版广电总局、中国版协等上级部门领导、集团及各单位领导、营销骨干等 300 余人参加会议。本次经销商大会以党的十八届五中全会精神为指导,认真探讨在新形势下出版业供给侧改革问题,以调整出版结构、创新营销渠道为重点,探讨营销创新问题。这一主题引起了业内外同行、媒体及读者的广泛关注,推出的各种

中国出版集团 2016 年第四届经销商大会暨营销创新论坛

营销创新举措得到了广大经销商的认同,推荐的重点图书受到广大读者和经销商的欢迎,营销创新论坛、"中版好书百店千柜工程"成为媒体集中报道的热点。

全国人大教科文卫委员会主任委员、中国出版协会理事长柳斌杰出席大会。他在讲话中说,中国出版集团公司 2016 年做的第一件大事就是营销,可见出版业的整个态势已经发生了很大变化,通过市场推动出版、强化营销做大市场已成为市场趋势。出版要在供给侧方面做文章,快速找到图书消费群体,用多种手段开拓图书流通渠道,将全民阅读、书香中国建设推动起来,为建设出版强国做出贡献。集团党组书记王涛指出,2015 年,集团进一步强化了市场营销工作,与广大经销商的密切度越来越强,合作越来越深入,实效也越来越明显。2016 年,集团将进一步创新市场营销模式,持续做好"中版好书百店千柜工程",创新新媒体、众筹和事件推广等营销方式,做大"中版图书展销订货会",做响"中版图书馆配会",做实战略联席会,同时创建考核培训机制,培育营销人才梯队。

　　营销创新论坛紧紧围绕新形势下营销创新展开讨论。中宣部出版局巡视员刘建生从转方式、补短板、防风险等方面论述了"如何坚守出版品格,履行文化使命";浙江新华书店董事长王忠义提出"找准位置,练好内功,顺势而为";安徽新华书店副董事长、总经理翟凌云主张"用互联网思维推动营销改革创新";深圳出版发行集团董事长尹昌龙提出"创造二次供给求解图书过剩";凤凰出版传媒副总经理金国华提出"构建'共为'协作和'共享'利益模式"。我在会上从用优势、补短板、换思维、增效益、谋双赢五个方面阐述了"中版好书百店千柜工程"如何创新营销,并代表集团与全国十家书城经理签署了"中版好书百店千柜工程"项目合作协议。会上表彰奖励了2015年度"优秀销售门店""优秀采购经理""优秀营销员""优秀营销案例",集中推介了《辞源》《中国军事百科全书》(第二版)和《重读抗战家书》《匿名》等35种中版重点新书,介绍了中版顺义物流项目建设进展情况,进行了社店物流实务对接。

　　2015年度中版集团"十大优秀营销案例"分别是:

　　《抗日战争》全方位营销(人民文学出版社);

　　"阅读成长计划"营销案例(商务印书馆);

　　中华书局4·23读者开放日(中华书局);

　　"最好的经营从健康开始"——2015年《DK家庭医生》战略性立体营销(中国大百科全书出版社);

　　三联书店第五届社店战略合作联席会(三联书店);

　　俄罗斯解密档案选编:《中苏关系》直销(东方出版中心);

　　《目标中国》营销案例(中国民主法制出版社);

　　《我们误判了中国》营销案例(华文出版社);

　　《火印》营销案例(天天出版社);

《独立日:用一间书房抵抗全世界》定制众筹活动(生活书店出版有限公司)。

2017年第五届"经销商大会",我们在上届的基础上又有所改进。这一届的主题是"以好书引领全民阅读"。

这次"经销商大会",我们还把"中版好书百店千柜工程"工作会作为子会议召开,做到"一举两得",使之更接近我们的工作实践和业务目标。由于内容充实丰富,受到全国经销商的赞誉。

俗话说,台上十分钟,台下十年功。"经销商大会"的成功全在于精心筹备。每年十月,我们就开始进行下年度"经销商大会"筹备,真是做了大量工作,还有大量工作要做。2017年"经销商大会"由我任筹备组组长,肖启明、刘晓东、周清华、臧永清、高世屹、李春凯、张作珍任副组长。陈晗雨任筹备组办公室主任,小组成员王欣新负责事务协调。下设嘉宾组、评奖组、宣传组、接待组、会务组,分别由筹备组的副组长任组长,责任落实到人,分时段落实进度。

细节决定成败,细节也决定能否出彩。我们对"经销商大会"的每个细节都认真关注、做到位。仅举两例。每届"经销商大会"之前,约20天,我们都会在中国出版传媒商报头版版心位置,刊登醒目会议通知,告知会议时间、地点和会议主题及重要议程。连续刊登三次。一是做到"先声夺人";二是"告示安民",使与会经销商提前安排好工作和派定参会人员;三是"昭示"其他出版单位以免安排活动时"撞车"。再就是制作请柬和发挥请柬的最大效用。由具有美术设计专长的市场营销部工作人员王欣新精心设计有中版特色的请柬,格式由侧翻式、上翻式改为"抽拉式",通过"抽拉"形成组合变化,很有品位和创意。请柬内容简洁明快,但邀请人签名则从集团谭跃总裁开始,到集团领导班子的每一个成员,到旗下出版单位每一个法人代表,"一个都不能少",而且均是手写签名。这样的请柬盛情满满,送到被邀请人手中,效果如何就可想而知了。

　　"经销商大会"虽然由中国出版集团主办,但他的成功却是经销商广泛参与的结果。出版方、经销商携手努力,将其打造成全国知名营销平台和创新交流平台。北京图书订货会组委会将其作为订货会期间"优秀案例"向全国经销商推荐,北京发行集团积极参与、大力支持,李湛军董事长逢会必到,要求酒店做好相关会务保障。"经销商大会"的未来发展,还要靠各方携手推进。

　　主持完 2017 年"经销商大会"的第二天,我离开了中版集团领导岗位,也离开了"经销商大会"这一舞台。与之渐行渐远,但内心却留下了难忘的美好记忆。

利用新媒体推动营销创新

三联书店老前辈范用说,他爱看书的广告。所谓书的广告,就是比较简单的图书营销活动。

对出版社来说,营销工作是非常重要的。比如说若干年前中华书局走出困境就是因为于丹的一两本书,其中《论语心得》做了大规模的营销活动,这本书有很大的发行量,同时也产生很大的影响,成就了于丹,也助力了中华书局。商务印书馆的新华字典,发行量上了吉尼斯纪录,上吉尼斯纪录的宣传也是非常重要的营销活动。如果说我在三联书店工作时还取得过一点成就的话,很大程度上得益于我们的市场营销工作,我们那时候是高度重视市场营销工作的。我在吉林人民出版社做总编辑的时候,我们有些搞发行的女孩子,大概也就是二三十岁的年纪,有的已有了小孩,拉一个行李箱,里面装着样书去南方跑书店,一走就是三四个月,鞋都磨坏了好几双,非常辛苦。这种营销方式就是传统的营销方式。

我在集团分管市场营销期间,在注重使用传统营销方式的同时,也注意利用新媒体推动营销创新,努力去实现传统营销方式和新媒体营销的相互结合,使营销达到效益最大化。

大家都知道,我们正处于一个新的时代。互联网改变了我们的人生、改变了我们的社会、改变了我们的一切,给我们带来了前所未有的冲击。对每个人来说,离你最近的,接触最多的,每天早上、晚上,你先见到的不是你的父母,不是你的孩子,而是手机——手机成了我们的必备之物。虽然手机只是一个固化的东西,但它里面所包含的互联网的内容丰富多彩。我们自觉不自觉地看到这样的变化,不管你年纪多大,脑子多么顽固,都应当适应这样的变化。现在说的传统出版已不是过去完全的传统出版,过去完全的传统出版都是手写的稿子,都是作者来亲自跟你商谈,现在哪里还有这些,都是打字的稿、电子版发过来,都是网上交流。我在三联书店的时候,下属一不小心,把一些重要的手稿当废纸卖出去了。现在什么稿丢了都不怕,送给人家都没有人要。仅就传统出版内容而论,本身也不一样了,现在社会日新月异,各种各样新鲜的词汇都会出现在我们的书稿里。因此,如今编辑面临的困境也不少,里面有不少新的表述、新的架构,我们要充分认识到这种变化。新兴媒体借助网络的优势,红尘滚滚、气势汹汹,顺之者昌,逆之者亡,我们必须勇敢地接纳它,接纳就是融合。

就营销工作来说,已没有单纯意义的传统营销,也没有单纯意义的新媒体营销,它最终会连接到一本本书的销售上,一笔笔销售的回款上。比如说,人民文学出版社的新媒体营销做得就比较好,他们比较主动地、自觉地借助新媒体,对社里出版的文学图书进行各种各样的推广、销售,所采取的方式应该说都是一些新的手段,但是最终还是落到出版物上,落到发货回款上。比如说中华书局,做了一个古籍数据库,我现在在手机上轻轻一点,就能看到中华书局又出了什么好书。所以,对新媒体营销工作必须高度重视,主动去融合,要借助互联网,用各种方式进行营销,但是,无论采取什么方式,都要明确以内容为核心这点。内容是营销的绝对优势,不管怎么营销,手段再怎么好,最终还是要靠内容。因此,要尊重编辑,把他对书稿的编辑效果发挥到最大化,编辑人员也要尊重营销人员的劳动,在两者结合中共同发挥自己的作用。

中国出版集团利用互联网或者新媒体进行营销,大体经历了四个阶段：

第一阶段，利用电商渠道销售中版图书。

随着网络化、数字化的快速发展，数字终端的普及和支付手段的改变，广大读者的消费习惯和需求已经发生很大变化，谋求快捷的人性化服务成为购物首选，电商渠道的便利性、快捷性迎合了消费者的需求。

除当当、京东、亚马逊等主要电商外，传统主渠道商——各省市新华发行集团也在着力布局线上平台，都在积极搭建自有电商平台，借助实体书店的体验优势，形成线上线下互动的态势，如四川新华文轩的文轩网、浙江新华的博库网、北京新华的北新云网、上海新华的线上商务平台等。利用网络销售中版图书势在必行。

集团所属 23 家出版单位，2015 年共造货 58.07 亿元，发货 52.73 亿元，回款 22.83 亿元。其中通过电商渠道发货 10.15 亿元，占总发货码洋的 19.25%，回款 4.77 亿元，占总回款额的 20.91%，集团 2013 年至 2015 年通过当当网、京东、亚马逊及淘宝店、天猫旗舰店等多个电商平台的销售额占总销售额的平均值为 19.08%。根据出版新业态发展趋势和集团出版主业的发展态势综合考量，到"十三五"末即 2020 年，集团"纸书电商渠道销售实洋占比"将扩大到 40%。我们把这一指标写入集团"十三五"规划中，以确保集团出版主业的稳步、持续发展。为此，要与电商渠道建立战略合作伙伴关系，形成上下游互补、资源共享、互为提升，实现良性循环。

电商渠道已经成为集团所属各出版单位销售图书的重要渠道，销售份额持续增加，销售比重逐年上升，双方已经形成互为依托、互为支撑的关系，今后的合作也将逐步加深。

我们和电商渠道合作一方面持积极态度，另一方面规范电商合作渠道。把折扣控制在合理范围内，抵制电商不合理的高额返点和折扣让利等要求，组织各社"一致发力"，统一步调，防止被"各个击破"，避免造成对集团营销效果不利的局面。我们还与电商渠道形成了沟通协商机制，在互利前提下实现双赢。

第二个阶段，重视和做强新媒体营销。

利用新媒体，采用各种手段扩大营销成果，增加新媒体图书营销比例。新媒体营销是包括各种微信公众号、订阅号、微店、微博、网站、自媒体在内的多种平台的营销方式。

近年来"互联网+"飞速发展，出现微信、微博、自媒体等多样化的新媒体传播，营销方式创新已是大势所趋，传统营销方式已不能适应现代社会的节奏变化。读者群体年龄、消费习惯、阅读习惯等的结构性变化，推动新媒体营销和传统营销的高效融合。随着众多微博大V、微信公众号的涌现与推广，新媒体已成为营销宣传推介的重要形式。探索新媒体营销是企业与时俱进、强化营销推广工作的必然要求，众多大型跨国企业都将新媒体作为营销推广的重要方式，并已取得了较好的营销效果。

经过集团全力推进，下属各出版社新媒体营销取得可喜成绩。

人民音乐出版社利用官方微博、编辑部微信公众号和专题活动微信公众号构成金字塔形结构，通过微信等建立一线教师群、大咖群等，推出"中国音乐数字出版与发行平台"。传媒商报利用微信商城进行营销工作，并积极改版了公司官网，丰富内容，充分发掘自身媒体渠道众多、书评榜单在业内影响力大等优势。人民文学出版社自媒体公众号有13万关注人群，组建新闻媒体群一个，参与的传统媒体、新媒体记者、编辑共200余人，读者群5个，参与人数4000余人。媒体群主要发布活动内容、新书推广等，并鼓励各媒体参与报道，读者群主要进行作家在线交流、书迷讲座、热点话题讨论和活动策划等工作，并利用在线交流、多群直播小助手软件等进行跨微信群推广，扩大影响。商务印书馆微博关注人数为10万人，微信公众号关注人数为6万余人，由一个独立部门4名编辑运营自媒体业务，每日早7:30发图文推送,主要包含原创内容和书单推送。中华书局形成了以微博和微信公众号为主体的自媒体平台。其中,微博粉丝 13.8 万人,微信公众号经过转型后关注人群 3.8 万人。栏目化是中华书局平台内容的特点,例如:微博会推出早自习、晚自习的书评文章;微信公众号每天都设定固定栏目,周一是《岁月书香》,周二是《对话》,周三是《特色书单》等。发送的图文内容、文章的标题都经过提炼,带来了良好的粉丝互动。三联书店已经将自媒体平台建设重心移到了微信和豆瓣小站两个平台上,其中微信用户 9 万人,豆瓣关注人数为 8.5 万人。上述平台主要以推送原创内容为主。荣宝斋的自有平台有荣宝斋官网、微信公众号"荣宝斋"和艺术品电商平台"荣宝斋在线",主要服务于咨询和展销活动推广。其中,"荣宝斋在线"吸引了大量名家在电商平台上销售自己的作品,吸引了很多投资公司的关注。天天出版社已入驻当下大部分主流自媒体平台,包括微信、微博、今日头条、搜狐、优酷视频、腾讯视频等,注重同用户的互动,以及现场活动的读者积累,开设具有针对性的微店,将粉丝变现。

集团公司于 2017 年 6 月 17 日、22 日在"荣宝斋在线"先后召开了"新媒体营销工作现场会",公司总裁谭跃出席会议,集团相关单位分管领导及工作人员参加会议。会议由我主持。"荣宝斋在线"执行董事李春林等汇报了"荣宝斋在线"艺术品交易服务平台的发展历程、定位目标、经营业绩、核心团队组建等。自上线以来,书画经营线上平台已聚拢了包括 300 余位当代艺术家、千余作品和万余名收藏家的消费生态圈,各项业务累计月营业额突破 200 万元,取得了良好的社会效益和经济效益。谭跃总裁充分肯定了"荣宝斋在线"成立一年来取得的成绩:一是定位明确、思路清晰;二是商业模式初显活力;三是团队建设充满生机。他指出,要高度重视电商渠道营销和新媒体营销工作,一是要研究新情况,制定新举措;二是要凝聚新合力,形成新优势;三是要建立新平台,探索新机制。集团做互联网营销,要坚

中国出版集团新媒体营销工作现场会

持专业化，认识到"小就是好，专就是强，专也是大"，在专业化领域做深做透。人民文学出版社、生活书店负责新媒体营销的同志在会上分享了本单位在新媒体营销方面的经验做法。

第三阶段，传统营销方式和新媒体营销方式相结合。

按行业内的话说，就是"线上线下互动"。这方面主要是"四个结合"：

一是将重点活动线下开展与线上新媒体营销结合；

二是将重点产品线下销售与线上新媒体推广结合；

三是将重点评选线下颁奖与线上新媒体评选结合；

四是将重点工程或项目线下实施与线上新媒体推介结合。

为了做到"四个结合"，我们着力打通出版单位发行部、市场营销部、新媒体营销部。有条件的合为一个部门，如果分设，也要建立紧密结合的业务关系，不得"各自为战"。避免线上线下"阻断"，形不成"一盘棋"。为此，加强了年终业绩一体化考核，形成有机结合的关联机制。

第四阶段，传统营销方式和新媒体营销高度融合。

　　"融合"是大趋势,必须抓住"先机",做到"小荷才露尖尖角,早有蜻蜓立上头"。我在集团营销工作会议上强调,传统营销方式和新媒体营销方式融合,关键在行动,重点在融合,最终看效果。希望各单位尽快行动起来,将传统营销和新媒体营销打通,取得"我中有你,你中有我"的实际成效。融合不是皮毛的融合,而是浑然一体的深度融合,就像传统爱情诗说的"打碎一个你,打碎一个我,把咱俩打碎后重新调和,再弄一个你,再弄一个我,成了两个新人"。我们融合就是这样的融合,而不是你是你,我是我。我们首先要提升融合的自觉性,因为融合不融合都得融合,被动融合不如自觉融合,更多地去进行实践探索。比如说众筹,生活书店做了几单,做得很不错。这个众筹就是把发行工作做到前面去了,做到网上去了,先有订单再生产。众筹就是一种典型的融合方式。

品牌营销：
中国著名作家"文学三沙行"

营销是有多种模式、多种方式的，营销的内容也是不同的，对一个出版单位来说，有品牌营销，有产品营销，也有行为营销。绘画叫行为艺术，我们叫行为营销。我认为，中国出版集团单就产品抓营销还不够，还必须想方设法提高中国出版集团在全国的知名度。如果在全国没有知名度，或者知名度比较低，那么所属出版社的产品就不好销，这是我自己的一点认识。而这一点认识也是我从亲身体验中得来的。由于历史和现实的原因，中国出版集团比下属出版社成立要晚。商务印书馆和中华书局都成立了 100 多年，三联书店也成立了 80 多年，而集团才成立 10 多年，出现了"儿子"比"父亲"年龄大，"儿子"比"父亲"知名度还要高的局面。一次，我到南方一座城市的劳模疗养院休假，晚饭时在餐桌上互相做自我介绍，我说我是中国出版集团的，桌上没有一个人知道这个单位，当我说到我是三联书店的，桌上绝大多数人都说"知道、知道"。因此，必须利用站位高、集约性强的优势扩大中国出版集团的影响力。我这几年致力于一件事，就是进行中国出版集团的品牌营销工作。中国出版集团要提升自己的声誉，就需要在重大事件发生的时候有自己的站位、有自己的影响力。2016 年 4 月 23 日世界读书日期间，中国出版集团在祖国最南端的三沙市捐建三沙图书馆，就是出于这样的考虑。4 月，我带队去设立图书馆的时候，中央电视台派了两个记者跟随。我们到三沙市坐 14 个小时的船，第二天搞完活动，下午又坐 14 个小时船返回,次日早上到文昌,坐六七个小时的飞机赶到乌鲁木齐,参加 4 月 23 日"中版好书百店千柜"落地活动。这两个项目都得到了中宣部的支持。三沙市确实有它的独到性,央视新闻联播把我们和三沙市共建三沙图书馆这项活动报道了,扩大了中国出版集团的影响。不久,三沙市提出可不可以组织首批作家到三沙来采风,宣传三沙,让中国出版集团帮助组织,由我来协调。我们各个出版社都有自己的作者队伍,完全可以自己组织,但是我考虑到,像这么重大的一个文学采风活动,应该把中国作协拉进来一起搞。有中国作协的支持,能搞得更好。于是我给中国作协主席铁凝打了电话,发了短信。铁凝主席很赞成我们搞这个活动,答应作协无条件参加,如果有时间的话她也会参加。最后由作协书记处书记李敬泽和我带队前往,组织全国各地 18 名作家前去采访采风。到三沙市去很不容易,路途遥远,而且全是水面,没有定期的船班,只有三沙市政府的交通补给船,定期拉水、拉人过去,船上可坐四百多人。但是这个船什么时候开,什么时候不开,要看海上风浪情况,所以这个行程很难确定。我们当时定行程是 7 月 4 日出发,那边突然来电话说 4 日去不了了,4 日以后什么时候去也不一定,只有 2 日能开船。6 月 30 日那天我在昆明出差,接到电话通知我赶快给北京中国作协打电话,几经协调,只有舒婷一个人因临时有事情调整不过来,其他人全都成行。

我们在做中国出版集团品牌宣传和品牌营销时,注意把履行文化央企的社会责任结合起来。换句话说,我们不是为品牌营销而营销,而是在履行社会责任的同时,在造福社会的同时,扩大中国出版集团的影响力和知名度。这是中国出版集团不同于一般工商企业的特点。我们这样做,首先是尽社会责任,回报社会。其次,这也是我们的优势。再就是我们也有这方面的实际需要。多年来,中国出版集团举办过许多重大活动,产生了很大的社会影响。我们的品牌营销活动也是紧紧围绕履行社会责任而展开。和中国作家协会共同举办"文学三沙行"赴三沙市采风也是如此。这从中国出版集团致三沙市委宣传部的复函中可以看出。复函全文如下：

关于举行中国著名作家三沙行活动的复函

中共三沙市委宣传部：

贵部《关于举行中国著名作家三沙行活动的函》收悉。

经研究，为进一步配合"一带一路"国家战略部署，更好地服务国家外交大局，在三沙市建市四周年之际，中国出版集团同意贵部的邀请，将联合中国作家协会于2016年7月4日~9日举办中国著名作家"文学三沙行"活动。旨在以文学的力量强化三沙市作为海上丝绸之路要道的特殊作用，宣传中央的政策意图，展示三沙的沧桑巨变，弘扬三沙人的精神风貌。通过实地考察、捐赠图书、文学讲堂、交流座谈等多种活动形式，让作家深入三沙、感知三沙，最终形成一批品质优良、市场认可的优秀出版物。目前已商中国作家协会形成活动策划方案，活动的筹备正顺利进行中。

请贵部予以接洽配合为盼！

特此复函。

附件：中国著名作家"文学三沙行"活动策划方案（略）

为了搞好这次活动，我带领市场营销部的同志和中国作家协会、三沙市宣传部反复沟通，还去中国作协拜访了铁凝主席、白庚胜副主席，就有关事项进行商定，最后拿出了三方认可的"活动策划方案"。

7月2日下午5时，"文学三沙行"在文昌清澜港"三沙一号"船前举行"启动仪式"。仪式由三沙市委宣传部常务副部长黄晓华主持。中国作家协会副主席李敬泽、三沙市委常委、副市长冯文海、著名作家刘醒龙致辞，我也在启动仪式上做了简短发言。

　　启动仪式结束后，全体人员在国旗前合影留念，而后登上"三沙一号"船向南海进发，开始了三沙建市以来首次组织的中国作家采风活动。

　　在船上的会议室，三沙市有关方面以座谈会的方式，举行了欢迎仪式。市领导介绍了三沙市和"三沙一号"船的基本情况。

　　2012 年 6 月 21 日，国务院批准设立地级三沙市，管辖西沙群岛、中沙群岛、南沙群岛的岛礁及其海域。2012 年 7 月 24 日，三沙市挂牌成立，市政府驻西沙永兴岛。

　　三沙市管辖海域广阔，涵盖了我国南海大部分海域，岛礁众多。现下辖 4 个工委、10 个社区居委会，常住人口 1547 人（不含驻地军警），户籍人口 299 户 385 人。

　　三沙市属热带海洋性季风气候，全年高温、高湿、高盐、高辐射；三沙海域海洋生物资源丰富，被誉为"海底热带雨林"；三沙能源储藏量巨大，不仅储藏着丰富的石油、天然气等化石能源，还具有风能、太阳能、潮汐能等可再生能源；三沙海域自古以来就是重要的海上交通枢纽，素有"世界第三黄金水道"之誉，是古代"海上丝绸之路"的必经之地，历来是我国人民开展贸易和生产活动的重要场所。

　　设市三年多来，三沙市委市政府深入贯彻落实中央战略意图，在省委、省政府的正确领导下，牢固坚持"维权、维稳、保护、开发"八字方针，以一天也不耽误的精神开展工作，推进项目。目前，政权建设不断拓展，基础设施建设初见成效，军民生产生活条件大为改观，生态环保工作有序推进，特色经济开始起步，军地融合式发展成效显著，三沙形象深入人心。

　　三沙市委、市政府对这次采风活动十分重视。时任市委书记肖杰亲自过问行程安排，并派市委宣传部常务副部长黄晓华带人随行，精心安排好接待工作。我们三家的分工是:中国作家协会负责落实赴三沙作家,这些著名作家有中国作协副主席李敬泽、军旅作家王树增、儿童文学作家曹文轩,还有刘醒龙、范稳、刘亮程、吴玄、徐则臣、张定浩、石一枫、苏圻雄等。三沙市负责登岛接待工作。中国出版集团负责活动的组织及综合协调。三家紧密配合,克服了许多困难,虽然经历了一些风险和麻烦,但总的看,活动进展顺利。

除了在岛上采风,我们还组织作家开展丰富多彩的活动:向图书馆和岛上居民捐赠新作,在赵述岛种"中国作家林",作家王树增到"哨兵大讲堂"给官兵讲长征精神,作家曹文轩到三沙学校给小学生讲儿童故事,等等。

在三沙,作家们感受到了祖国南海的辽阔和壮丽,也感受到了守岛、守海军民们为保卫祖国海疆所做的牺牲。整个行程是顺利的,但因台风袭来和船只问题,也几经调整,使我们深感守岛军民们在岛上生存的不易。西沙群岛常年高温、高湿、高盐、高辐射,全体作家克服了因台风导致日程调整带来的困难,以及因水土不服和晕船等造成的身体不适,以饱满的热情顺

中国著名作家"文学三沙行"归航

利完成了本次活动。5 天的行程充实而紧凑,南海美丽的礁盘和大海、唐宋先民生活遗迹和近年三沙市建设取得的成就,让此行的作家不断受到震撼和感动。在活动总结会上,作家们纷纷表示,"三沙行"永生难忘,美丽的南海、日新月异的三沙建设成果,给大家以激励和鼓舞,决心"以文学建功立业,报效祖国"。中央电视台、人民日报、新华社、海南日报、三沙卫视等媒体对活动予以重点宣传报道,产生了良好的社会影响,实现了活动的预期目标。

我们采访采风团回到海口的当天下午,刚开完活动总结会,在庆祝晚宴进行中间,中央电视台新闻联播将中国著名作家"文学三沙行"活动作为重要新闻播出。报道中说:

2016 年 7 月 2 日~6 日,中国出版集团公司、中国作家协会共同举办了中国著名作家"文学三沙行"活动。采访采风团以"情系南海、深入三沙"为主题,由中国作协副主席李敬泽和中国出版集团党组成员、副总经理樊希安为团长共同带队。来自京、沪、鄂、新、滇、浙等地的著名作家一行 17 人,通过实地考察、图书捐赠、校园讲座、文学讲堂、主题创作等活动,在 5 天的时间里走访永兴岛等 6 个岛屿,深入了解三沙市在基础设施、政权建设、民生发展和环境保护等方面的建设成果。这是三沙自 2012 年设市以来首次举行的大规模文学活动,也是中国作家首次以集体采风的形式踏上祖国的最南端。

此时此刻,正是所谓中国南海国际仲裁结果出笼之际,南海局势成为国内外关注的焦点,我的军队正在向南海集结,准备开展大规模军事演习。中国作家首次"文学三沙行"活动,宣示了我国三沙的文化主权,起到了文学之外的政治作用。

我们一行人员为此激动、自豪,纷纷举杯祝贺这次活动的圆满成功,并表示把这次采访采风的收获写成作品,让更多人了解南海,走进三沙。作为团里的一员,我参加此次活动也受到了深刻教育,这里的一草一木、一滴水、一粒沙都激发了我的创作激情。我1998年加入中国作家协会,忝列作家行列,也曾参加两届全国作家代表大会,但在出版社"为他人做嫁衣裳",作品较少,常常为之汗颜。这次创作激情点燃,一发而不可收。除了写一篇散文《甘泉岛上品甘泉》,在人民日报发表外,还写了108首短诗,每首配发了一张照片,集成一本《美丽三沙行组诗百首》诗集,由人民美术出版社出版。《诗前小序》写道:

2016年7月2日,我偕中国作家"文学三沙行"采访采风团赴三沙市访问考察。在此行之前的4月下旬,我亦曾登永兴岛,出席中国出版集团与三沙市政府"共建三沙图书馆"启动仪式。两赴三沙,登临六岛,亲近南海,感慨良多,由衷赞叹"主权三沙、美丽三沙、幸福三沙",为祖国南海辽阔壮美而自豪。"此生有幸三沙行,南海云风皆关情"。回到北京,常常魂牵梦绕,在夏雨临窗、夜不能寐之时,开始写作"美丽三沙行"组诗百首,以寄情言志,为我国四千里南海添加一束赞美与祝福的浪花。

这些诗作,以登岛、离岛为时间顺序,分为主权三沙、美丽三沙、幸福三沙三个部分,从细微处观察三沙自然景观、人文景观以及社会变化,着力描绘三沙军民的精神面貌。

写景的有《南海日出》:"南海日出气象雄,此海不与它海同。日照岛礁剪影秀,霞映深处染橘红。"写物的有《西沙海洋博物馆》:"南海生物真神奇,玳瑁砗磲世所稀。眼前珍宝比比是,笑煞一对气鼓鱼。"还有《海洋生物保护》:"南海生物不胜收,观察保护春复秋。滩上捡取海龟蛋,人工孵化再放流。"写社会变化发展的有《渔民新安居楼》:"昔日石屋小陋旧,今迁新居

作者和著名书法家、诗词专家沈鹏(左)研讨中华诗词创作

乐心头。试问千年捕鱼者,官家谁给建墅楼?"还有《网箱养殖》:"辽阔南海万里疆,何须养鱼设网箱?君出此言差也甚,少捕多养幸福长。"《无土栽培蔬菜》是其中一首:"辣椒盏盏挂灯笼,黄瓜藏身绿叶丛。更有豆角调皮甚,蜂拥而出挤爆棚。"写人的有《三沙公务员》:"公务繁忙'白加黑',皮肤暴晒'白变黑'。纵使变成'小二黑',乐在南海美边陲。"还有《女兵》:"正值豆蔻女儿家,海岛戍边献芳华。胸前红花浸汗渍,身上迷彩醉流霞。"《广场舞》写人的群体活动:"都说他处舞得欢,岛上舞美歌更甜。渔家儿女多才艺,探戈拉丁到月圆。"写在岛上参加活动的有《升国旗》:"登岛正逢升国旗,加入队列肃穆立。心潮澎湃如浪涌,泪水和着汗水滴。"还有《岛上植树》:"椰苗带壳尺把高,红土刨坑付辛劳。离去一步三回首,夜有新绿入梦遥。"

我在这本诗集的《后记》中写道:

将要付梓之际,将全部诗作又读一遍,"待晓堂前拜舅姑",无论如何,它都要同读者见面了。此时的心情,有一些兴奋,也有一些不安。所谓兴奋,毕竟自己的劳动成果得以问世,自己的家国情怀得以表露。我曾经是一名军人，"此身一经绿衣染，便有豪气入肝胆"，将青春和热血报效国家，是我一生的追求，这些诗作借助三沙的一草一木、一景一物、滴水寸沙，歌颂了主权三沙、美丽三沙、幸福三沙，体现了我的爱国情怀和报国之志，歌颂了三沙军民的保疆卫国之情和三沙建市以来的深刻变化，尽心尽力，我愿足矣。所谓不安，就是对自己这些诗作质量的参差不齐、艺术水平的高低和对客观事物真实性反映的深浅，还缺少太多的把握。唯望方家指正，对我今后诗歌创作水平提高予以补益。

这本诗集在较短时间内出版问世，得益于来自各方的鼎力支持。著名书法家沈鹏先生在看了诗稿之后，特写信给我以鼓励，并为本诗集题写了书名。中华诗词学会副会长、《诗刊》前任常务副主编丁国成先生通读诗稿，予以诚恳指正。三沙市委书记、市长肖杰同志审阅了诗稿，并欣然为之作序。他在序言中说：

8月1日，当市委宣传部将这本《美丽三沙行组诗百首》诗稿送给我看时，我欣喜兴奋之余又有一些惊讶。

离开三沙不到一个月时间，樊总便完成了108首诗，这速度也太快了。

但细细品读樊总的诗，却又感觉出其中的"慢"来。

从一个弹壳、一座碑、一艘船、一座岛，在樊总细腻的笔触下，将三沙市的人文风貌、设市4年来快速的发展变化娓娓道来。诗意的字行间，浸透着对三沙深沉的爱、对祖国炽热的情，以及诗人难以掩饰的家国情怀。

由此回想，樊总在三沙采风期间，也经常慢下来。观察、记录、拍照，给人"慢半拍"的感觉。正因如此，他为诗歌创作积累了丰富的素材。

是"慢"，成就了"快"！

…………

在完成本人诗集的同时,我还组织人民文学出版社编辑、出版"文学三沙行"作家的诗文作品集,制订约稿和出版计划,审阅了全部书稿,请王蒙先生题写了书名——三沙,蔚蓝的绽放。责任编辑宋强做了大量工作,使这本高质量的图书得以按计划出版。

2017年4月20日上午,"美丽三沙"主题出版座谈会在北京召开。会议由中国出版集团公司、三沙市委宣传部主办,由我主持。会议议程如下:

一、《三沙,蔚蓝的绽放》出版情况介绍

二、《美丽三沙行组诗百首》出版情况介绍

三、"文学三沙行"作家代表团成员座谈发言

四、人民文学出版社、人民美术出版社向三沙市图书馆赠书

五、领导讲话

1.三沙市政府副市长陈儒茂

2.中宣部出版局图书处副处长陈兰

3.新闻出版广电总局出版管理司副司长许文彤

4.中国作协副主席李敬泽

5.全国人大常委会教科文卫委员会主任委员柳斌杰

在与会作家王树增、徐则臣、石一枫和采风团成员董宏君、范党辉发言后,有关领导做了即席讲话。中宣部出版局陈兰充分肯定这两本书是在主题出版方面进行新的开拓。中国作家协会副主席李敬泽说,三沙是主权三沙、幸福三沙、美丽三沙,同时也应该是文化三沙,我们民族的根植于此,中华文化也要在这里扎根。所有作家都愿意为三沙的文化建设尽微薄之力,也希望越来越多的作家用他们的笔去书写三沙,表现三沙人的生活和奋

斗,传递他们的精气神。这是一个真诚的约定,是作家、文学与三沙的郑重约定,希望有更多的关于三沙的优秀作品问世。

全国人大常委会教科文卫委员会主任柳斌杰在讲话中指出:

三沙市及其管辖的我国南海海域地理位置极其重要;建设好"主权三沙、美丽三沙、幸福三沙"对于维护我国领土、领海完整和海洋权益意义重大;做好"美丽三沙"主题出版工作,宣传三沙的人文历史、自然景观、社会风貌、建设成就,促进三沙文化建设和全民阅读工作,是广大出版工作者、作家应尽的责任。中国出版集团、中国作家协会共同举办首次"中国著名作家文学三沙行"采访采风活动,在社会上产生重大影响。此行的重要成果《三沙,蔚蓝的绽放》《美丽三沙行组诗百首》是质量上乘之作。有关方面要认真总结已有采访采风活动和创作出版经验,更好地推进三沙主题出版工作,吸引更多的出版单位、出版工作者、作家、艺术家参加到这一活动中来,围绕三沙和南海出版更多的优秀出版物,让更多国人走进三沙、了解三沙、热爱三沙,共同促进和实现主权三沙、美丽三沙、幸福三沙的建设目标,大力推进全市的文化建设和全民阅读工作,让琅琅读书声响彻在祖国南海的天涯海角。

至此,中国作家首次"文学三沙行"活动画上了圆满的句号。2017年12月8日晚在海口,黄晓华请我吃"柴火鸡"。他说:当时船期难定,只要我们稍一犹豫,机会就错失了。但是我们抓住了机遇,促成了首次作家"文学三沙行"。愿这一活动能长期延续下去,不断有新的收获。

面朝大海,我们举杯祝贺过去,也面向未来,灶火中升腾起欢快的火焰。

做中版教材"二次创业"的"领头羊"

2014年10月29日中午,中国出版集团公司总裁谭跃,突然把我叫到他办公室,说中版教材公司总经理罗争玉要辞职,让我准备接任已退休的王俊国,担任中版教材有限公司董事长,把中版教材这副担子挑起来。接下来他又说了教材公司和罗争玉的一些情况。此时,我刚离开三联书店到集团工作三个多月,开始熟悉分管的一些工作,而对接手中版教材毫无思想准备。再说,我刚从三联书店出来,再下去兼管教材公司,我何必到集团来呢?心中不怎么愿意,嘴里又不好直说。我说,谭总,我干了几十年出版,都是在图书出版方向,从未接触过教材,对这方面工作不熟悉,怕干不好,给教材公司工作造成损失,影响集团的经济效益。因为我知道,中版教材公司是中国出版集团为了开拓教材市场、扩大市场份额和经济效益而成立的,成立六年来业绩不俗,已成为集团的重要经济支柱。谭总说,你再考虑考虑,先有个思想准备。我说,还是多做做争玉同志的工作,劝他留下来为集团效力。

刚过三天,又是中午,谭跃总裁告诉我,说罗争玉执意辞职,集团已同意,经与其他领导班子成员沟通,大家一致同意你兼任教材公司董事长、总经理,下午开班子会确定,明天就去教材公司宣布。这次谭总不是征求我意见,而是直接宣布;不仅是兼董事长,还兼任总经理,且马上任命,即刻出发。在这种情况下,我也只能表示服从,表示尽力而为,勉力行之。虽然内心有想法,但还是服从组织决定,这是我们这一代人的风格,也是我固有的军人风格。我在内心说服自己,这是组织对自己的信任,把这么沉重的担子交给我,不是信任又是什么呢? 我劝说自己以积极的态度接受这项任命。自己从未做过教材出版发行,而在晚年却有了这样的机遇,"试水"教材也许会有新的收获,起码开拓了自己从事的出版领域,开阔了视野,因而要把这当成一次难得的机遇。我只能鼓起余勇,像《穆桂英挂帅》里唱的那样,"五十三岁又领三军",虽然有一些悲壮,却也有必胜的信念。

2014 年 11 月 4 日,中版教材公司召开中层干部和业务骨干会,宣布对我的任命。

我以积极的姿态投入工作,一是抓正常工作推进,务必完成集团下达的年度营业收入和利润指标。二是深入进行调查研究,确定中版教材下一步工作思路和奋斗目标,明确下一年度工作重点。中版教材公司成立较晚,由于各种原因,内部矛盾比较突出,人际关系复杂。对过去的矛盾和问题,我不去评判是非,不陷入已有纠葛,同时大胆开始工作。20 天之后,我宣布了两项决定。第一项决定是关于领导班子分工的决定。领导班子分工主要是根据工作需要,也考虑了每个班子成员的实际情况。领导班子调整以后,我个人的精力大部分还是在集团这边,会抽出部分精力来分管中版教材,不能有更多的时间和精力来直管,因此我们实行总经理下设分管经理,这是工作需要。这也是国有企业管理的固有模式和惯例,一般都是采取分工负责制,而且集团也要求我们班子集体决定、集体决策。另外,分管领导只是负责指导、联系、协调工作,并不包办各分公司工作,并不具体去做分公司的工作,这点也请各分管领导把握分寸,注意方式和方法,发挥两个积极性,不影响分公司的具体运作和工作的积极性。第二项决定是关于增设书法、教辅、江西三个营销分公司的决定,完全是从开拓市场、布局市场来考虑的。今后还要继续调整这些布局,是我们探讨布局市场,把主要力量主要精力投向市场的一个导向。要体现这种导向,到底要多少个分公司合适?那要根据我们今后事业的发展来进行布局。希望新成立的三个分公司能够各自负起责任,积极开拓市场,尽快做出业绩,成为我们走向市场的一支重要力量。

我到教材公司工作后,谭总几次和我讲到教材公司的发展,不但有具体明确的指示,而且明确指出中国出版集团是教材公司的坚强后盾。我几次召集领导班子、经营班子开会,研究教材公司的工作和发展问题。根据新老班子交替的实际状态,根据我们处于承前启后的特殊阶段,根据我们已经创立了物质基础但又必须找到新的奋斗目标和方向的实际状态,根据我们必须有新的动力、新的激励机制和新的冲刺来鼓舞人心的实际状态,我提出了"二次创业"的奋斗目标。我们要通过"二次创业",来实现企业的升级和转型。"二次创业"的时间跨度确定为六年,奋斗目标是再造一个"中版教材",这是从营业收入、利润和规模、体量上来说。另一方面,我们要齐头并进,把我们建设成有很高知名度的品牌企业;我们还要建设企业文化,塑造企业形象,多沾染一些文化气息,不要让别人说我们是"土豪金"。我们要加强队伍建设,注重人才培养,把人才选拔到各个领导岗位上来。我们要关心每一个员工,帮其实现自身价值。我们要注重人文环境的塑造,塑造一个舒心、开心、不忧心的人际环境,使大家在一起"各美其美,美美与共"。总之,"二次创业"目标不仅是经济指标,更是文化指标、心态指标,是一个综合性的指标体系。依据上述指导思想,我们确立了"二次创业"的奋斗目标和近期工作重点。

"二次创业"的奋斗目标是:

1. 经营目标

到 2020 年,力争年销售总码洋达到 10 亿元,年营业收入达到 6 亿元,实现年利润 2 亿元。

2.管理目标

建立健全现代企业制度,建设政治坚定、业务精通的领导班子,建立科学民主的决策机制,努力在领导班子中形成民主决策、团结协作、积极进取、开拓创新的新风尚。

完善和优化人力资源、行政和财务管理制度,尤其是科学合理的绩效考核制度和具备足够吸引力的薪酬分配制度。

建立一支充满活力、有职业精神、讲奉献、能战斗的高素质员工队伍,尤其是精干高效的中层管理团队。员工总人数达到 100 人以上,产品研发和营销队伍健全。

建设健康高效、蓬勃向上的企业文化,形成内部信息和经验的分享机制。

3.市场目标

初步实现全国各区域的市场覆盖,在此基础上,在同一区域市场内向不同客户群体,在同一客户群体内向不同消费需求持续渗透,以期最大限度地挖掘既有的市场及客户群体的商业价值。

4.业务创新目标

着力扩充有较大商业价值的教育产品种类。经营的产品类别,由中小学教材教辅逐步延伸扩展到其他教育服务产品。

2014 年 12 月 5 日,在兼教材公司董事长、总经理一个月之后,我召开第一次全体员工大会。这次大会以"团结一致向前看,甩开膀子奔市场"为主题,是"二次创业"的动员会。我代表领导班子宣布了"二次创业"的目标、规划和措施。要求全体员工紧紧围绕"二次创业"的奋斗目标,紧密团结起来,众志成城,形成一个团结的、令行禁止的、有坚强战斗力的战斗集体,并明确提出以下要求:

一是领导班子成员和经营班子成员在各方面起模范带头作用。班子正则风气正,班子团结则下属团结,反之亦然。领导班子成员和经营班子成员要身先士卒,努力工作,带头学习,提高自身素质,带头加强团结,不搞拉帮结派。要主持公平正义,一碗水端平。要廉洁奉公,不假公济私。要顾全大局,体现良好的综合素质,为全体员工树立一个好榜样。要主动接受群众监督,坚持正确,改正错误。要把业绩突出、作风正派、群众拥护的新生力量选拔入领导班子、经营班子,要培养一批后备干部队伍,让我们的事业后继有人。

二是全体员工要接受和适应新老交替后企业运作的新常态。毋庸讳言,自去年年底以来,因为一些特殊的原因,教材公司管理松弛,许多管理不到位,一些工作也滞后,新班子上来后,抓紧调研,抓紧工作,一个月来马不停蹄,听取各方面意见,对内部建设、完善制度都在加强。一些员工感到受不了了,不适应了,和过去的管理方法不一样了。有一些不适应,可以理解,但要很快地适应。目前这些办法、措施是新班子成员集体研究,考虑长远发展做出的决策。我们是一个国有企业,我们的一切管理方式不能仅仅强调教材公司的特殊性,而不遵守国有企业的基本要求、基本规律,比如集体领导制度、财务制度等。教材公司的特点只能在尊重国有企业总体特点的情况下予以发挥和体现。最近中央下发了国有企业改革发展的重要文件,我们要明确自己是国有企业的员工,必须按国有企业的规矩办事情,凡在教材公司工作,都要适应这种新常态。适应加强管理的新常态,适应改革发展的新常态,适应利益格局调整的新常态,适应顺从大局的新常态。

三是强化员工对企业的忠诚度。所谓我们的企业,就是教材公司。企业人际更替是非常正常的,不管怎么更替,每一位员工都要忠实于企业,这是对从业者的一个考验,也是一个人的职业准则。尤其是在特殊时期,所谓"板荡识忠臣","忠臣"应该忠于谁? 不是忠于某个人,应该忠实于我们的企业。因为企业的发展,企业的生存才是公司的核心利益,是员工的立身之本。因此，一切言行都要维护公司当前的和长远的利益。我们考察一个员工的行为，最根本的是看他的言行是否有利于自己的企业，这是最为重要的，我不是看你忠于哪个人，是看你对教材公司的态度。有利的，我们就提倡、就支持、就拥护；反之，我们就反对、就遏制、就摒弃。我们就应该站在这个角度去发现人，识人用人。这是一个企业领导对待员工的根本行为准则，这样的看法才是客观公正的。一个员工必须对自己服务的企业尽忠、负责，这是他的职业精神所在。经营班子成员要起到带头作用，并要求分管公司的员工做到。应当为企业的生存发展提供正能量，而不是负能量。特别在这个特殊时期。我在谈话中听说有的员工在外发行不属于本公司的教材，这种行为决不允许，一经发现，即予除名。这不仅违反了职业道德，也违背了行业规矩，此风不可长，领导班子应该对这种行为零容忍。

四是树立牢固的大局观念。教材公司有自己的特点，这是目标市场细分所形成的。"人自为战""村自为战""条块分割"，这是我们工作的特点和市场的需要。在这种情况下，更要树立大局意识。所谓大局意识，就是大局的利益，大家的利益，是公司的根本利益和长远利益。很多事情站在小的角度看是有道理的，但站在大局的角度看就没有道理了。因此，小道理要服从大道理，小局要服从大局，要站在全局的高度对待布局的调整。我们刚做了一些调整，有些同志就有想法。我们要正确对待格局的调整、市场的调整，甚至是局部利益的调整，要正确看待领导班子对工作的布局和领导，任何分公司不能搞"拥兵自重"，搞"藩镇割据"。对大局意识强的同志要重用，只讲局部利益、斤斤计较的人不会得到组织的信任。

五是要进一步加强团结。团结对一个集体、一个企业的生存发展非常重要，对当前的教材公司尤其重要。因为我们目前处于特殊时期，面临一些格局的改变，一些人心浮气躁，茫然不知所措，一些固有矛盾会受到引发，出现了一些不利于团结的现象。例如，一些人会讲一些不利于团结的话，甚至做出一些不利于团结的事情，还有些人热衷于传播一些小道消息，甚至扭曲本意，对团结造成不利影响，对团结的集体造成危害。因此，要求大家不利于团结的话不说，不利于团结的事不做，不利于团结的信息不传。再发生这些不利于团结的事情，我们将予以严肃的批评，我们要把这个当作对一个人道德素质的评价标准。在我们内部尤其不允许拉帮结派，不允许以人划线和利益结盟，要强调团结协作，要以邻为友，不以邻为壑。

六是严格遵守规章制度和组织纪律。公司目前处于特殊时期，尤其需要严格遵守组织纪律。要遵守公司的规章制度，包括出勤制度、出差制度、财务制度，加强日常考勤与出差监管，经营班子要带头，对下属要严格管理，"看好自己的门，管好自己的人"，要加强请示汇报制度，办事讲规矩，讲程序。干部要有组织观念，服从组织决定，不与组织讨价还价。对破坏公司团结，影响公司利益，甚至损害公司利益的行为，无论什么人，一经发现，都将严肃处理。所有员工都要遵守教材公司和中国出版集团的各项规定，遵守国家法律法规，在我们教材公司没有特殊人员，都不能触犯红线，失去底线，否则将要受到严肃处理。

我深知，要想实现"再拼六年，实现第二次创业"的奋斗目标，最重要的是调动全体员工的积极性。目前，由于班子新老交替，人心有些浮动，不少同志在观望、等待。我根据调查研究，整理出几个问题，和大家面对面交心、交底，我说：

观望什么？等待什么？现在我想明白了，大家是在观望樊总到底是个什么样的人。不是说我长得怎么样，就我个人自然条件来说，五短身材，白净面皮，没有什么好看的。大家主要是想从以下几个方面看看我老樊是个什么样的人，我来回答大家：

1.樊总会站到哪一边去？我可以回答这个问题。我不会站到任何一边去,我站在教材公司整体利益一边,谁支持教材公司的发展和工作,我就支持谁,谁就是我的朋友,就是我的依靠力量,这就是我的基本立场。到教材公司来,我不认识任何一个人,没有任何利益瓜葛,我也没有任何先入为主的印象,我对大家都是一视同仁的,我只有用这样一把尺子来衡量。集团让我到教材公司来是对我的信任,是让我来这里稳定这个事业,发展这个事业,我只能不辜负组织的信任,所以我必须把教材公司的事业推进向前。因此,谁能够支持我,谁就是我依靠的对象,我不会介入到以前的恩怨是非中去,我也不会对以前的是非做一个评判,我只会团结一切向前看,甩开膀子奔市场。

2. 樊总是不是一个办实事的人? 我这只老猫抓不抓耗子? 其实,我是个很讲究实效的人,我所工作过的地方,都是实实在在抓工作。我在三联书店当总经理时,把营业收入从 1 个亿提高到 3 个亿,利润从 800 万元提高到6400 万元。三联创办 24 小时书店时,我有几个月都吃住在店里,观察每个时间段的读者流量,实实在在去抓落实。我到了教材公司后,也会努力履行职责,付出心血,我不会去搞花架子,混天度日,无所事事,这不是我的风格,我这只老猫还是会抓耗子的,不信走着瞧。

3. 樊总今年 59 岁了,"这面旗帜到底能打多久?"我来回答你,给大家吃一颗"定心丸"。谭总跟我谈过,在教材公司要有长期工作的准备。我想很长期也是不可能的,但不可能很快就走。我表个态:如果我不能保持教材公司的稳定,不能促使其发展,不配备好领导班子,我是不会离开的。当我挥挥手告别教材公司的时候不带走一片云彩,因为我到这里来,不会拿一分钱薪酬。大家会问:你老樊图的是什么? 我告诉大家,我图的有三条:第一,为组织的信任而战;第二,为个人的荣誉而战;第三,为在座的 61 位阶级弟兄而战。

4. 樊总会不会改变目前的激励政策? 会不会不重业绩重关系? 我的回

答是:我从来都是以业绩论英雄,在座的同志尽可以甩开膀子去干业绩。

5. 樊总能不能一碗水端平? 我的回答是尽量端平,创造一个客观公平、风清气正的环境。我之所以认为我能端平,是因为我没有利益在其中,我也不会被拉下水,去实现什么人的利益,得什么人的好处。我再一次向大家申明,我到教材公司,与任何人没关系,与任何人没交情,我会客观公正地对待每个人。过去的事就让它过去,我们大家团结一致向前。我来了一个月,有各种各样的议论,也有一些奇怪的事情发生,议论我什么,我也不会计较,因为大家不了解我。清者自清,浊者自浊,我不会多解释什么。

我也希望大家都能够摒弃前嫌,既往不咎,静下心来一起去抢市场,攻市场,出成绩,出业绩。一个人要有心胸、有境界、有格局,有多大心胸才能干多大事业。请大家不要等待观望,赶快到市场中去,去实现自己的人生价值和我们共同的奋斗目标。

12 月 5 日这次会议,是一次团结一致向前看、甩开膀子奔市场的动员会,是再奋斗六年、实现"二次创业"的动员会,是一次吹冲锋号、集结号的动员会,是凝聚人心、鼓舞士气的会议。目标确定,新的布局展开,"二次创业"的冲锋号吹响,大家心情愉快地奔向新的目标。我属羊,我要做一只"领头羊"走在前面,奋力拼搏。遇山劈山,遇水架桥,有什么困难解决什么困难,有什么难题破除什么难题,工作很快打开了局面。

2014 年前 10 个月,集团财务报表显示,中版教材公司营业收入只完成 2 亿元,与集团下发的收入指标 4.2 亿元相比只完成了 49%,还没有过半;营销利润完成 7300 万元,相比预算的 1.158 亿元,只完成了 63%,两项指标离完成集团下达的指标尚有相当大的差距。而经过员工两个月的艰辛努力,到 2014 年年底,却圆满完成任务指标。 2015 年我们再接再厉,成绩更加显著,实现营业收入 4.6 亿元,比上年增加 3400 万元,同比增长 7.9%,利润 1.31 亿元,比上年增加 1000 万元,同比增长 8.62%。超额完成集团"双 8"年度任务增长指标,达到公司创建以来的最好水平,成为全集团三大经济支柱之一。不仅经济指标完成得好,各项工作都上了一个新台阶,呈现新气象。

我们制定完成了《中版教材有限公司"十三五"时期发展规划》,把"二次创业"的奋斗目标加以细化,提出 2015 年围绕"五个建设",实现"五个转变"的发展目标和工作思路。一是开拓教材市场能力建设;二是现代企业制度建设;三是人才队伍建设;四是企业文化建设;五是加强领导班子建设。围绕"五个建设",要实现"五个转变":一是从强调理顺关系、确保稳定到开拓局面、努力发展的转变;二是从粗放型管理向规范化管理的转变;三是市场营销从单打独斗向团结协作的转变;四是从单一教材发行向教材发行、研发的全面发展转变;五是从单纯追求经济效益向综合性发展、创立"中版教育"知名品牌转变。

我们加强领导班子建设和党的建设,报请集团党组健全公司领导班子,提拔任用刘茜、蒋志臻为副总经理,姚劲华为常务副总经理,选举产生了新一届党总支组成人选。调整成立了四个支部,选举郭德生为党总支部书记。对领导班子成员严格要求,先后颁发了《中版教材有限公司总经理办公会议议事规则》《中版教材有限公司关于加强领导班子建设的决定》《关于加强领导班子成员劳动纪律管理的通知》。

我们以市场营销为中心,改革组织结构形式和发展机制。按照资源合理使用、区域就近原则,调整分公司区域市场划分,将 10 个营销分公司调整增加为 12 个营销分公司(若从 2014 年年底算,是从 7 个分公司调整增加到了 12 个分公司),并配套进行了一系列改革,包括取消了原市场总监、高级经理、独立市场负责人等岗位设置,由原 12 个级别调整为 9 个级别。深化人事制度改革,实行了 12 个营销分公司总经理、副总经理竞聘上岗。

举办首次竞聘上岗演讲答辩会。聘请公司外专家和公司领导组成评委会现场打分。对符合条件的予以择优录用,对不参加演讲答辩的原中层干部视为放弃竞选,取消录用资格。新一届中层干部就任后,部门和员工进行双向选择,人尽其才,实现工作岗位最佳优化组合,为企业发展注入新的生机和活力。

我们加大了教材营销工作力度。书法教材覆盖扩大到 12 个省份,在黑龙江、吉林、宁夏、贵州、广东、陕西、河南实现突破。2015 年,开发完成了中小学"心理健康"系列地方教材、"安全教育绘本"系列地方教材、"新疆精神"读本汉维哈民族教材。修订完成了《书法教学指导》(3～6 年级)、《汉字书写练习册》(3～6 年级)。开发海洋教材、"中小学优秀传统文化"系列有声读物教材、"一带一路"文化走出去相关教材。与中华书局签订了"中华传统文化"系列国家教材的代理合作协议。完成了书法教材配套资源的开发和建设:一是完成与教师用书配套的书写示范光盘开发;二是完成书法教材 App 等电子产品的开发;三是推进孔子学院《书法》对外教材重大项目的申请立项等工作;四是完成了 2015 年的教材培训工作。我们还对营销人员进行集中培训,提高营销人员开拓教材市场的能力。设计完成代表公司形象的产品目录和宣传材料,努力提高企业的知名度。

我们加强内部管理和企业文化建设。颁发《中版教材有限公司考勤相关管理规定》,加强劳动纪律管理力度;修订使用新版《劳动合同书》,对部分条款进一步明确和细化;开始使用中版教材有限公司 logo,改版中版教材有限公司网站;建设完成微博、微信公众平台。2015 年 5 月 12 日,中版教材有限公司迁入北京市东城区美术馆东街 20 号办公,办公和娱乐条件改善。工会组织员工参加集团公司第一届职工运动会,荣获 B 级参赛单位团体第三名。

我们实施完成国家级重大项目——中版教材有限公司全国发行网络

中心建设项目。2013 年，中版教材有限公司申请了财政部投资专项资金1000 万元,用于"全国发行网络中心建设"项目,但这一项目长期搁置没有进行。2015 年 12 月,中版教材有限公司配套 1000 万元,完成成都、昆明、郑州、海口营销网点的购置,为分公司做大、做实提供物质保障。现在这些资产升值明显,扩大了公司的资产规模。

中版教材公司 2015 年实实在在获得了两个效益双丰收,不仅经营成果突出,受到集团奖励,而且获得共青团中央颁发的 2013 年至 2014 年度"青年文明号"这一殊荣,职工的精神面貌发生了可喜变化。2016 年在 2015 年"两个效益"丰收的基础上,我们又提出新的奋斗目标,拓宽大视野,建立大格局,谋划大发展,要求几个大的项目要有新突破,以点带面,促进全局。其中之一就是在集团支持、指导下, 由中版教材在新疆投入 1000 万元资

中版教材有限公司成立 7 周年合影留念

金,实施"书法教育援疆"计划,通过搭建立体的书法教育支撑体系,进一步支持新疆中小学书法教育事业,配合自治区教育厅做好中小学书法教育服务工作。这一方面是履行文化央企的社会责任,另一方面也是对使用中版书法教材的新疆教育系统予以回报。我支持办好这件事情。2015年秋,我们就在新疆乌鲁木齐"八一中学"设置首个"华文书法教室",我参加了启用仪式。为了落实这项工作计划,我数次赴新疆与新疆教育厅有关领导研议,并和自治区政府领导进行交流、沟通,使这项工作得以顺利开展。

2016年2月23日,在召开中版教材公司2015年度工作总结会对新年度工作进行布局和谋划之后,我向集团谭总正式提出辞去兼任的中版教材公司董事长、总经理职务。原因有两条:一是我已经完成了集团领导交给我的稳定局面、谋划发展的任务;二是我在集团分管上市公司财务和营销工作,任务日重,精力有限,希望集中精力做好在集团负责的各项工作。承蒙领导体谅,我于4月18日正式卸任,离开了这个干了一年半的最后一个基层出版发行岗位。在这里,我要说一声谢谢,谢谢组织上给我这个迎接挑战的机会,谢谢中版教材公司每一位和我共同参加"二次创业"的同事们。

倾心打造《诗词吟诵》教材

在中版教材公司兼任董事长、总经理期间，我倾注心血、亲力亲为，培育出版了一套适合全国中小学使用的《诗词吟诵》教材。这是中版教材、中央电视台和首都师范大学合作开发的中华优秀文化传承项目。该教材以中华诗词为主线，以吟咏诵读为特色，适应中小学生的认知规律，符合传统诗词教育需要，填补了国内传统文化诵读教材市场的空白。该教材配合中小学语文教学，适用于 1 ~ 12 年级全体学生。其中，教材文本 23 册，配套光盘 23 张，除高三全一册外，其余均为上下册。既可以用于现行语文中的诗词教学，也可以用于校本课程、课外培训、诵读活动，还可以用于家庭教学和自学。目前这套教材已经投入使用。作为中国第一套介绍传统诗词吟诵方法并配有传统吟诵和现代朗读两种读法的教材，它受到了诗词界、教育界的重视，也为中版教材开发市场增加了新的品种和竞争力。

我为什么要重视开发、出版这套教材？这主要是中版教材公司开拓发展、占领市场的需要。中版教材成立六年多来，主要是整合别人的资源用于发行，属于自己开发的只有一套书法教材。前任领导为开发这套书法教材付出了很大的心血，被列入全国书法教材之一，供各地选用，效果不错。但总的来看，中版教材公司存在重教材发行、轻教材开发的"一条腿硬、一条腿软"的问题。大多数教材的主动权握在出版方手里，自己缺少主动权，一有"风吹草动"就"惊慌失措"，还常因为教材版权使用问题惹出许多麻烦。

作者主持研发的中华诗词吟诵教材

在这种情况下，我提出中版教材公司要树立"出版、发行并重"的方针，在维护原有教材版权、稳定良好合作关系的同时，努力自主开发属于教材公司自有知识产权的教材。刚到教材公司不久，我在调研中就发现了这一问题。大家说"对"，应该重视，但须知开发一套教材谈何容易！

先是有人提出和我们合作开发一套法制教育教材。党的十八届四中全会之后，在全国法制教育方面，尤其是在中小学法制教育方面是一个加强的趋势，编写使用相关教材也势在必行。我带王穗分管的公司和民主法制出版社、华文出版社进行磋商，结果因版权归属问题谈不拢，只好作罢。后来又有人找我们合作开发全国物流培训教材，也因为利益分配问题没有成功。

开发教材首先是因为需要，但另一方面是我认为自己有出版方面的优势，可以借助自己的优势，为中版教材开发新的教材品种，增强市场竞争力。愿望虽然是好的，但没想到做起来难乎其难，不过我们还是"咬定青山不放松"，最终把《诗词吟诵》这套教材做了出来。在这套教材出版过程中，我们可用于投入的力量很少，我负责项目牵头、组织协调，手下只有综合部张博一人。她曾有过编写书法教材的经验，又勤于思考，工作积极主动，能吃苦，是我的"得力干将"，大事小事都要她来落实。后来又加入了新入职的广西师范大学教育系研究生董姗姗和办公室主任潘健，队伍逐渐壮大起来，这套教材也越来越受到更多人的重视，教材公司投入的力量和资金逐渐多了起来。我是这套教材的"始作俑者"，从确立选题开始，到最后离开教材公司，我都始终把这件事挂在心上。我离开教材公司时交给接任者的唯一一件事就是希望把这套教材出版好、使用好。现在教材已经出版和使用，看着教材公司同事送来的一整套23册样书和配发光盘，我内心很是喜悦。现在回想起来，这套教材之所以获得成功，有以下几个方面的原因：

一是精心确定教材选题。

按照我们国家教育部门的规定，各科目的教材都是固定的，不可随便编写使用。但参考性教材、地方性教材却是可以编写的。如果地方需要，可以投入试用。再就是国家根据形势需要，会增加一些新教材进课堂，如有人提前编写好正合使用，也可以纳入使用范围。因此，教材使用改革之后，一些出版社和相关文化单位都很重视教材开发，希望"分一杯羹"，教材研发市场竞争相当激烈。在这种形势下，看得准不准，能否"慧眼识珠"，就显得尤为重要。因为看得不准，编教材"编砸了"而颗粒无收的大有人在。故此，编什么教材，我们也是很谨慎的。最初，经过调研，我们把目光聚焦在"中小学传统经典诵读"上，想编写一套集思想性、艺术性、文学性和可读性为一体的传统经典诵读有声读物。这个大方向是对的，但"传统经典"这个范围和规模太大，不易把握，作为课外读物，占去中小学生太多课外时间也不现实。后经过反复论证才决定编写《诗词吟诵》教材。中华诗词是中华传统文化的瑰宝，突出这一块，易被青少年接受，也可和中小学课本中诗词教学结合起来。诗词吟诵是我国古人吟诵、理解、欣赏诗词的一种有效方式，但目前这种吟诵方式已几近失传。著名诗人、教授叶嘉莹就曾多次"上书"李克强总理，提出重视和恢复古典诗词吟诵，李克强总理指示有关部门对此要引起重视和研讨。近些年诗词吟诵作为优秀文化的传承方式开始受到重视。据我所知,"常州吟诵"已被列入国家级非物质文化遗产,赵元任、周有光、图岸被确定为这项遗产的三位"代表性传人"。一些出版社为弘扬中华优秀传统文化,也组织出版了一些关于诗词吟诵的书籍。我们专门做一套面向中小学生的《诗词吟诵》教材,从内容到形式上传承优秀传统文化,又能引起青少年学生兴趣,增加一门学习技能,这个选择无疑是正确的。

二是严格选好合作伙伴。

选题确定之后,选择什么样的团队合作,直接关系到教材质量,这让我们很费心思。我们设定这套教材分为教材、诗词吟诵光盘、现代汉语朗读光盘三部分,如此,就要找三个团队合作,首先要选好教材编写团队。

在这期间考虑了很多人选,包括中央文史研究馆馆长、北京大学教授袁行霈先生,中国当代文学研究会副会长谢冕先生,北京语言大学王恩保教授,北大文学院钱志熙教授,《文学遗产》主编陶文鹏先生等,与这些专家们进行了多次沟通,但是他们有的因为身体原因,有的因为工作安排的原因都没能参与进来。没有办法,我只好向我的大学同班同学、中国社科院文学研究院刘福春教授"求援",拜托他给我们推荐学科专家。刘教授根据我们教材产品的需求,经过考虑,建议我们联系中国国学教育学院院长赵敏俐教授。赵教授从事中国古代诗歌研究,主攻先秦两汉文学,致力于国学教育,现任教育部人文社会科学重点研究基地——首都师范大学中国诗歌研究中心主任,中国国学教育学院院长,中国文学学科评审委员会委员。是我们文本编选合适的主编人选。过了三天,4 月 10 日,在刘福春教授的引荐下,我和张博一起在首都师范大学国学教育学院与赵敏俐教授见了面。赵教授对待学术的严谨和对教材开发的慎重远远超出我的想象。他认为,教材教辅都是能改变一代人甚至几代人的,必须要慎重。按照前期我们已经做的北京市及周边中小学的调研、市场产品的分析、选题可行性报告来看,教材的开发完全可以着手进行。但是,从主编的角度来看,他不仅要有学理上的掌控,还要有政策上的依据,更要有实施上的把握。虽然迫切想加快研发进度,但我们也必须尊重赵主编的意见。于是,又是一轮新的论证。这次论证,不仅使我们对教材建设的思路更清晰,也提炼了教材的新亮点。这就是我们决定以弘扬中华优秀传统为主线,以诗词为载体,以"吟诵"为手段,编选适合中小学学生学习的《诗词吟诵》读本。"吟诵"既是汉诗文的传统读法,又是传统教育的基本方法,易学易记,优美动听,如果能成功开发,实现美文、美声、美育为一体的"读书之乐",那将成为弘扬传统文化的一支新力量。我们从赵教授处获知,在中宣部、教育部、国家语委等部门的支持下,自2009年起他们就进行了大量的吟诵抢救、整理、研究、教学、推广等工作,受到了广大师生的普遍欢迎。目前,全国参与学习和应用吟诵教学的老师已达数万人,涉及数千所学院,成立的省市级吟诵社团30多个,其中省级5个(河南、海南、湖南、北京、香港),市级20多个,区县以下更多。这使我们非常兴奋,看来抓《诗词吟诵》教材抓到点子上了。更让我们高兴的是,首都师范大学诗歌研究中心有一批擅长吟诵的专家,像徐健顺等,在全国很有名气,是培养"吟诵老师"的"老师"。这下连录制吟诵光盘的问题也解决了。

5月4日,我们与主编团队进行教材设想及合作建议的双方会谈,基本确立了合作意向。17日召开教材编写研讨会,会议召集了一批来自北大、人大、北师大、首师大的专家学者,来自北京市景山中学、河北石家庄中学、成都中学等一线教师代表。这天是周末,我和张博赶来参会,会议中大家表达了对诗词吟诵教材的企盼,对我们开发这套教材的期望,也提出了一些很好的建议,为我们确立诗词吟诵教材的基本思路奠定了坚实的基础。

古典诗词现代朗读部分,我决定找央视著名播音员海霞。海霞是播音大师,朗读质量一流,在全国有影响力、号召力。我和她彼此熟识。在北京梅迪亚中心,我和张博从晚上7点等到近10点,海霞才从台里出来,因为播音结束后台里突然有事耽误了。我说了来意,海霞同意接下这个项目,但因为要录八九百首,怕一个人忙不过来,建议成立一个团队。我们同意由她找人,她对播音质量负责。后来多次接触,感到海霞这个人非常热心、和善,她对传承中华优秀文化有浓厚兴趣,是把此事当成公益事业来看待的。后来我们付给这个团队的报酬,录一首诗词才付1000元,是同类作品中最少的。海霞体谅我们的困难,因为前期投入少些,我们压力就小些。我们和编写团队、诗词朗诵录制团队在合作中互相尊重,用法律文书保障各方权益,遇到不同意见相互协商、磨合,互相体谅,携手共进,使这一项目得以顺利进行。

三是明确教材定位和特色。

经过反复论证,我们越来越明晰这套教材的定位、特色和达到的目标,使之区别于其他同类教材,显示生机和活力。

该教材是贯穿中小学的诗词内容的课程教材,可用于替代语文课中的古诗词部分的教学内容,可用于学生的校本课程、课后一小时课程、课外培训、诵读活动,也可用于家教和自学。该教材依托经典诗词读本、展现吟诵魅力、弘扬传统精神,由国内一流的诗词大家、一流的吟诵大家、一流的出版机构组成的一流开发团队共同合作完成。开发完成后可成为我国传统教育出版产业与新媒体、新技术、新应用完美融合的典范,社会效益、经济效益都很可观,将进一步打响中版教材人文教育品牌,为集团公司做大做强教育出版做出新贡献。

教材主要特色是:1. 按照诗词自身的规律和儿童身心发育规律来开展教育。目前的语文和古诗文教学,基本上是按照西方理论以西方的方法进行教学的。本教材的内容和教学法,主要参照传统教育方法,并与现代教学实际相结合,按照汉语和诗词的内部结构,遵循教育规律进行分层分步骤的教学。2. 以音韵、格律、文体、吟诵和常识为基础,让学生首先掌握诗词的观念和语感,然后配以大量的精读和泛读,并最终落实到创作上,落实到品性修养上。这样的学习过程简易而高效,充实而快乐。3. 吟诵是中华传统读书法,也是体会诗意和学习创作的捷径。本教材贯彻了吟诵的教学方法,不仅可以提高学习效率,而且使学习变成了一种快乐,让学生亲身体会到古人的读书之乐,爱上读书,喜欢大量读古书,并能吟诵创作。4. 本教材提供了资源库和网络平台直至手机 App,给教师提供了大量的系统的即时更新的教学资料、教学法,以及沟通交流、展示比赛的机会,还有深化学习和提升自己的课程。

教材达到的目标是:小学阶段:目标是形成文体概念,以文体为线索进行系统诗歌学习,学会吟诵,学会对对联,尝试初步的诗词创作。初中阶段:目标是形成诗歌史概念,以时间为线索进行系统诗歌学习,理解诗歌和时代的关系。高中阶段:目标首先是面对高考,把考试必备的诗歌进行系统学习,并突出几个最重要的诗人,结合其社会背景和生平经历进行学习,理解诗歌和人生的关系以及和中国文化精神的关系, 以及诗歌和当代的关系,对近现代诗歌进行系统的学习,最终把诗歌学习落实在现实生活中。

四是确保教材编写质量。

为了确保教材编写质量,我们确定了以下原则和措施并严格执行。1. 所选诗词应从中小学教材中多选,课本外选定的要符合中小学生认知水平和欣赏能力,不可过难,诗词释义不用有争议的观点。2. 诗词吟诵有不同流派,学术见解不同,有很大争议,我们选用已有定论和大多数认同的观点和方法,不陷入学术争论之中。3. 加强我方和教材编写方、吟诵方、朗读方协调,做好衔接和对应,以免不一致造成中小学生无所适从。4. 编写进度服从质量。我们制定了时间进度表,但为了保证质量一再顺延时间,绝不可为抢进度而牺牲质量。5. 知错必改,见错必改。因为编写诗词吟诵教材有特殊性,仁者见仁,智者见智,难以保证百分之百"准确率",但在审稿过程中、在听取录音过程中,只要发现错误就务必纠正,造成返工也在所不惜。如对书稿个别诗词内容和音频内容匹配度不够、音频形式统一规范不够、个别诗词音频质量不尽如人意等问题,我们都进行了重新制作和完善。在交给出版社出版时,学术问题尊重专家,编辑问题尊重编辑,张博、董姗姗从中协调沟通,使双方信息有效融合,一些问题得到妥善解决。比如,教材中诗词加不加标点符号的问题,有的专家认为,古诗词是没有标点的,诗词吟诵既然是采用传统方式,就不应该加标点,但我们赞同编辑的观点,还是以加标点为宜,否则不利于中小学生对诗词的理解。再比如,有的专家认为,既然叫《诗词吟诵》教材,就不应该加"现代朗读"部分,对"现代朗读"持排斥态度。我们则认为两者并不矛盾,加"朗读"可以提高这套教材的附加值,而且通过对比,可以知道现代朗读的方式,这没什么不好。所有这些问题,都需要反复沟通,但只要有利于提高教材质量,我们都乐意参与其中进行讨论,并做出大家都接受的结论。6. 教材出版后,先做出样书到一些教学点试验,然后再全面铺开推广,发现问题及时修订,并结合实际需要,以此教材为母本,进行多层次的开发利用。

五是"搭车"国家项目,寻求资金支持。

正在开发《诗词吟诵》教材的过程中,我们接到国家新闻出版广电总局通知,可以上报"经典中国国际出版工程"翻译出版项目。经和有关部门沟通,认为我们《诗词吟诵》可以申报,但要经过"改造"才符合入选条件。我们把这一项目确定为《中华优秀传统文化经典诵读》,并寻找到日本方合作单位,谋求以日文出版。从而获得了国家项目支持。虽然本项目的资助只有几十万元,但"一鱼两吃",节省了《诗词吟诵》的部分制作费用。我们就是这样想方设法降低教材开发成本,能省一点就省一点,《诗词吟诵》开发费用和同类教材相比,和中版教材公司开发的其他教材相比,确实降到了最低点。

《诗词吟诵》教材占用了我许多精力,和我一起从事教材开发的同事张博、潘健、董姗姗等,更是花费了大量心血,张博出力最大,应记首功。通过此套教材编写,我亲身体验了其中的艰辛和不易。因为教材开发是长线产品,产品是否被使用,能否使用,都还是未知数,即使产生效果也是在几年甚至多年之后,所以许多人不愿进入其中,而进入其中的人往往不被人理解,再加上对教材开发价值有不同的看法,一些人对此冷眼相待,一些人不愿在这上面花费精力和过多投资。因此,开发教材的人往往承受很大压力。我对此如人饮水,冷暖自知,即使作为单位的"一把手"和法人代表,我也依然承受巨大压力。有的人在背后议论:老樊这么下功夫开发《诗词吟诵》教材,他图什么呢?!我图什么?图的是增加中版教材的竞争力,在任时为公司留一套有价值的教材,也以此作为我曾在教材公司工作过的一个纪念。除此之外,我别无他求。作为这套教材的出版"总策划",我没有借这个项目办过一件私事,没有领取过一分钱报酬。素心坦荡,苍天可鉴。

最后,我要特别感谢现代教育出版社,感谢时任社长宋一夫先生。中版教材公司没有出版权,在我们需要书号支持的时候,宋社长伸出了援手,解决了我们出版遇到的难题,并派得力编辑,保证时间、进度和质量,使中版教材这一拥有自主产权的全新教材得以问世。唯愿这套教材在今后得到更好的开发和使用,为中版教材公司发展,为中华优秀文化传承尽一分力量,如此,我愿足矣。

担任"团长"的三次出国访问

说实话,在出版行业工作,因为参加国际书展和对外文化交流的需要,出国机会还是比较多的。我始终认为,不能把出国参加书展和文化交流等同于"游山玩水"。无论在出版社担任领导职务,还是编辑发行人员,在企业能够负担的前提下,适当安排出国,有些是必需的,如参加法兰克福书展进行版权贸易,购进和出售版权;有些是必要的,如到国外出版社进行学习、交流。在完成主要行程、主要任务的前提下,安排到一些名胜古迹参观,也是应该允许的,如到埃及时去看一下"金字塔",到以色列时去看一下"哭墙",到巴黎时参观一下"埃菲尔铁塔",到印度时看一下"泰姬陵",到伦敦时看一下"大笨钟"。因为出版发行属于知识密集型产业,从业人员一般是高学历,"读万卷书,行万里路"对从业人员有很大帮助。在国外增加游历,也是一种知识积累,特别是一些人外出搜集资料、拍摄照片供出版之需,而这本身就是值得提倡的。我就多次看到一些出版社领导、编辑不辞辛苦,在出访中随时拍照,购买样书资料,回国后作为出版的部分内容或参考资料。如果出版人不出国访问、交流,就不知道国外出版是什么样子,就不知道我们的差距在哪里,就不能展开充分的文化交流,就不能在中华文化走出去中走在前列,强出版强在何方? 因此,出版行业这些特殊情况,应该在有关出国规定中予以特殊考虑,不要搞"一刀切"。我个人对这一点体会很深,正是因为多年以来,多次出国访问,我才不断开阔视野,做出了一点小小成绩。

　　我第一次出国访问,是 1995 年到新加坡参加书展,时任吉林省新闻出版局图书处处长,同行的有吉林人民出版社副社长赵安铭、北方妇女儿童出版社副总编辑周航。三人一行从香港转去新加坡。在香港,我第一次见到咖喱饭,在新加坡第一次见到榴梿,我们买一个在所住宾馆品尝,搞得全楼皆臭。这一次参加书展,我们完成了展示吉版图书、购买版权等任务,也开阔了眼界,看到了新加坡发展奇迹,知道这里有"牛车水",知道为啥叫"狮城"。由此开始,我多次出国参加书展和相关活动。到了三联书店工作之后,出国机会更多,也真的长了许多见识。我能成长为一个小有成就的出版人,绝对与此分不开。我感谢组织上安排我多次出国访问,我也自信在出国访问中"没有白花国家的银子",它开阔了我的眼界,加速了我的成长,丰富健全了我的思维,也使我能为国家出版事业做出更大一点的贡献。

　　到中国出版集团工作之后,我也曾有几次出访,与以前出访不同的是,我在几次出访中担任团长,担负一些领导责任。以前是跟在团里"随大流",东北话就叫"随帮唱影"。担任团长则不同,一副担子压下来,心里沉甸甸的。一是作为团长,要充分了解整个行程安排,对完成此行的主要任务负责;二是管好这支队伍,不能落下一个人;三是在带头执行外事纪律的前提下,监督全体成员遵守外事纪律;四是保证出行安全,不能有人伤着碰着,要平平安安回家,等等。虽然只是那么几天,责任真不小。真的出了事,先拿团长问责。听说河南某行业曾组织一个团去美国,在纽约时代广场散开后,到约定的时间一个成员都没回来,就剩下团长"光杆司令"一人,因为事先有人策划,这些人全跑了。"团长"傻眼了,后果可想而知。我们出版系统一般不会发生这样的事,也没有发生过,但预防也是必要的。总之,团长肩上的担子不轻,但我有集团外事部门和各出版社随访人员的大力支持,每次都圆满完成了任务。

　　第一次是 2014 年 9 月到俄罗斯参加书展。

这次书展由集团旗下中图公司组织，全国各地出版社 30 余人参加，队伍庞大，作为中国出版代表团到俄罗斯交流、访问。主要任务有两项：一是参加俄罗斯书展，展示中国出版面貌，进行版权贸易；二是组织双方交流活动，推进合作项目的深入开展。其中比较大的一项活动，是推进中俄文学名著互译工程。由中方组织人员翻译出版俄罗斯名著，俄方组织人员翻译出版中国名著。这一项目已开展若干年，取得了很大成果。我们这一次和俄方一起召开了一个座谈会，对下一步的发展进行了讨论，并草签了协议。俄国文学界、翻译界、出版界一些白发苍苍的老前辈都来了，对开展这一工程给予赞誉，并决心不遗余力地把这件事做下去。至今，这项工程还在进行之中。此行我们先后在莫斯科、圣彼得堡参观、访问，圆满完成了出访任务。对这次出访，许多团员表示有很大的收获，除了文化交流，我们还了解了俄国的文化和社会变化。在这次出访中，有三点给我印象很深。一是俄国共产党总书记久加诺夫到我们中国展台参观。俄共已从执政党变为在野党，实力和影响力已比过去小得多。随从没几个人，我们送他一幅中国书法"宁静致远"，他欣然接受并表示感谢。他在我们展位停的时间比较长，认真翻阅中版图书，可惜我们不懂俄文，没有深入交流。但他对中国充满敬意，我们是看得出来的。我们也从内心祝愿俄共走出低谷，实现他们的目标。反观我们，中国共产党正领导中华民族蒸蒸日上地走在复兴路上，两相对比，感慨良多。二是从莫斯科到圣彼得堡，我们是夜间坐的火车。导游告诉我们，在这趟列车上经常发生抢劫事件，因此，东西要放好，全部放在底层床铺下面能打开的床箱中。此外，每个车厢还发了一截一米多长的铁丝，让晚上睡觉时从里面用铁丝把门和门框拴上，再缠绕几圈，确保外面人闯不进来。刚安顿下来不久，就听见吵嚷声，原来，最后一节车厢中有我们团的三个男士，还有一个俄罗斯女士，该女士见他们用铁丝拴住门表示不理解，担心自身安全。我过去做了解释，又给她调整了铺位，这件事才平息下来。在火车上我们去打开水、上厕所，都要先拧开拴住门的铁丝，这给我留下终生难忘的印象。回国后我还留着一截铁丝作为纪念，现在也不知扔到哪里了，但它已难以在记忆中抹去。在圣彼得堡一家24小时书店，我和店方做了认真细致的交流，提升了信心。因为当年4月，我在三联书店工作时开办了北京首家24小时书店，一些人担心办不下去，说考验"大约在冬季"，因为冬天就没有几个人来书店看书了。圣彼得堡这家书店的一个胖大嫂消解了我的疑惑。她用生硬的中国话说："冬天天气冷更好，外面冷，里面热，来的人更多！"听了她的话，我一下子增强了信心。圣彼得堡天气那么冷，人家的24小时书店都能开下去，我们自然也能办下去。果然，我们的24小时书店经受住冬天严寒的考验，长期坚持了下来。

第二次是带团参加2016年伊朗德黑兰书展。

5月4日至14日，第29届德黑兰国际书展在伊朗首都德黑兰举办。集团组织旗下商务印书馆、中华书局、天天出版社等单位参加书展。德黑兰书展由于政府的高度重视和多年的发展，现已成为中东地区规模最大、最有影响力的书展。此次书展从以往的霍梅尼大清真寺搬到位于德黑兰市区南部新修建的阳光之城展览中心举行。书展的主会场分为9个区域，每个区域又分为A、B、C、D这4个区，整个国际展览中心占地面积大约30万公顷，以后将作为德黑兰国际书展的永久性举办地。书展自5月4日一直持续到5月14日，展期10天，是世界展期时间最长的书展。书展自第二天起，便对公众开放。

本届书展国内外参展商有1500多家，展位12 000个，其中伊朗本国参展单位1300家，海外参展商200家，参展国家50多个。每天到访者近60人次。就参观者数量而言，德黑兰是世界上最大书展的举办地。每届书展伊朗全国各地到德黑兰参观的民众很多，书展期间总参观人数达600余万人次。参观者中多数为高中生、大学生、教授、学者、作家和出版商，也有大批

作者（中）在伊朗洽谈中版图书在当地营销事宜

民众利用假期带孩子参观各个书展展区。参加这次书展，我们圆满完成了各项参展任务，取得了多项成果。我用"时间紧、任务重、收获多、效果好"概括了此行的主要特点和收获。

一是加强版权交流。商务印书馆积极推荐《精选汉语波斯语词典》，和伊朗本土作者一起与当地学习汉语的师生交流，带去的图书销售一空。中华书局的古籍也广受读者关注，达成了多项版权意向。

二是在伊朗最大书店设中版专柜。我带队到伊朗最大的连锁书店BookCity书店（图书城）进行现场考察和业务洽谈，双方约定在书城二楼显著位置设"中版图书销售专柜"。经营上采取代销方式，先在图书城"试点"，然后扩展至60家加盟店。本次合作意味着中国图书将第一次进入伊朗大众零售市场和主流渠道，也是集团第一次在海外书店设立专柜，对促进中伊文化交流、落实"一带一路"战略具有重要意义。

三是向伊朗国家图书馆捐赠图书。赠送的70本图书摆放在图书馆特设的图书展示架。双方还协定，下一步将商谈和落实在图书馆设立中版图书专柜事宜。

以上活动在书展期间引起较大反响，伊朗国家电视台新闻频道、阿拉伯语电视台、伊朗"认知之声"广播电台(直播节目),以及凤凰卫视等近十家重要媒体,纷纷给予报道,扩大了集团图书的影响,也展示了中国文化的魅力。

通过参展,我深深体会到,伊朗人民对中国很友好,并充满亲密感、新鲜感和好奇心,都渴望了解中国。这不仅有助于增强两国出版界的交流,而且也有助于通过以图书为媒介的文化外交形式,让更多的伊朗人了解中国。但由于语言等方面的影响,交流工作需要研究与改进。

1.循序渐进,逐步扩大两国出版交流与合作,采取积极措施,建立起稳定的客户群体。通过参展,深化客户往来关系,推动中伊两国出版界互访,共同研究探讨出版界互利双赢的合作项目。以伊朗国家图书馆、BookCity 书店、伊朗孔子学院等机构为依托,及时了解图书出版需求,有针对性地确定选题,以适应伊朗读者和市场需求。

2.针对伊朗图书市场需求开展交流工作。根据参展了解的情况,中国图书对伊朗读者具有较大的吸引力,但在图书品种、语种上要加以改进。一是在图书品种选择上应侧重于中华民族特色,比如,中国经济发展、历史文化等。在题材上应注重风土人情、风光图片、中国功夫、学汉语、工具及文学等类图书。二是在语种上要充分考虑伊朗国家的语言特点。从伊朗读者对图书语种的认同上,波斯语为首,英语为次。因此,在向伊朗输出图书时,应以波斯文、英语为主,配置少量阿拉伯文及少量中文图书。

3.伊朗在全民阅读方面是实行政府补贴的国家,额度也较大,给学生补贴的额度更大些。因此,从参展销售情况看,大部头图书以及定价高的图书,销售比较困难,通常情况下,一般伊朗读者接受价格在 5 美元以下。对于高码洋图书尽管很喜欢,但难以承受。

4.配合宣传"一带一路"战略规划和目标,在出版合作方面,需要从政府层面制订两国图书互译计划和相关重大出版项目,将双方的合作进一步具体化,不断推向深入。

5.考虑到德黑兰书展的大众特点,可考虑与书展同时,举办图片和文化推广活动等,扩大中国文化影响力。

参加伊朗德黑兰书展,我也有三点深刻感受:一是伊朗德黑兰最大的书城,以销售英文书居多,还有法文、俄罗斯文等图书,却没有中文图书销售,由此可见,中文图书在伊朗销售有相当大的空间。二是伊朗是一个信奉伊斯兰教的国家,宗教要求很严格,我们团里的女同志都被要求像当地女人一样,用一条纱巾包住头,到清真寺参观,还要穿上特制的长袍。三是伊朗是一个节奏慢的国家,办事急不得,办事和交流要有足够的耐心,效率也有待提高。

第三次是2016年10月率团到泰国参加书展并到越南进行出版交流。

此行除我之外,还有人民文学出版社副总编辑周绚隆、人民音乐出版社党委副书记周群、现代教育出版社副社长陈琦、中国出版传媒股份有限公司国际部处长贾兵伟、中华书局国际部主任王瑞玲、中国民主法制出版社编辑王薇、中国图书进出口(集团)总公司项目管理部副主任荣容及项目管理部项目经理汪芳。在泰国,除了参加书展,还安排了和诗琳通公主会见以及到孔子学院交流等一系列活动。我们的出发日定在10月18日,正准备出发时,发生了一个新情况,在位70年的泰国国王普密蓬于13日下午去世,泰国进入国丧期,原定会见我们的诗琳通公主也因为参加丧事活动不能出席。在这种情况下,我们要不要坚持原定行程? 我的意见是,原行程不变,诗琳通公主取消会见我们,这完全可以理解。临行前我们代表集团起草了一份唁电,对国王普密蓬的去世表示哀悼,请诗琳通公主节哀顺变。诗琳通公主对我们此次前往很重视,虽然国丧期不能前来出席活动,但她派来了全权代表,并对我们的慰问表示感谢。10月18日,从泰国曼谷一下飞机,我就感受到了浓浓的国丧气氛。机场大厅等地悬挂哀悼普密蓬国王的照片,电视里滚动播放相关内容,到处是哀伤的气氛。我们吃饭的饭馆、住的旅舍、主要大街建筑物上都设有追思的灵堂和悬挂的照片。我在《访泰见闻之一·泰国国丧期》中写道:"适逢泰国国丧期,国王仙逝驾鹤西。街上皆衣黑白色,风雨如晦过头七。"普密蓬多才多艺,关心民生,特别对泰国农业发展贡献很大,他用王室经费兴修水利、建电站,还在御苑内自种试验田,设立水稻、奶牛、淡水鱼良种培育和研究中心。鉴于他在农业方面的突出贡献,2006 年 5 月,时任联合国秘书长安南亲赴泰国为他颁发全球第一个——联合国开发计划署人类发展终生成就奖。由于普密蓬为泰国老百姓办了许多实事好事,他深受国人爱戴,去世后民众都隆重悼念他。我们就是在这样一种氛围中完成在泰国预定的行程的。

第一站——拜访泰国 Jamsai 出版社。2016 年 10 月 19 日上午 10 点,我们来到 Jamsai 出版社。对方接待我们的是出版社总编辑及两位中文编辑。见到出版同行,我倍感亲切。在与对方交流中,我首先对泰国国王普密蓬驾崩表示沉痛哀悼,并讲了此次考察交流的目的。代表团团员与泰国 Jamsai 出版社深入交流,询问了泰方出版社的有关情况,如出版社规模、出版品种、销售额、畅销品种及销量、版权情况、电子书及光盘产品、网上阅读和手机阅读、教育类出版及其他业务领域等,对泰国出版社及泰国出版情况有了初步了解。我在《访泰见闻之二·与出版社交流》中写了这次交流见闻:"规模不大境清幽,知识传播孜孜求。文化交流细切磋,版权输出添新筹。"

第二站——在朱拉隆功大学孔子学院与汉学家举行出版座谈会。泰国朱拉隆功大学孔子学院是在诗琳通公主的亲自倡导下,由中泰两国的最高学府——北京大学与朱拉隆功大学合作建立的,坐落于泰国首都曼谷市中心的朱拉隆功大学校内。2007 年 3 月 26 日,朱拉隆功大学孔子学院正式成立,诗琳通公主亲自揭牌并题词"任重道远"相赠。

为了了解朱拉隆功大学孔子学院开展汉语和中国文化推介工作取得

的成绩,与中国出版集团版权输出、引进及出版有效对接,在朱拉隆功大学孔子学院的组织下召开了出版座谈会,中国出版集团代表团全体成员和中国驻泰国大使馆周高宇参加,泰方出席座谈会的人员有:朱拉隆功大学《汉泰双语月刊》执行总编辑谭国安,法政大学中文系教师蔡瑞芝,诗纳卡琳威洛大学人文学院中文系主任谢镇发,泰国商会大学中文系教师朱金英,《星暹日报》副总编辑赵婧楠,《今日泰国》总编辑刘振宇,泰国网(泰国领跑电子商务有限公司)副总经理郑兴源等。

座谈会由朱拉隆功大学孔子学院中方院长韩曦主持。韩院长表示,由于普密蓬国王驾崩,原计划中有公主出席的赠书仪式不再举行。感谢中国出版集团对孔子学院的支持,感谢将旗下 16 家出版社出版的 1000 多种图书的捐赠。座谈中,大家为中泰文化交流、未来建立常态联系、加深合作等

作者(右二)在泰国考察朱拉隆功大学孔子学院

积极建言献策。中国驻泰国大使馆周高宇对中国出版集团为泰国图书馆捐赠图书表示感谢。他介绍说,诗琳通公主很热爱中国文化,一直在关注着中国出版的新作品,隔一段时间就有身边的中文老师讲解介绍,进一步了解后挑选阅读。中国出版集团是中国出版界的权威出版机构,优良的产品成为泰国人民了解中国、学习汉语的重要工具。希望中国出版集团提供更多适合汉语教学的图书,为泰国人民了解中国文化提供更多帮助,做出更多贡献。

我在发言中讲道,中国出版集团很关心孔子学院的建设,捐赠了 1000 多种图书,未来会继续支持学院的工作,以实际行动践行李克强总理提出的"亲上加亲"精神。中国出版集团以主题出版、宣传正能量为出版理念,输出版权,也引进版权,一直在努力加强与外方的沟通合作,在"走出去"方面正在积极探索,有许多作品被翻译后在泰国出版。关于泰国汉语教学,建议泰国当地汉学家、教师,结合中国国内教师编写适合当地使用的教材,集团愿意参与合作出版这样的图书。中泰两国存在语言、文化交流的基础,应共同参与编写这样的教材。文学方面的图书可以加大翻译量,集团已建立翻译库,实现翻译的机器化,但还需要各位老师精心打磨。

座谈会气氛热烈,大家争先恐后发言。韩院长做会议总结:座谈会开得很成功,孔子学院为中泰搭建桥梁后,中国出版方和泰国的老师们可以建立联系,加深合作。会议结束后,我接受记者专题采访。写了《访泰见闻之三·中泰翻译出版座谈会》一诗:"合作出版事杂烦,文译又隔数重山。新议项目从头起,双方协力克两难。"

第三站——参观曼谷书展。曼谷书展在泰国国家会议中心举行,主要由本国出版商及书店参展,为老百姓提供丰富的打折促销图书。在这里,我感受到泰国人爱读书的浓浓氛围,写下了"泰国民众好读书,购书从不惜泰铢。天下共享读书乐,读书之乐乐何如?"的诗句。

第四站——考察曼谷当地主流书店 Think Space B2S。Think Space B2S 书店坐落在 Central festival eastville，经营面积 3000 平方米，有上下两层，楼上有环境优雅的咖啡店，一层除了图书以外，还有一些跨界商品销售区，这些消费品大多是与图书相关的文具用品、礼品、工艺品等，以吸引顾客进店参观，总体上还是以图书销售为主。在店销售的图书有 1 万多种，每年的营业额是 1 亿泰铢，约 2000 万元人民币。我们希望在书店和它的连锁店内建立中文版图书专柜，销售中国出版集团的文学、音乐、历史、传统文化等各个领域的图书，并进行了具体磋商。我用诗歌形式表达了这种愿望："学习交流两互相，合作更图岁月长。精选品种设专柜，中版好书越重洋。"

中国出版集团代表团在曼谷考察 5 天，时间虽短，但收获颇丰。其一，中国出版"走出去"非常必要。我国的物质产品已经走到世界各地，我国的精神产品也应该大批量、成系列地走出去，中国出版集团在这方面的担当义不容辞。其二，深入了解读者对象和社会需求是出版必须做好的功课。做书就是要锁定目标读者，以读者为中心，为读者服务，为他们量身定做产品，这样，他们对我们的产品就会有所期待，一边出版一边培养我们的读者群。其三，图书形式和内容质量同等重要。在泰国书展上我们看到，展出的每一本书都设计精美，印刷精良，封面鲜亮，设计风格统一，整个书展的图书五彩缤纷，即使不同种类的书也可以有同样的设计风格，体现出一个出版社的整体形象，无论从装帧设计、版式，还是印刷，都无可挑剔，既体现了和谐统一的美，又适合阅读，拿起来还轻便。其四，每个出版人都要透彻理解自己的产品和经营理念。出版社接待我们时，都由年轻人介绍业务，没有烦琐的级别介绍，只有纯粹的业务交流，他们对自己的产品和经营理念理解透彻，熟记于心。

在越南，我们停留的时间不长，主要是在胡志明市（原西贡市）活动。一是召开中越出版文化交流座谈会，二是考察当地华文实体书店。

　　在 2016 年 1 月 9 日开业的"胡志明市图书街"，越南出版商协会副主席、"胡志明市图书街"总经理藜黄（音译）先生主持，有中国出版集团代表团与越南南方文化进出口公司、综合出版社、文艺出版社、丽芝文化公司、雅南出版公司、妇女出版社等多家出版公司参加的座谈。在座谈中了解到，越南新闻出版由国家控制，全国新闻出版单位 400 多家，国有占到 60 家，其他是私人的，需要从国有出版单位和出版局购买书号和申请销售权。52 家大出版公司中约有 10 家规模较大，大多数为国有出版公司，也有一部分是股份制。目前，越南图书市场发展稳中有升，每年增长 20%。越南 2016 年秋季图书展会上，60 家出版发行、邮政和教育培训单位参展，每天吸引上千名图书爱好者前往参观并购买图书。越南民众很容易接受并喜欢上中国文化、艺术方面的作品，其中包括图书。越南读者对中国经典图书，例如《红楼梦》《三国演义》《西游记》等，都耳熟能详，还对鲁迅、金庸等近现代中国知名作家的作品也很熟悉，还出版过毛泽东、邓小平、习近平等中国国家领导人的著作。他们喜欢中国文化，也很尊重、佩服中国作家。学习汉语在越南开始形成潮流，通过学习汉语，越南人民更多地了解了中国的文化和历史。

　　中国出版集团内的人民文学、中华书局、人民音乐、现代教育等出版社和集团对外合作部代表在座谈会现场与越南出版界代表进行了业务交流：人民文学出版社希望输出中国文学的经典作品，引进越南的现当代优秀作品，补充到"年度最佳 21 世纪作品系列"；中华书局就版权输出、实物出口、海外古籍藏量等业务进行了调研沟通；人民音乐出版社推荐了民乐、双语流行歌曲和"当代音乐作品库"等适合中越文化交流的产品；现代教育出版社了解中文教材的编写、出版和销售，以及官方管理方式等事宜，希望合作中越双语教材。

　　胡志明市图书街位于市区繁华地带，旁边是百年历史的法式邮局和大教堂，沿街 20 家各具特色的书店隶属于 15 家出版社、发行公司。作为书街的总经理,藜黄先生的职责是控制协调书价,审查图书产品的版权,协助出版社做新书推广、作家交流等活动,推动书业的交流和发展。我们在书街上看到靓丽一景:许多新婚的年轻人,到书街来以书店为背景拍结婚纪念照。越南重视读书之风,由此可见一斑。

第四辑

我与"全民阅读"

新时期出版人改革亲历丛书

建言将"倡导全民阅读"写入政府工作报告

　　2014年1月17日下午，我参加了李克强总理在国务院第一会议室召开的座谈会。座谈会的主题是征求教科文卫和基层群众对政府工作报告的意见和建议。在这次座谈会上，我的"将倡导全民阅读写入政府工作报告"的建议受到总理重视并采纳。从此，"倡导全民阅读"连续4次写入政府工作报告，并在2017年政府工作报告中强化为"大力推动全民阅读"，受到了各级政府的高度重视和强力推动，而我自己也和全民阅读结下了不解之缘。2015年2月9日，我被聘为国务院参事之后，连续数年把"倡导全民阅读"作为建言献策的主要课题，结合工作和行业实际，围绕发挥政府在推进全民阅读中的作用这一主线，在推进实体书店建设、促进全民阅读立法、加强少数民族地区阅读工作等方面提出建议，多次得到领导批示并转有关部门组织调研和实施。今后，我仍将"大力推动全民阅读"作为调研和建言献策的主题，持之以恒地为之付出努力。

　　几年时间过去了，当年参加总理座谈会的情景仍有清晰的记忆。

　　记得2014年1月8日下午3时左右，我正在北京国际展览中心参加北京图书订货会的一个活动，接到一个用座机打来的电话，对方是国务院办公厅三处的一位工作人员，在确定我是樊希安之后，问我最近在不在北京？我答："在。"对方说："好，那请你这一段时间不要离京，有一个重要会议请你参加,有关方面会具体通知。"放下电话,我一时猜不出是什么会议,但猜想是和出版有关,因为我时任三联书店总经理。好在第二天就接到国家新闻出版广电总局有关部门的通知,说是请我代表出版界去参加总理召开的征求对《政府工作报告》意见和建议的座谈会。具体时间待定,让我先就发言的内容做个准备,限定发言时间 10 分钟。

能够代表出版界参加李克强总理召开的座谈会,这是难得的机会,也是一种荣耀。但向总理说什么呢? 什么是行业最关心的呢? 怎样才能"朝野共识",在某一方面受到关注和重视? 我一时摸不着头脑,陷入苦思冥想之中。我向曾经参加过总理座谈会的中国教育出版集团总经理李朋义请教。李朋义曾担任过中国出版集团党组书记,当过我们的领导,我俩关系也很密切,说话不见外。李总说:"这是好事啊,具体说什么,还得结合我们行业实际。"又说,"我是参加温家宝总理座谈会,你是参加李克强总理座谈会,每个领导风格不一样,认准了,放开讲就是了。只是要把控好时间,把重点讲出来。"

我征求中国出版集团有关部门和兄弟出版单位意见,大家提了许多好的建议,有提出"从国家层面支持协调全面深化新闻出版体制改革"的,有提出"支持具备条件的出版企业股改上市"的,有提出"进行国有新闻出版企业特殊管理股制度试点"的,也有提出"加大扶持实体书店力度"的,也有提出"加大对优秀出版物'走出去'项目资金支持"的,也有提出"深入开展'扫黄打非',进一步强化互联网和文化市场"的。这些意见和建议都很好,但在一次会上不可能讲这么多,也不可能没有重点地加以罗列。因为这时候国务院办公厅又通知每人发言时间限定 8 分钟。我和新闻出版广电总局有关主管部门联系,他们说:"你先拿出个意见,到时再来沟通吧。"我向一个在国家机关工作的领导同志讨教,她说:"一是不讲理论和大道理,讲具体建议,越具体越好;二是不能面面俱到,最多讲一两个问题;三是言简意赅,不要啰唆。什么问题最好? 一要涉及全面;二要具体实在;三要能够引起领导重视,需要领导进行强调的。"这位领导的话可谓"指点迷津",对我抓住要领极有帮助。

综合各方面意见,我把座谈会发言的"光圈"集中到"倡导全民阅读"上。认为这一问题既关乎全局又很具体,既具有行业特点,又关系社会共识,容易引起领导重视。具体理由有这么几点:一是党的十八大以来党中央更加重视全民阅读工作,这一精神应在政府工作报告中有所体现;二是在未来竞争中,在国家未来发展中,国民素质高低起关键作用,而倡导读书可以提高国民素质;三是政府在促进全民阅读中负有责任,可以起到重要推手的作用;四是从社会现实看,"读书无用论"又有抬头,"倡导全民阅读"具有针对性;五是倡导全民阅读,可以促进出版发行行业发展。读书人多了,需求多了,出版社、新华书店、出版部门、发行部门,都会在不断满足读者需求的同时,提高多出精品、发好精品的水平。说坦白一点,读书的人多了,我们出版社、书店的日子就会好过些,社会效益和经济效益也会更好些。在三联书店工作,我对此体会尤深。

国家新闻出版广电总局领导对我参加这次座谈会很重视。2014年1月13日下午,党组书记蒋建国委托邬书林副局长带领几个部门的领导和我进行交流。邬书林副局长是我的老领导,也是老朋友。他说:"建国同志对你参加这次座谈会很重视,希望你不负众望,把我们行业的声音带上去。"接着让出版、期刊、财务等几个部门讲各自的想法,我记得有张福海、艾利民、蒋茂凝等,让这些部门的同志给我提供一些基本数据和相关材料。在听了我的想法之后,邬书林副局长大声说:"建议把'倡导全民阅读'写进政府工作报告,好! 争取了多年,上届政府工作报告都没能写进去,你樊希安能让'全民阅读'写进政府工作报告,就是大功一件!"邬书林是全国政协委员,多年来力倡全民阅读,是促进全民阅读立法的提案发起人,对推进全民阅读不遗余力。他这一席话,给我增加了压力,同时我也得到了极大支持,树立了信心。在和邬书林副局长握手告别时,他紧紧地一握,给我传递了务必成功的能量。

1月15日下午3时,我按新闻出版广电总局有关部门要求,去复兴门外局机要部门看《政府工作报告(征求意见稿)》。在那里,我遇到了著名电影演员李雪健,才知道我们新闻出版广电系统参加这次总理座谈会的共有两位代表。我代表出版界,李雪健代表影视界。李雪健是我崇敬的演员,他饰演的焦裕禄等银幕形象给我留下深刻印象。他为人朴实、低调,从来不摆名演员的架子,我们一见如故,看完文件后就闲聊起来。我问他最近在拍什么电影,演什么角色。他说正在演一个驻村的老警察。他说,剧里的两句台词给他留下深刻印象,这两句台词是:破案率高不是成绩,发案率低才是成绩。这两句话同样给我留下了深刻印象。是啊,这话多有哲理啊,充满了辩证思维,可惜在现实生活中,我们一些领导干部太缺少辩证思维了,以至于做了许多干不到点子上,甚至南辕北辙的事情。我们聊了许久,离开时他还真诚地提醒我:"座谈会那天千万别迟到啊!"望着他坐车远去,我眼中满满都是敬意。以前听说雪健得过一场大病,现在看他红光满面,精神饱满,发自内心地为这位人民艺术家高兴。

回到办公室,我根据下午看到的文件起草了在座谈会上的发言稿。发言稿全文如下:

总理您好,大家好!

我是三联书店的樊希安,非常高兴作为新闻出版界代表参加这次高层次征求意见座谈会。

我认真阅读了本次政府工作报告征求意见稿，重点看了第(八)项“加快发展教育、卫生、文化等社会事业”中“促进文化改革和发展”这一部分。我认为整个报告有这样几个特点：一是通篇贯穿“务实亲民”的主线，实实在在。二是有新意，有新提法。三是言简意赅，文字精练。四是文风活泼，没有八股腔调，多用生动活泼的群众语言，如，认真治理“餐桌上的污染”，切实保障“舌尖上的安全”；如，决不让未就业大学生成为“断线的风筝”；如，发挥好政府投资“四两拨千斤”的作用，等等。作为出版工作者，我们对报告的文风很欣赏。

下面我提两点建议：

一、建议对 2013 年国家文化建设成果反映得再充分一些

现在《报告》中只有“促进文化事业和文化产业健康发展，深化文化体制改革，激发文化创造活力”31 个字，在第 6 页上占了两行字，看完不解渴、不过瘾。党的十八大以来，党中央、国务院更加重视文化建设，采取各种措施推进文化体制改革，使我们文化企业增强了生机和活力。财政部、国家税务总局在财政税收政策上给予了大力扶持，2013 年年末联合发文，明确将宣传文化增值税和营业税优惠政策延续到 2017 年年底，其中免征图书批发、零售环节增值税政策，对新闻出版业是重大利好消息，这份“开年免税大礼包”透露出国家对文化行业的真切关怀。三联书店是新闻出版业推进改革和政府政策扶持的直接受益者，自 2010 年 7 月转企改制后，大力进行体制机制创新，有效解放了出版生产力，取得社会效益和经济效益双丰收，一大批好书好刊问世，品牌影响力显

著提升。2011 年至 2013 年保持连续高速增长,年营业收入平均增长 16.5%,利润平均增长 32%。2013 年度营业收入达到 2.7 亿元,实现利润 6400 万元,是转制前 2009 年利润的 4.9 倍,实现人均利润 22.8 万元。三联书店的成长进步是全国文化企业发展的缩影,是文化改革成果的微观体现。发自内心地期望报告更加充分反映我国文化建设方面改革和实践成果。

二、建议深入持久地在全国倡导全民阅读活动

建议在报告第 25 页第 13 行"继续实施文化惠民工程"之后,加上"倡导全民阅读活动"一句话。这句话只有几个字,却是一个重要导向。读书对于提高全民素质和促进社会文明进步有重要作用。我知道克强总理非常喜欢读书,过去经常到我们韬奋书店浏览、购书,听说总理现在虽然工作繁忙,但仍坚持阅读,这种好习惯、好风气应该在全社会大力弘扬。要推动全民阅读立法。《全民阅读促进条例》已经列入国务院法制办 2013 年立法计划"三档",请求予以关注,将全民阅读工作纳入法制化轨道。

1 月 17 日下午,我提前赶到中南海北门,进会议室后按要求在座位上等候。参加座谈会的除了来自科学、教育、文化、卫生、体育和基层的 10 位代表外,还有各部委主要负责同志、文件起草组的同志们。李克强总理、张高丽副总理、汪洋副总理、刘延东副总理、马凯副总理都参加了座谈会。这么高级别的座谈会我还是第一次参加,心里难免有些紧张。但李克强总理进来后,和我们 10 位会议代表一一握手、问候,使大家紧张的心情松弛下来。当介绍到我时,李克强总理说:"三联是我国著名的出版品牌,出了不少好书啊。"我以前和李克强总理没有这么近距离接触过,总理在三联书店成立 80 周年店庆时给三联书店写贺信,讲到他过去曾到三联浏览购书,给我们勉励指导,我对此一直铭记在心。现在握着总理的手,感到那样温暖、亲切,身上的紧张感一扫而光。

座谈会由李克强总理主持。他简单说了开场白,讲了开座谈会的意图,希望大家少讲成绩,少讲客气话、客套话,多提意见和建议。他说:"座谈会时间有限,但你们要敞开心扉讲自己的看法、建议,包括对政府的批评","你们有的是行业尖端人才,有的是基层群众,但都是社会重要的组成力量。我们非常希望在起草报告的过程中,能够听到来自社会、民众的真实声音,使报告更符合人民的心愿、体现人民的意志,使政府切实改正工作中的缺点,更好地为人民办事"。

我排在第6位发言。我前面有代表教育界的北师大校长董奇、代表文学界的冯骥才、代表科技界的袁隆平、代表体育界的林丹、代表影视界的李雪健。冯骥才重点讲了民族文化遗产保护,袁隆平汇报了水稻科研情况以及需要支持的项目,林丹简单说了几句,李雪健从电影《泰囧》说起,讲到影视的作用,希望引起更多重视和支持。我发言时没有照稿念,因为进会议室时,通知每人只有6分钟的发言时间。好在我已将讲稿背了下来,虽没照稿,但内容没落下,只是将重点做了调整,把"倡导全民阅读"说得更加到位和具体。我说:"总理,我的建议只有六个字,叫'倡导全民阅读',建议写进政府工作报告。具体位置在第25页13行'继续实施文化惠民工程'之后,就六个字,占不了您报告多大地方。"说着,我还用手比画了一下。总理和大家都笑了。我接着又说:"我知道总理很喜欢读书,也到我们书店购过书,这种爱读书的好习惯应该在全社会推广开来,在全社会形成风气,也就是我们常说的蔚然成风,'一花引来万花开'嘛。"总理和大家又笑了。也许我和李雪健的发言较为幽默、生动,引起了总理关注。在我们发言之后,总理插话:"刚才雪健和老樊讲的重视国家影视业发展,倡导全民阅读,虽然都很具体,但都是大事,不是小事,应该受到重视。"听到这里,我心里想,把"倡导全民阅读"写进政府工作报告,也许有戏了。各位代表发言结束后,总理说:"你们的意见言简意赅,我们会借鉴大家的意见,一方面在《政府工作报告》中加大笔墨;另一方面也在政府工作中加大实施措施。"

座谈会结束时,我看到坐在我后面的新闻出版广电总局局长蔡赴朝,我过去和他握手,蔡局长紧紧拉着我的手说:"老樊,讲得好啊。"他旁边是国家卫生和计划委员会主任李斌,李斌是我在吉林工作时就认识的老朋友,李主任也高兴地祝贺我发言成功。这时,工作人员招呼我们和总理合影,我站在李克强总理身后正中间位置,照完相我从台阶上跳下来,正好这时总理和袁隆平握完手并笑着说:"只要你搞出好项目,需要多少资金都支持!"我上前和总理握手,总理说:"三联书店是品牌出版单位,要组织多出精品,为推进全民阅读做出更多贡献。"这些要求和鼓励,成为鼓舞三联书店前行的动力,也是鞭策我多投身全民阅读的精神力量。

2014 年 3 月 5 日上午,我在电视机前收看李克强总理在人民大会堂做政府工作报告的实况播放,当总理讲到"倡导全民阅读"时,我的心情着实有一些激动。"倡导全民阅读"终于写进政府工作报告了,出版工作者和广大读者的愿望实现了。我当即以《"倡导全民阅读"写进政府工作报告鼓舞人心》为题,写了一篇心得,表达当时内心的感受。文章写道:

当看到"倡导全民阅读"写进政府工作报告时,我心里很激动、很兴奋。今年 1 月 17 日总理主持召开教科文卫人士和基层群众代表座谈会,听取对政府工作报告的意见和建议,我有幸作为新闻出版界代表与会。在会议发言中,我建议总理在报告中加上"倡导全民阅读"。这句话虽然只有几个字,却体现了党和政府对提高全民文化素质的高度重视,是一个重要导向。一方面感到,报告"接地气",接纳了多方面的意见,是个非常好的报告,令人感到振奋；另一方面感到，作为出版工作者，应当积极按照政府工作报告的要求，为倡导全民阅读做更多的努力。我们三联书店是著名出版品牌，在推动全民阅读中有示范作用。我们要弘扬主旋律，多出好书好刊，为全民阅读提供优质精神食粮，还要办好旗下的三联韬奋书店和韬奋图书馆，为全民阅读提供良好的活动场所，利用多种形式助推和引导全民阅读活动，为提高全民素质和促进社会文明进步做出新贡献。

俗话说：心动不如行动。从此之后，三联书店更加注重推进全民阅读方面的工作，我也以更加积极的姿态参加全民阅读推广活动。

2014 年 4 月 8 日，由三联书店创办的北京首家 24 小时书店开业，"让一盏灯照亮一座城市"，在以实际行动推进全民阅读方面起到了示范作用。

2015 年 1 月，李克强总理又一次就政府工作报告征求社会各界意见，江苏凤凰出版集团总经理周斌代表出版界出席会议。会前周斌老总就在会上发言的事宜征求我的意见。我建议他继续把"倡导全民阅读"作为主要议题，周斌接受我的提议，向总理汇报了"倡导全民阅读"写进政府工作报告后一年来全民阅读的有关情况，提出了建议，"倡导全民阅读"又一次写进政府工作报告。这再一次说明，"倡导全民阅读"写进政府工作报告是社会共识，是领导人和出版界、读书界的共同心愿，不是哪个人的功劳，我、周斌都是适应社会需求，适时表达了大家的共同心愿而已。

2016 年 1 月，我已任国务院参事，向总理建言献策的渠道更加畅通。在关注全民阅读工作两年后，我又一次以写信的方式给总理提出建议，内容是继续把"倡导全民阅读"写进政府工作报告。

这封信全文如下：

尊敬的李克强总理：

　　您好！

　　您为国操劳，又忙碌一年，辛苦了。新年伊始，您又在准备 2016 年《政府工作报告》了吧。关于今年政府工作报告，我有一点小小的建议，这就是期盼再次将"倡导全民阅读"写入报告之中。

　　您 2014 年和 2015 年所做的《政府工作报告》，连续两年写入"倡导全民阅读"，对在全国范围内开展全民阅读活动起到了重大推进作用。两年来，各级政府围绕"倡导全民阅读"做了大量工作，使全民阅读活动开展得更加扎实、更有成效。各类阅读活动蓬勃开展，全社会"爱读书、读好书、善读书"的阅读氛围更加浓厚；以优秀出版物引领阅读，全民阅读的内容质量得到提升；全民阅读更加深入基层，先进阅读典型不断涌现；着力推动少儿阅读，注意满足特殊群体、困难群体基本阅读要求；实体书店数量增加，全国县级以上公共图书馆全部免费向公众开放；农家书屋在广大农民阅读中发挥作用，全民阅读基础设施不断完善；各类阅读推广方式不断创新，全民阅读率明显提高。《2015 年深圳阅读指数报告》显示，2015 年深圳阅读指数为124.83，比 2014 年提高了 19.03，增长率为 17.99%，深圳居民日均阅读超过 1小时。全民阅读热潮的兴起也促进了我国出版发行业的发展，传统出版业和新兴媒体加速融合，出版社好书增多，努力出精品满足读者的阅读需求。作为一名出版工作者，我对此有切身感受。

　　将"倡导全民阅读"再次写入 2016 年的《政府工作报告》，这是一个老出版工作者的期盼，也是全国读者的期盼。不知这一建议是否可行，请阅示。

　　此致

　　敬礼！

国务院参事　樊希安
2016 年 1 月 11 日

2014年以来,"倡导全民阅读"已经连续四次写入政府工作报告,各级政府在推进全民阅读方面做了许多工作,发挥了重要作用。目前,"倡导全民阅读"工作正在全面深入广泛地展开,越来越受到重视,正在上升为提升国家文化软实力的国家战略,我愿意为推进这一战略的深入实施再尽绵薄之力。

助推"全民阅读"上升为国家战略

2016 年 4 月 23 日，这一天是世界读书日。当天，《光明日报》"光明阅读"版头条发表了我创作的《全民阅读歌》。

全民阅读歌

熙攘人群中，何处是家园？

茫茫黑夜里，点亮灯一盏。

读书兴民族，势壮如龙磐。

读书强国家，旧貌换新颜。

读书塑灵魂，美德代代传。

读书长智慧，多读医愚顽。

读书怡性情，其乐不可言。

春读禾苗长，夏读静心田，

秋读气清爽，冬读不惧寒。

晨读伴日出，鸡鸣五更天。

夜读最静好，灯火照无眠。

年少宜趁早，朗朗声远传。

中年苦读书，攻坚不畏难。

华发读书乐，夕阳霞满天。

大家来读书,奋力效先贤。

大家来读书,全民总动员。

大家来读书,书香满人间,

大家来读书,中国梦灿烂。

每次被邀请去做关于"全民阅读"的演讲,我都要读《全民阅读歌》,以此来激发人们的阅读热情,也表达自己的理想信念和追求。

关于"全民阅读",我最现实的理想和追求,是助推其上升为国家战略。党的十八大以来,党和政府以及全国人民更加重视阅读。"全民阅读"还处于上升为国家战略的过程中,虽尚未真正成为国家战略,但相信终将成为国家战略。一己之力虽弱,但集众力必成大功。我相信这一天终究会到来。

在赴各地的演讲中,在接受媒体采访时,在向领导建言献策之际,我都呼吁、建议把"全民阅读"作为国家发展战略。我们欣喜地看到,以习近平同志为核心的党中央高度重视"全民阅读"工作,采取了多项措施,也取得了

三联书店积极参与推广"全民阅读"活动(前排发言者为作者)

重大成果和明显成效，民众阅读热情愈发高涨，"全民阅读"欣欣向荣。在社会各界的合力推进下，"全民阅读"进入了一个新的发展阶段。2017年4月19日，"全民阅读"工作会议在湖南省长沙市召开，总结了十年来"全民阅读"工作的经验，肯定了取得的成绩。现在全国有200多个城市、1100多个县区都开展了丰富多彩的"全民阅读"活动。国家新闻出版广电总局加强了对"全民阅读"的规划和指导，在大力推动上下功夫、见实效；文化部加大了对图书馆的建设力度，让阅读从图书馆开始；全国妇联组织开展了一系列亲子阅读活动，如有的地方开展的"小手拉大手 全家来读书"活动，让书籍进入千家万户；北京市搭建了"全民阅读季"公共服务平台，助力首都文化中心建设；上海市引领风尚、创新回归，打造了数字化时代的"全民阅读上海样本"；湖南省构建全民阅读生态圈，践行氛围阅读；江苏省着力打造"书香江苏在线全民阅读"平台，出台多项有力保障措施；湖北省加强顶层设计，激励阅读创新；广东省用"书香岭南"引领读书方向；深圳市持续开展"全民阅读月"活动，用立法的形式保证"全民阅读"活动的深入开展。全国的"全民阅读"工作呈现纵向贯通、横向联动、多方协同的新局面。2017年"全民阅读立法"工作已步入快车道，国家将从法制上保障公民阅读的权利。这一切都表明，"全民阅读"正处于逐步上升为国家战略的进程中。

在这种新形势下，我推进"全民阅读"工作的重点有四个，即上升一个高度——把"全民阅读"上升到国家战略高度来认识；发挥一个作用——发挥各级政府在推进"全民阅读"中的主导作用；制定一个规划——促进和带动有关城市和地方制定"全民阅读"规划；倡导一个概念——提倡纸质阅读和电子网络阅读并重的"全阅读"。

所谓"上升一个高度"，就是把一般的分散阅读、个人阅读上升为国家战略，成为增强国家文化软实力的一个重要举措。

过去，我们的阅读更多的是为了改变命运而读书，为了改变环境而读书,这些没有错。比如说"书中自有黄金屋,书中自有颜如玉""几百年人家无非积德,第一等好事只是读书""数百年旧家无非积德,第一等好事还是读书",其中说法不同,立意一样。又如"传家无别话,非耕则读;裕后有良方,惟德与仁""万般皆下品,唯有读书高"。现在国家提倡"全民阅读",阅读就成为一种国家行为,是国家借助国力服务民众、引导民意、凝聚民心、提高国家软实力的一种行为。

我注意到,一些发达国家和发展较快的国家都是把阅读作为自己国家发展战略的。可以说,阅读在国家的发展当中起着举足轻重的作用。据报道,有这么一个故事,说是美国利用图书赢得了二战。故事是这样说的:二战期间,美国政府为了改变战地生活的枯燥寂寞,提高士气,向军队提供了12亿本小巧便捷的军用图书,每个战士在配发枪支、罐头的同时,还配发图书。战争打赢,这些图书功不可没。这个故事也再次说明精神需求与物质需求一样不可或缺。同时也说明,阅读不仅是一种个人行为,也是一种国家行为,必要时需要由国家集体来组织实施。在德国,"全民阅读"也是被作为国家的发展战略来推广的。德国经历了两次世界大战,能够重回世界强国的巅峰,离不开阅读的力量,而德国人阅读的背后离不开政府的硬件支持、社会的广泛呼吁以及阅读习惯的传承。假如德国人没有良好的阅读习惯和出色的阅读能力,他们就不可能从二战后那种几近被"毁灭"的境地中重新崛起。以色列,这个战事不断的国家,在全球人均读书量方面也是排位非常靠前的。以色列人普遍认为,阅读应该是每天的习惯,而不是一年一次的事情。据统计,犹太人虽然只占全球人口的0.23%,但是在20世纪的645位诺贝尔奖获得者中就占了121位,比例高达18.8%,获奖人数高居世界各民族之首。2001年12月,《少年儿童读书活动推进法》在日本国会通过,该法规定设立"少年儿童读书日",并确定推进少年儿童读书活动的相关政策,有了法规保障,政府在少儿阅读上的资金投入大大增加。该法还将每年的4

月 23 日定为"儿童读书日",这一天前后也都会举行与儿童读书有关的活动。2005 年 7 月,日本国会通过了《文字及印刷品文化振兴法》,该法在明确国家和地方公共团体职责的同时,通过规定相关的必要事项来推进阅读活动、出版活动等。该法还将日本读书周的第一天——10 月 27 日设立为"文字及印刷品文化日",提倡书籍出版,支持出版社的权利和图书馆的建立等。它秉承的理念是:保障所有民众在任何条件、任何场所,均能平等享受阅读的权利。

每个国家的国情不同,倡导"全民阅读"的方式不同,实施"全民阅读"的战略不同。但有一点是共同的,就是国家引导支持,用法律规范,发动社会力量广泛参与,最终使读书成为个人的自觉行为,提高公民素质,在国家发展和未来竞争方面形成潜在能量和显性能量。国家战略不是一般的政治号召、舆论引导,而是具有战略目标、战略规划、战略措施、实施细则的战略,它要有法律保障,它是同国家交通、能源等基础建设同等重要的一个重大战略措施,是一个具有长远眼光的"久久为功、长期发力"的战略选择,是全员参与、全员受惠、有组织有计划的国家行动。作为一个读书人、一个倡导阅读的人,我自然身在其中,就好比我已坐在一条船上,我也要出把力使这条船尽快前行,尽管力量有限。

所谓"发挥一个作用",就是发挥各级政府的主导作用。本届政府在四次政府报告中都提出"倡导全民阅读",2017 年的政府工作报告进一步将"倡导全民阅读"变为"大力推动全民阅读",这不仅仅是词义上的变化,这更加说明国家对"全民阅读"的重视,要持续地予以推进。这也标志着政府作为重要"推手",将在"全民阅读"中发挥更大的推动作用,表明这不是一般的号召,而是实实在在的行动。各级政府从报告中得到了明确指令,应将"全民阅读"作为政府工作的重要内容,就推进工作做出具体安排,考察实施效果,有关责任人责无旁贷。

根据这一变化,我将"政府在推动'全民阅读'中的地位、作用及存在的问题"作为调研题目,先后在贵州、广西、云南、新疆、北京等省市调研,还深入到遵义、哈密、吉首等中小城市,考察政府在推进"全民阅读"中的作用,写出调研报告。政府如何在"全民阅读"中发挥作用? 首先是各级政府领导高度重视并起带头作用,其次是加强规划、指导,再次是政策保障,特别是给予经费支持,最后形成有利于读书的良好氛围。过去在倡导"全民阅读"时,我们多强调党委宣传部门和工、青、妇等有关部门的作用,对政府的作用重视不够。现在强调政府的作用,并不排除已有部门的作用,各方面形成合力,就能推动"全民阅读"深入持久地开展。因为政府在规划、落实、政策支持、经费保障方面确有独特作用,如何发挥好,这是我调研的重点。我调研的内容主要有:政府的作用如何落到实处,各级政府如何加强规划、如何当好"推手"、如何增加资金投入等。我先后提交过《关于帮助实体书店走出困境的建议》《加快全民阅读立法的建议》《加大图书馆经费投入的建议》等,这方面的调研还将持续深入进行下去。

所谓"制定一个规划",就是在全民阅读中要搞好规划,不能"脚踩西瓜皮走路,滑到哪里算哪里"。从中央到地方都要制定"全民阅读"规划,明确"全民阅读"的阶段性目标、任务,指导"全民阅读"活动有序进行,并逐步扩大其成果。2016年12月27日,历经三年编制的《全民阅读"十三五"时期发展规划》向社会发布,这是我国制定的首个国家级"全民阅读"规划,其主要意义用一句话概括就是:为打造书香社会提供指南,使"全民阅读"工作健康有序、持之以恒地发展。《规划》除首次以九项任务科学界定了"全民阅读"的范围(这九项任务是:举办重大"全民阅读"活动,加强优质阅读内容供给,推动"全民阅读"深入基层、深入群众,大力促进少年儿童阅读,保障困难群体、特殊群体的基本阅读需求,完善"全民阅读"基础设施和服务体系,提高数字化阅读的质量和水平,组织引导社会各方力量共同参与,加强

"全民阅读"宣传推广），还提出了"全民阅读长效机制建设工程"这一任务，要求建立"全民阅读指导委员会"，建立"书香社会指标体系"，细化并确定了28个"全民阅读"重点工程和项目，从阅读氛围、阅读活动、阅读内容、阅读设施等方面提出原则要求。目前，全国已有700多个城市开展"全民阅读"活动，活动方式、内涵、水准有所参差。现在有了规划界定的范围和确定的原则要求，全国的"全民阅读"水准有望在五年内得到较大提升。

现在有些省份，根据全国的总规划，从自己的实际出发，已制定本省的"全民阅读"规划，如江苏、福建、安徽等省已经发布自己的《全民阅读"十三五"时期发展规划》。在一些地方和城市制定规划时，我借前去调研的机会，为之介绍其他地方制定规划的经验，并结合当地实际情况提出建议。比如对遵义市红色书香城市建设，我就提出过如下建议：

（一）站在更高的高度认识全民阅读对城市进步、社会发展的重要作用，将全民阅读纳入重要议事日程，扎扎实实地大力推进。这是一个涉及地方发展的战略选择，这是一个功在当代、利在千秋的好事，这是一件有利于提高民众幸福指数的善事。

（二）制定遵义市全民阅读发展规划。按照国家《发展规划》的要求，结合遵义市特点，借鉴外地经验，以2017年"世界读书日"各项活动为契机，抓紧制定遵义市"全民阅读"发展规划。这个规划应当包括：目标和任务，落实任务的具体措施，全民阅读指导机构，书香城市指标体系，各项保障措施，重大活动安排等。

（三）突出遵义城市特色，把红色文化和阅读文化结合起来，打造"红色书香城市"。在组织阅读中，以红色为基调，以传承发扬遵义会议精神为主线，以建设小康社会为目标，使自己的全民阅读活动形成鲜明特色，让红色遵义形成浓厚的书香氛围，增加对游客的亲和力。

（四）以新华书店、民营书店和各级图书馆为依托,加大投入,改善服务,形成有利于阅读的场所,建设便民书吧,在文化活动场所设立阅读室,为各类读者创造阅读条件。

（五）创新吸引、激发全民阅读积极性的活动,最大量地把读者引导到活动中来。如建立全民阅读共享平台;打造图书馆服务网络;和省内外出版社合作,利用出版社提供的优秀出版物,建立乡村阅读中心;邀请著名作家去书店签售或到图书馆办讲座,和读者交流、分享读书心得,凝聚更多人气等。

所谓"倡导一个概念",就是倡导传统纸质图书和网络阅读并存的"全阅读",既重视纸质阅读,又重视网络阅读,使二者共存共兴,在一个阅读个体上得到和谐体现,让读者享受"全营养套餐"。我做过深入调研,感到在现实生活中一些人的认识有偏颇,存在肯定一方面否定一方面的问题,不是两扇门全打开,而是打开一扇门,关上一扇门。我觉得在当今时代,只强调传统阅读或者是只强调网络阅读,都是不全面的,因为两种阅读各有优点、各有特长,网络阅读偏重于知识和信息收集,传统书本阅读偏重于思想和理论思维,"全阅读"才是全方位、全营养的,一个成长中的年轻人或者一个完整的人应该"全阅读"。我在深圳、北京的多次演讲中都提到这个观点,既要重视网络阅读,又要重视传统阅读,不可偏废。传统阅读使我们增加知识、促进思考、增加智慧,是中华民族几千年传下来的阅读方式,而且几千年所传下来的涵盖中华文明和世界文明的图书,都是知识、经验的集聚。同时,我们也要重视网络阅读,网络阅读有它的便捷性,也有它的前沿性,在网上阅读有八面来风的感觉。如果我们偏重于信息的快速获取,或有其他方面的需求,我觉得网上更便捷一些,不能予以截然分隔。

另外,在阅读的方式上,各自有不同的便利条件。比如白天,我们阅读的时候,借助互联网阅读很方便。但是晚上躺下来的时候,我们拿着一卷书,可能会有不同的感受,有的人不摸着书就睡不着觉,可能摸着手机就没有这样的感受,浓浓的书香也是别的东西所替代不了的。总之,要培育全面的人,实现人的全面发展,就要倡导"全阅读"。据统计,我国网民有 6.5 亿人左右,手机阅读的有 5.5 亿人左右,这是个很大的群体,我想,这里面肯定包括很多年轻人。年轻人阅读,通过现代的技术、现代的网络去阅读,首先是值得肯定、值得点赞的,读总比不读强。但是,又有区分,网络阅读、手机阅读和传统的书本阅读,确实有所不同。我记得有个老同志问我,老樊,你现在在全国倡导"全民阅读",现在每个人手里都拿着手机,都在读,还用倡导什么"全民阅读"?我说情况是不一样的,虽然都在读,但是有的可以称之为读书,有的是在浏览信息,它们有所区别。

当然,在两种阅读并存的情形下,要更加重视传统阅读。为什么传统阅读应得到重视?大家都知道,一本书,专家写了好几年,积累了几代人的知识才写成,这本书有知识,有思想,有深度。但是互联网上的信息,大家都是自媒体,有些是即时性的,有的是灵感一现写出来的,有的是经过了深思熟虑认真写的,情况很不一样。我们提倡手机阅读、网络阅读,更提倡深层次的有思想性的传统阅读。传统阅读永远也不会消失,因为有社会的需要。引导、鼓励更多人读书是积德行善,是让每个人成长进步。我对此有深刻的体会。现在,人们对很多事情都有自己不同的看法,但是让人读书、劝人读书,大家是众口一词地赞成,无论是民间还是高层领导,大家的意见完全一致。我想通过我的努力,能够让更多人读书,让更多人通过读书改变个人命运。

我愿意把推广"全民阅读"作为毕生的事业,继续做一些实实在在的工作,一直做下去。环境不治理,天空是灰暗的,人要不读书,心灵是灰暗的。如果国民都能将阅读当成一种习惯,让手不释卷真正成为一种社会风气,我们国家和民族的前途就会更加光明。

找准"全民阅读立法"的难点

2017年3月31日，国务院法制办向社会公布了《全民阅读促进条例（征求意见稿）》，公开征求民众的意见，目的是增强立法的公开性和透明度，提高立法质量。这意味着"全民阅读立法"工作进入了快车道。在公开征求意见之前的1月中旬，我就收到了国务院参事室转来的国务院法制办"关于征求《全民阅读促进条例（送审稿）意见的函》"，已"先睹为快"。之所以要征求我对拟出台的《全民阅读促进条例》的意见，是因为我和张抗抗、王京生参事曾向国务院领导提出了《关于加快全民阅读立法的建议》。征求我们三位参事意见，一是算作"回音"，二是再听听我们的意见和看法。我一字一句读完，认为这一将要出台的法规已经成熟，除个别文字有一些改动外，没有提出具体意见，只是在附件送审稿说明中讲到立法进程时，加了一段话："2015年11月，国务院参事樊希安、王京生、张抗抗经过深入调研后，向国务院领导提出尽快出台《全民阅读促进条例》的建议，受到国务院领导和有关部门的重视。"这也算"立此存照"，记录我们做过的一件事情，也算为促进"全民阅读立法"尽快出台，做过一点小小的贡献吧。

作为一名出版工作者，一名推广"全民阅读"的志愿者，我自然关注"全民阅读立法"工作的进展情况。

2006年，中宣部、中央文明办、新闻出版署等11个部门联合发起开展"全民阅读"活动的倡议。2007年"世界读书日"之前，中宣部等17个部门再次联合发出倡议：以"同享知识，共建和谐"为主题，开展"全民阅读"活动。2009 年，中宣部、中央文明办、新闻出版总署在深圳联合召开"全民阅读"活动经验交流会，就进一步深入开展"全民阅读"活动展开深入交流。

随着"全民阅读"活动的深入开展，期间一些问题也随之凸显，如国民阅读公共资源和设施不足、不均衡，"全民阅读"工作需要法律保证统一规划、组织保障和经费支持等。如何推动"全民阅读"可持续发展，为"全民阅读立法"的呼声越来越强烈，开始受到社会关注。

2012 年 11 月，党的十八大报告历史性地写入"开展全民阅读活动"，标志着"全民阅读"已经成为党中央的一项重要战略部署。

2013 年全国两会期间，全国政协委员，时任新闻出版总署副署长邬书林提交提案——《关于制定实施国家全民阅读战略的提案》，建议把"全民阅读"上升为国家战略。厉以宁、葛剑雄、王明明、白岩松、陈建功、何建明等 115 位政协委员均在提案上签名。提案中，明确提出了"由全国人大制定'全民阅读法'、国务院制定'全民阅读条例'"的建议。

几年时间过去了，党和国家高度重视"全民阅读"的立法背景已经具备，党的十八大以来，"全民阅读"活动的全面深入开展，也为立法奠定了良好的社会基础。此外，国内外"全民阅读"相关立法先例为《条例》的制定提供了丰富的经验借鉴。世界主要发达国家都将推动"全民阅读"视为提升国家综合实力的核心要素之一，从国家战略的高度，通过政府立法推动"全民阅读"，取得显著成效。如美国的《卓越阅读法》（1998 年）、《不让一个孩子落后法案》（2002 年），日本的《关于推进儿童读书活动的法律》（2001 年），韩国的《读书振兴法》（1994 年），俄罗斯的《民族阅读大纲》（2007 年）等。江苏、湖北、辽宁等地已经出台的地方"全民阅读"法规，为国家层面的阅读立法工作提供了重要参考。既然如此，《全民阅读促进条例》为什么还"光听楼梯响——不见人下来"，迟迟未能出台呢？

2015年10月18日,我赴贵阳参加贵州孔子学院举办的中华古籍图书展,遇到新闻出版广电总局副局长吴尚之,交谈中谈起"全民阅读立法"这件事。我了解到目前进程和遇到的问题,问吴尚之副局长:"您看需不需要我从国务院参事的角度,进行深入调研后,向有关方面建言献策,从中推动一把呢?""太好了,老樊,我们支持您就这件事调研和提出建议!"尚之副局长说。他当即交代与之同行的有关部门负责人和我"对接",介绍有关情况,提供相关资料。回到北京后,我们立即开始有关"全民阅读"工作的调研。此项工作本已列入年度工作计划,我现在便把它作为年度建言献策的重点突出出来。

这一课题是我和张抗抗参事提出的,和国务院参事、原深圳市委常委、宣传部部长王京生沟通后,他很支持,而且正在深圳推进"全民阅读立法"工作,并已取得重大进展,深圳市人大有关部门正在抓紧工作,预计年底可由市人大通过。他说:"你们来深圳调研吧,咱们一起推进这项工作,这对深圳'全民阅读立法'也是一个推进。"正好,十一月份一年一度的"深圳读书月"邀请我和张抗抗去参加活动。就这样,我们把"全民阅读立法"和调研的重点定在了深圳。

听说我在进行推进"全民阅读立法"工作的调研,一些朋友不以为然。说:读书还要立法啊? 读与不读不是个人的事吗? 国家管那么宽干吗? 我不读书,你还把我捆起来,判我几年刑啊? 再深入一了解,有这种想法的人还不少。包括我调研的一些政法部门、立法部门的有关工作人员也有这个想法。说:"国家立法资源这么紧张,哪有精力去管个人读书的事。"也有的说,读书是软法,人家不读书,你也不能把人家怎么样。了解到这些情况,经过深入思索,我认为找到了"全民阅读立法"难以推进的症结所在,一些人心中存在深深的误解,这种误解就是不能推进的难点。知道了误解,就必须消除误解,找到了难点,就要破除这个难点。结合"全民阅读"的实践,针对"全民阅读立法"中的难点,我请教有关法学专家,还翻看了不少法律、法规、条例,从而较为深刻地认识到"全民阅读立法"具有特殊性。

"全民阅读立法"不同于其他法律,民法、刑法或其他一些法律是调解人与人之间关系的,我的权益你不能侵犯,你要是侵犯了就要通过法律途径来解决,这是其他法律立法的立足点。但是"全民阅读立法"调解的不是人与人之间的关系,它调解的是人和政府的关系,它对政府提出了明确的要求,政府必须代表国家保障"全民阅读"的顺利开展,保障民众的阅读权利。所以说,"全民阅读立法"有特殊性,有自身的特点,它不同于其他法律。此外,"全民阅读立法"和其他法律还有一个不同,那就是其他法律规定你必须坚决遵守,是硬约束。而"全民阅读立法"则有硬性和软性两个特点。所谓硬性,就是它规定政府必须履行法律责任,比如说在多大范围内开设多少书店,在多大范围内建设多少图书馆,每年的财政预算该拿出多少钱来支持"全民阅读",这是硬性的规定,必须做到。如果政府做不到,就要拿政府问责。而对民众来说,则主要是引导阅读的问题。通过开展"全民阅读"活动,在全社会形成浓厚的阅读氛围,使人们受到熏陶、受到引导,这就是所谓的"软约束"。

有了上述认识,心中豁然开朗。我在执笔写给国务院领导的建议中,在讲了"全民阅读立法"的必要性和紧迫性之后,重点讲了立法的特殊性。报告中写道:

我们在调研中感到,"全民阅读立法"具有特殊性。它不是"强制人去读书",不是规范个人行为习惯,而是规范政府和相关部门的行为,保障公民享有更多的阅读权利。"全民阅读立法"对政府和对百姓的要求是不一样的。这是一种新型的"促进型法律",重在促进某项事业的发展,而非管制与约束,如我国已经出台的《促进科技成果转换法》《民办教育促进法》《中小企业促进法》,其性质是完全一致的。全民阅读法规对政府是强制、义务和责任,对公民是权利、保障与促进。通过明确规范政府在全民阅读活动中的行为,为公民提供更多的资源、产品和服务。

"全民阅读立法"的特殊性还在于,它不能被其他法律法规所替代,阅读是一个"塑造灵魂"的工程,更多的在精神层面发生作用,全民阅读促进条例和其他法律法规相配合,形成完整的保障公民享有文化权利的法律体系,在增强我国竞争实力,持续发展能力,全面实现小康社会中具有重要意义。因此,很有必要加快立法进度,让《全民阅读促进条例》尽早出台。

我们这一次调研"一举两得",一是在一定程度上加快了深圳市"全民阅读立法"进程。2015年12月24日,《深圳经济特区全民阅读促进条例》由人大表决通过。深圳市自市委、市政府2000年创办"深圳读书月"以来,持续十五年开展"全民阅读"活动,被联合国教科文组织授予"全球全民阅读示范城市"称号。读书在改变城市形象、促进城市发展方面起到了促进作用。《深圳经济特区全民阅读促进条例》明确规定政府和有关部门的职责,

作者(中间)在山西参加推动乡村"全民阅读"活动

制定阅读推广办法、阅读保障措施,建立了推动"全民阅读"长效机制,使"全民阅读"活动可持续发展,更好地保障市民的阅读权利。二是以深圳全民阅读立法为借鉴,以江苏、辽宁、湖北等地立法经验为参照,提出了尽快出台国家层面的《全民阅读促进条例》的建议,收到了较好的成效。

通过这次建言献策,我更加深刻地体会到,工作中的难点就是全局的重点,找准难点才能抓住重点,突破重点才能赢得全局。

助力实体书店突破发展之困

在一些国家,遍布城乡的教堂,是他们的精神高地,这里传播宗教信仰;在我国,城乡广见的书店是我们的精神高地,这里传播思想、理论和知识,为社会主义建设提供正能量。新中国成立之初,在城市最繁华、最主要的街道都建有新华书店,书店、银行、百货店和邮局分立于主要街口的四角,成为一道亮丽的风景,也成为我们这一代人难忘的记忆。

实体书店在"全民阅读"中的作用不言而喻,它负责把人们阅读的书籍送达、流通到读者手里,并为读者提供阅读场所,让读者享受和阅读有关的各种活动和便利。它是"全民阅读"不可或缺的链条,同时也是开展"全民阅读"的一个个驿站。2016年以来,国家出台了一系列针对实体书店与零售业的政策法规,如11部委联合印发的《关于支持实体书店发展的指导意见》提出了支持实体书店发展的六大任务,明确了扶持实体书店的五大政策措施,要求到2020年"基本建立以大城市为中心、中小城市相配套、乡镇网点为延伸、贯通城乡的实体书店建设体系,形成大型书城、连锁书店、中小特色书店及社区便民书店、农村书店、校园书店等合理布局、协调发展的良性格局"的发展目标;国务院办公厅印发《关于推动实体零售创新转型的意见》,从根本上对实体书店转型发展提供了发展思路与实质支持。一系列扶持政策给实体书店发展带来利好,有力地支持与推动了实体书店的转型发展。新华书店经过调整布局,已建立起大书城、中心门店、小网店、特色书店相结合,覆盖城乡的"大中小特"书店并存的较为完善、成熟的图书发行体系。民营书店加大了门店拓展与转型升级的步伐,以言几又、西西弗、方所、钟书阁为代表的全国知名民营连锁书店,通过资源整合、资本运作、联合运营等举措,快速扩张,短期内将门店开到了全国各地。以京东、当当为主的图书电商,通过开设线下门店以增强体验,巩固、提升图书市场占有率。实体书店这些发展变化让人欣喜,令人振奋。

我对书店情有独钟,书店是我常去的地方;在三联书店工作时也办过书店,对书店有几分感情。我任国务院参事后把关注点聚焦在"全民阅读"上,对实体书店的生存发展状况尤为关注,每到一地,都要去新华书店看一看。许多闲暇时间也都用在逛书店上面。套用一句俗话:不是在书店,就是在去书店的路上。因此,我对实体书店遇到的困境也较为清楚,看到一些书店倒闭为之痛心。2015年年初,我在国务院参事室立项的题目是"破解实体书店困局的几点建议",和作家张抗抗、学者邓小楠等几个参事一起就实体书店生存发展状况进行深入调研。我们走访了广西、贵州等省市的书店、出版社、新闻出版和文化管理部门,用近半年时间了解当前书店业的情况,探寻实体书店存在的困境及其原因,向国务院领导提出支持实体书店发展的建议。调研完成后由我执笔写了调研报告:

我们认为,党的十八大之后,国家进一步实施文化发展战略,开展全民阅读受到前所未有的重视。政府工作报告三次写入"倡导全民阅读",对我国出版发行业形成明显的拉动效应。李克强总理在地方调研时,先后去了杭州的晓枫书屋,成都的见山书局、散花书局,去考察,并购书,以实际行动对实体书店予以扶植和关怀。2014年年初,财政部、国家税务总局发布《关于延续宣传文化单位增值税和营业税优惠政策的通知》,免征图书批发、零售环节增值税,大大减轻了实体书店的经济负担。在国家宏观政策影响下,在城市文化建设的总体氛围中,北京、上海、浙江等省市每年都直接拨付一部分资金,用资助、辅助、奖励的方式鼓励发展实体书店。一系列举措产生了联动效益,在帮助书店业走出困境方面产生了重要作用,使书店业开始步入回暖期。

除了国家政策的利好,一些实体书店也主动创新、转型、升级,成为适应市场需求的成功案例。我们在广西、贵州重点考察了民营书店西西弗书店。

创建于1993年的西西弗书店,目前已经成为贵州省规模最大、辐射面最广、服务质量最好、读者最多的综合性实体书店,在转型升级过程中,西西弗书店通过提升读者的空间阅读体验,产品线细分,以及多元化的经营方式,实现了发展瓶颈的突破,目前已在全国开办连锁店48家,预计到年底开店到100家。传统的新华书店也在转型潮中不断自我调整,如哈尔滨开办具有特色的果戈理书店,沈阳开办东北首家24小时歌德书店,四川文轩建立社区书店,河北新华、河南新华开办校园书店,各地新华书店改革创新,开创书店与图书馆相结合,与体验式文化中心相结合,线上线下有机互动,跨界经营、功能多元的多种模式。更为可贵的是,在大众创业、万众创新的热潮中,不少年轻人进入书店业,开办了一些小而精的专业书店,像广州刘二囍的1200书店就办得非常好。

催生了一大批融入新鲜血液的新型书店、书吧、书房、书院。因为最近两年来我一直在外面跑,看各种各样的书店,已经深刻地感受到我们书店业正在革命,春江水暖鸭先知,自己对此有很深的感受,现在实体书店的转型工作取得了很大的成绩。所有的新华书店在改造的过程当中,都尽力往文化体验中心方面去发展,这大大地加强了和电商的抗衡力度,因为电商虽然快捷、便宜,但到底没有人会到线上去进行阅读体验。现在我们阅读体验店在各地发展得很快,比国外一些书店和台湾的诚品体验店有过之而无不及。我到广州永泰新开的一家生活体验书店看了以后，确实感到非常震惊，也感到非常新奇，这类书店引进了大量的动物模型，有的动物都很贵，有的好像比实际动物还要贵，摆在各个角落和书放在一起，你在这里想和黑熊亲近，就可以抱抱它，还可以抱着它照相，在这里不仅可以和动物密切接触，还可以作为播音员尝试一下播音，还可以尝试 3D 打印技术，等等。15 年前，国外的书店里都有咖啡、简餐、面包，当时在我们国内书店还是比较少的，但是现在所有新开的书店里都有这样的服务，而且都围绕着主业进行了多元经营。

在写这份报告的时候，对于要不要把前面的成绩写充分，我考虑了很久，最后我坚持要把这些成绩充分反映出来。因为国家投入了那么多钱，领导那么重视，现实状况确有很大改观。我们要一分为二地看问题，要全面地反映情况。

同时，我们在调研中也发现，尽管实体书店的生存发展现状有所改善，总体经营状况有所好转，但实体书店的生存发展依然不容乐观。近年来，各地有多家书店倒闭，一些书店处在资不抵债，苦苦挣扎之中。2014 年全行业共实现出版物销售总额 3039 亿元，比上年度减少 4.8 亿元。全行业实现出版物销售总额 3000 亿元，比上年度减少 4.8%。2014 年单体零售书店零售额总体出现下降，全国出版物零售单位实现出版物零售总额 656 亿元，比上年度减少 101 亿元。2014 年全国民营发行业实现出版物销售额 1195 亿元，比上年度减少 29.8 亿元。以广西为例，乡镇实体书店以平均每年 40 家的速度在减少，2013 年至 2015 年，广西全区县级出版物发行网点和乡镇销发货数量呈逐年递减的趋势。县级新华书店网点销售一般图书多为亏本经营，为增加收入，减轻负担，依赖其优越的地理位置，出租部分门面，或者实行混业经营，虽然图书数量没有减少，但是实际上减少了出版物的销售面积。贵州的状况也大体如此，2014 年民营书店 2282 家，比上年度减少了 76 家，2015 年贵阳市新华书店减少了 10 个销售网点。

出现上述情况，主要有以下几点原因：

第一，在城市发展过程中，缺少对书店等文化设施的布局规划，实体书店的生存空间受到挤压，读者无法享受便捷的阅读服务。书店作为社会文化生活的重要符号，在很多地区，往往没有随着城市规模的扩大和读者对于阅读日益增长的需求而加速发展。一些地方在城市改造建设中，未做好实体书店网点布局规划，导致部分区域没有书店，或少有书店，还有一些地方原有书店拆除后，不能就地完整返建，这个问题也还是比较严重的。我们在下面调查当中掌握了大量的情况。有些书店本来在城市里最突出的位置，改革开放以后出现了新的拆迁潮，很多新华书店被置换到边远的地方。有的虽然迁回来了，但是没有如数归还面积；还有的虽然迁回来了，但不在一楼，在四楼了。比如说现在的王府井书店，也是因为很多专家和全国舆论界一致呼吁，才把王府井书店现有规模保留下来的。

第二，实体书店客流量和购书人群逐渐减少。随着社会文化、娱乐方式的多样化，人们生活节奏加快，阅读氛围淡化，阅读群体减少。此外，电子化阅读迅速推进，改变了人们的阅读习惯，其便捷性和时效性让越来越多的年轻人开始接受并欣赏这一阅读方式，减少涉足实体书店。而电商平台，以其价格低廉、送货上门等业态优势，抢去了部分以往来书店购书的人群，产生了较强的挤占效应，如今，很多实体书店往往沦为电商平台的线下体验店。

第三，实体书店经营成本不断上升。我们走访的业内人士反映，现在实体书店的租金和物业费都占到了经营成本的 40% 到 50%，人工成本约占 20%，而真正投入到图书上的只有 20% 左右。近十年来，房租和人员工资的涨幅已经远远超过书店自身盈利的增长。一般图书销售利润很薄，扣除各种费用,利润微乎其微,一些书店试图通过缩小面积、更换地址、削减店员的方式压缩成本,但收效甚微,在高房租等多重压力下,一些实体书店往往入不敷出,资不抵债。

第四,传统书店经营模式和理念陈旧,改革发展遇到瓶颈。新华书店是传统经营模式的集大成者,虽然没有房租方面的压力,但是相当一部分新华书店经营模式固化,工作人员专业素养和服务意识有待提高。企业退休人员负担过重,房屋产权不清。还有的在改革中因政策发生变化引起纠纷,阻碍了事业的发展。

对破除实体书店发展困境,我们提了以下几条建议:

1. 将实体书店纳入我国城镇化建设总体规划,在城市基础设施建设中统筹布局,在居住社区、大型商圈、学校、机场、车站、旅游景点规划设立实体书店,通过政府的引导和切实的政策优惠,鼓励开发商参与书店建设,对于在城市拆迁中消失的实体书店要尽量原地安置,保证其经营面积,通过合理的城市规划,解决目前公共文化服务网络中最后一公里的服务难题,为广大读者提供最优质的阅读环境和更便捷的阅读服务。

2. 继续实行对实体书店的各项税收优惠政策,并在此基础上扩大范围和力度。对包括民营书店在内的实体书店实行免征图书批发、零售环节增值税,这一政策将于 2017 年 12 月 31 日实施到期,建议延续该项政策,并视情况完善为长期政策。此外,现行的对财政部门拨付事业经费的文化单位转制为企业的单位免征房产税的优惠政策,应扩大适用范围,建议将民营书店也纳入自用房产免征房产税的优惠政策之中。

3. 对实体书店高额房租给予专项财政补贴。新华书店拥有自有房产,基本上不存在高额房租成本,一些商场、写字楼里的新型书店或者书吧,通过市场行为承租到低价甚至免费的经营场地,大大降低了房租成本,而社区书店、独立书店等部分民营书店,因规模小、资金量小,高额房租成为他们最大的经营负担,建议财政部会同新闻出版广电总局、文化部等部门,研究降低实体书店房租成本的细化补贴方案,切实为部分实体书店减负。

请宏观政策层面研究有效办法,解决电商低价销售新书与实体书店构成不公平竞争的问题。建议国家发展改革委员会和新闻出版广电总局重视这一问题,借鉴德国、日本、法国等国家通过价格手段保护书店业的经营,加强行业管理,制定所有售书企业一定时间段内新书不得打折销售的管理办法等措施,形成线上线下依规经营、互利互惠的新格局。

为了解决网店新书打折销售对实体书店形成挤压的问题,我们专程到发改委价格司召开调研会。调研题目是:(一)近年来,我国实体书店严重萎缩,其中原因之一是电商平台以低折扣(甚至低于成本价)销售图书,这是否属于不正当价格行为。(二)可否通过行政手段调控网上图书售价,在一定程度上保护实体书店。(三)有政协委员在今年的两会上提出"新书出版半年内不能低于八五折销售"的提案。贵委如何看待这一提案。参加会议的有我和中国作家协会副主席、全国政协委员张抗抗,北京大学历史学系中国古代史研究中心教授邓小南,国务院参事室参事业务一司三处干部李佳。国家发展改革委员会参加的人员有:价监局副局长李青、价格司收费处处长倪虹、价格司收费处副处长吴波、价监局市场价格监管二处处长韩利、价监局竞争政策与国际合作处处长王火旺、价监局市场价格监管二处主任科员靳静、价监局竞争政策与国际合作处主任科员朱凯。参事们在发言中,介绍了国外的情况,指明存在的问题,提出了我们的建议。双方一起进行了热烈讨论,虽然最终没有形成解决方案,但这一问题引起了国家价格部门的高度重视,提出寻求国家法律支持、加强行业监管、实行行业自律、反对不公平竞争等多项措施。现在网店对实体书店在新书价格上形成的挤压已不如过去那么严重,实体书店的反应也不如过去那么强烈。其原因在于国家对实体书店给予许多实实在在的支持,行业管理进一步加强。更为重要的是,实体书店的自救、自强，找到了和网店竞争的路径，即积极对实体书店进行升级改造，优化服务环境，把书店打造成文化体验场所、读书交流平台、阅读休闲中心。这是具有价格、快捷优势的网店所难以比拟的。"大路朝天，各走一边"，实体书店形成了网店无法替代的优势。相信实体书店在国家政策强有力的支持下，通过创新谋求"自强"，未来的路一定会越来越宽。

作者考察实体书店，背后是著名作家、中国作家协会副主席张抗抗女士

星星点灯：
让 24 小时书店照亮更多城市夜空

　　在一次节目座谈中,我了解到许多新情况:北京市正在大力推进文化中心建设,实体书店受到前所未有的重视,拟开办更多 24 小时书店,满足广大读者的新需求。北京西城区和中国书店联合开办了北京雁翅楼书店,来年还要以国有资本金注入的方式,支持一家民营书店在大栅栏闹市区开办一家 24 小时书店。目前北京 24 小时书店已有 5 家,大兴区还启用了首家 24 小时城市书房。2017 年 10 月 1 日,北京市新华书店开办的 24 小时书店花市店揭牌营业。近日,北京又一家 24 小时书店"PAGE ONE"在前门北京坊试运营,独具一格的装修风格吸引了众多市民,使这里成为闹市中的一片静地。

　　不仅是北京,其他城市的 24 小时书店也在纷纷开办。几乎与"PAGE ONE"前门北京坊店试运营同时,南京凤凰云书坊 24 小时书店启动运营。凤凰云书坊 24 小时书店坐落在南京凤凰广场 C 座二楼,是凤凰出版集团为推动"全民阅读"、建设书香江苏、助力南京申报联合国教科文组织"世界图书之都"而打造的全民 24 小时阅读生活空间,被南京市委宣传部指定为"城市文学客厅",它的周边正形成独树一帜的凤凰 24 小时文化经济圈。在此之前,天津、上海、长沙、青岛、杭州、沈阳、西安、合肥、太原、长春、广州、泰安等不少城市都开了 24 小时书店。可谓"一花引来百花开",三联韬奋 24 小时书店在全国起了引领作用。每当一家 24 小时书店开业,我都予以关注和点赞。一些24小时书店建设我也曾参与其中,做过一点小小的贡献。

安徽合肥新华书店三孝口24小时书店,目前在全国24小时书店中已是出类拔萃者。该店运营以来不断进行经营和服务理念创新,先是"拾荒者在此可以过夜",2017年7月又推出"共享书店"概念,聚拢了大量人气,成为一家"网红"书店。我内心高兴并为之叫好。

记得2014年秋天,我刚从三联书店调入中国出版集团不久,赴一线城市进行市场调研,也为中版图书在实体书店设立专区、专柜做前期准备。在合肥,在皖新传媒的李永红陪同下,我先后考察了合肥图书城、三孝口书店,且边考察边提一些建议。在三孝口书店,我被这里清新的环境吸引住了。这里在皖新传媒曹杰总裁的支持、关注下进行了升级改造,店堂宽敞明亮,环境舒适宜人,以书为主,以书为媒,开展了相关联的多元经营,给人一种"轻新阅读"的气场和休闲的感觉,吸引了大批年轻人纷至沓来。我是上午来的,一般上午书店人较少,但这里却不然。看到这些,我"怦然心动",为什么不开办一家24小时书店?我当即向李永红提出建议并请她转告曹总。恰好曹杰老总中午设宴招待我们,我借机进言:把三孝口书店办成24小时书店。理由如下:(一)书店目前的经营风格适合开24小时书店,24小时经营的目标人群是年轻人、年轻人中的"夜猫子",书店已有的清新之风和24小时书店需求关系高度吻合;(二)书店门前就是地铁站,虽地铁还在修建尚未开通,但一旦开通就会创造更加便利的交通条件;(三)合肥目前还没有一家24小时书店,事不宜迟,赶紧抢占先机。曹总经营有方,聪慧过人,他也有这个想法,故此建议很快成为现实。我离开一个月之后,三孝口24小时书店试营业,而如今成为合肥市一个精神文化地标,成长为全国24小时书店不断创新的典型。

贵州遵义三联韬奋24小时书店于2017年4月23日世界读书日揭牌营业。书店以"红军红"为主题,弘扬红色文化,传承红色基因,在全国24小时书店中以特色著称,努力在推动全民阅读、打造红色文化城市方面发挥引领作用。我应遵义市新华书店总经理刘波邀请,参加揭牌仪式,并为之揭牌。这个书店确有特色,就设在 1935 红军园内。一进园区,店牌高悬,新建筑、新装修,让人耳目一新。红门、红墙,店堂中以出售"红色书籍"为主,墙上挂着冲锋号、马灯、红军草鞋、斗笠,这些红色符号让人遥想红色年代。供人阅读的空间分外雅致,绿植葱茏,充满诗意。我和同去的北京出版发行业协会会长冯俊科、副会长李嘉乐坐下来品味书香,对这家 24 小时书店赞不绝口。

那时的创办过程也经历了一年多。2015 年 5 月,我和张抗抗、邓小南等国务院参事到遵义考察实体书店,见到了老朋友刘波。我在三联书店时曾到遵义销售三联版图书,和刘波这个年轻人结为"忘年交",她也常到北京三联书店。遵义市新华书店这些年改革创新,业绩不凡,走在省内各地市前列。刘波正在谋划深化改革发展,让我"支招",我在考察后提出如下建议:(一)把新华书店旁现已租出去的房屋收回,开办一家 24 小时书店;(二)另择地址,最好选在"红军长征遵义会议旧址"附近;(三)书店以红色为主题,突出"红色胎记",彰显特色。接下来,我提出可从三个方面助她一臂之力:(一)我可以借这次考察的机会将这个建议提交遵义市委、市政府领导;(二)我可以找遵义市新华书店上级主管单位贵州省新华书店、省出版集团领导予以促进;(三)如需用三联品牌,我可以从中协调供其免费使用。在刘波有了明确意愿、下定决心办 24 小时书店之后,我承诺的三件事很快落实。一是遵义市副市长李莲娜有很高的积极性,立即指示文广新局予以协调,特别是对场地予以落实。二是贵州省出版集团董事长彭晓勇、贵州省新华书店总经理李健表示全力支持,并到遵义新华书店现场调研。三是请三联韬奋书店总经理张作珍到遵义考察,就免费使用品牌和遵义市店达成协议。可一年时间过去了,遵义三联韬奋 24 小时书店仍在筹建中,因为场所

作者(左)为遵义首家 24 小时书店开业揭牌

问题进展并不顺利。2016 年 8 月 6 日,我到遵义书城落实"中版好书百店千柜工程",借机又与省、市有关方面接触,对创建遵义三联韬奋 24 小时书店予以积极推进。刘波总经理是个事业心很强的女性,办事风风火火,百折不挠,有点"咬定青山不放松"的劲头。在她的努力下,在遵义市领导和省店的大力支持下, 这一坐落在红军长征胜利转折之地遵义的 24 小时书店终于诞生,并成为这座城市的一张文化名片。

海口市第一家 24 小时书店建立得比较早。北京三联韬奋 24 小时书店开业不久,海南新华书店副总经理陈纯栋到三联拜访我,我陪他到书店转一圈后上楼座谈。陈总说,他们也想办一家 24 小时书店,但场地较小,位置在海南省新华书店所办宾馆的大堂一侧,原来是个咖啡厅,想收回来办个书店,希望三联书店予以支持。很快,我借去海口出差的机会考察了场地,虽然只有 200 平方米,但宾馆的客流加上宾馆外闹市区的人流,人气很旺。面积小不要紧,关键是环境精致,服务精到,书品精良。我给陈总提了以上建议。这个店办起来之后,我曾借到海口出差的机会,在夜晚专程到那里

"体验"了一下,有一种很温馨的感觉。

除了直接参与一些 24 小时书店建设,我还常到一些 24 小时书店考察,学习经验,发现问题,和同行相互交流,探索创新路径。我每到一个城市出差,只要听说这个城市开有 24 小时书店,无论行程多么紧张,我都抽出时间去看一看。我先后考察过深圳书城 24 小时书吧、杭州新华书店解放路店悦览树书房、长春万达商城 24 小时书店、大学生创业者刘二囍开办的广州 24 小时书店 1200bookshop 等。对于刘二囍的书店,我关注得更多,曾多次前去考察,注意观察它的定位和创新之处。当问到书店各种业态经营时,刘二囍告诉我,要特别重视阅读在书店所发挥的作用,"就像用国内生产总值无法衡量一座城市的幸福指数,仅仅用图书销售也无法来衡量一家书店。现在在新兴书店的经营中,图书销售占比并不会太大,但是阅读一定是这些书店的核心部分。没有阅读,书店也就丧失了意义"。在保持总体风格的同时,每家 1200bookshop 都会不断推出不同的"玩法"。例如,第一家1200bookshop 一直坚持每周六零点做深夜故事活动,第三家 1200bookshop推出了"深夜食堂"与私人书房,"深夜食堂"在供应饺子的同时,还举办饮食文化沙龙,私人书房则在书架背后为读者开辟了用于阅读的隔间。我还在他的书店中发现为"背包客"夜里在店落脚辟出的"沙发间",小小的一块地方,却在方寸之间流露出一种情怀,让天涯游子不再落寞。我将此做法推广到了其他一些书店。刘二囍的书店受到了政府的支持,广东省新闻出版广电局局长白洁等采取各种措施予以关心扶持。

24 小时书店在中国大陆的开办是个新事物,需要扶持,更需要观察总结,有条件地予以推广。我注意到一些书店在经营中遇到了困难,比如三联韬奋 24 小时书店清华分店的经营就遇到了困难,济南首家 24 小时书店关张倒闭,武汉一家书店尝试 24 小时运营两年后关张。也有一些书店试水 24小时书店运营之后做出调整,以集中优势资源更好地为核心读者服务。以我的运营经验分析,不是所有城市、所有地方都适合开办 24 小时书店,对此应当有理性认识、科学判断,这也是我多次调研后得出的一个结论。

2014 年 7 月,为了规范和促进这类书店的经营活动,更好地发挥引领和推进"全民阅读"的作用,北京三联韬奋 24 小时书店联手杭州"橄榄树" 24 小时书店、深圳书城 24 小时书吧,共同发起召开全国 24 小时书店创新发展研讨会,全国 11 家 24 小时书店负责人到会,共探发展大计,发表了共同宣言。宣言由我主笔起草,主要内容如下:

一、我们开办 24 小时书店的宗旨是:创新拓展书店服务职能,打造"深夜书房",为广大读者读书提供便利,为推进全民阅读、建设书香社会和牢固树立社会主义核心价值观提供正能量。

二、我们坚持把社会效益放在首位,把读者利益放在首位,不断提高服务水平和服务技能,增加吸引力和辐射力,努力把 24 小时书店建设成城市精神地标和所在区域的文化风景线。

三、我们坚持守法经营,坚持高品位、高格调,为读者找好书,为好书找读者,为读者提供精美食粮,不售格调低下、粗制滥造的书刊,自觉抵制社会上不良风气的侵袭和影响。

四、我们积极进行经营模式创新和书店转型的探索,千方百计满足读者需求,精打细算搞好经营管理,努力提高经济效益,用良好经营成果为 24 小时书店长期生存提供经济支撑。

五、我们呼吁各级政府对 24 小时书店和各类实体书店继续予以政策扶持和持续的资金支持,希望社会各方面对 24 小时书店给予关注和支持,使这一书业新型服务业态得以长期延续。

六、我们建议开办 24 小时书店要从实际情况出发,不要盲目跟风和"一哄而起",要做可行性研究,讲究实际效果。开办 24 小时书店的根本目的是方便读者,促进阅读,利用多种便民服务形式同样可以达到这一效果。

七、我们经过相互友好协商,决定建立 24 小时书店联盟,定期交流和研讨,取长补短,互相促进,在相互学习的过程中共同成长进步。

八、我们欢迎广大读者参与,乐于倾听广大读者的建议,不断改进服务和经营水平,务必获取两个效益双丰收,为文化繁荣和推动社会文明进步做出应有的贡献。

在这次会议上,与会人员一致认识到,开办 24 小时书店最重要和最关键的是,书店和其他文化单位要改变单一的功能,拓展和强化服务读者阅读的功能,为阅读提供时间、场所等各方面的便利,满足不同读者的多重阅读需要。

作者(前排左四)主持召开全国 24 小时书店创新发展研讨会

　　倡导 24 小时书店的本质意义不是说一定要办 24 小时书店。24 小时营业是服务形态的一种变化,把过去买书和卖书的书店,变成一个阅读的场所,一个既是书店又是图书馆的场所,不仅欢迎你来阅读,还给你提供便利。书店应该把这种功能承担起来,无论你是白天开还是晚上开,开 24 小时还是开 6 小时,都没有关系,主要是要把阅读服务开展起来,这样才能在推动"全民阅读"中发挥更好的作用,找到自己的价值。

　　24 小时书店本身是实体书店创新转型的产物,它的经营不应拘泥于原有的陈旧、僵化、固定的模式,而应勇于向更加宽广、深入的方向探索,并在这个过程中积极抓住新的发展契机,探寻新的发展模式,不断拓展新的发展空间,力争为实体书店闯出一条有中国特色的发展道路。只有这样,24 小时书店的文化光芒,才会永远照亮城市的每一个角落,照亮每一位爱书者的心灵。

让"云上乡愁"开出更美的花朵

2017 年 11 月 9 日下午，由云南出版集团下属云南新华书店集团与老挝万象寮都公学共同创办的"中华乡愁书院"，在老挝首都万象正式揭牌。这也是中国文化企业在境外创办的首家"中华乡愁书院"。"中华乡愁书院"坚持以图书为媒介，以文化为灵魂，以乡愁为连接，以活动为载体，以服务为根本，积极弘扬中华优秀传统文化，让海外华人华侨记得住乡愁、留得住乡音、情牵祖国发展。

看到这则消息，我心里格外高兴。为云南新华书店在海外拓展取得的成绩而高兴，也为自己在推介"乡愁书院"经验过程中做出的努力而欣慰。

2017 年 6 月 20 日上午，我在昆明参加由中国出版传媒商报、全国书业教装文创多元经营联盟和云南新华书店集团共同举办的"2017 全国书业教装文创多元经营展订研讨会"，坐在我旁边的是云南新华书店集团董事长杨志强。在交谈中，杨总讲起了他在云南出版集团支持指导下正在建设的"乡愁书院"的事情，这引起了我的兴趣。我说："杨总，可否现在就让人把有关材料送给我？"很快，在会场上，在会议进行中，我拿到并读完杨总让人送来的《云南省百家"乡愁书院"建设情况汇报》。读完之后，我脑海中一个决定即刻形成。我原来的计划是，下午会议结束后去云南、贵州交界的老部队驻地盘县（今盘州市）探亲访友。虽然部队几十年前已开拔，但营房还在，那片浸注我们青春汗水的热土还在,离开几十年了,我多么想再去看一眼啊!年逾六旬,今后的机会越来越少了呀。但是,我毫不犹豫地改变了行程。

我在材料上看到,2017 年以来,云南出版集团认真履行国有文化企业的职责,自觉担当社会责任,提出在云南建设 100 家"乡愁书院"。这一工程由云南新华书店集团负责具体运营。2017 年 4 月 23 日,云南第一家"乡愁书院"在昆明市安宁青龙街道办事处揭牌,接着蒙自"南湖乡愁书院"、腾冲和顺图书馆内的乡愁书院、澜沧的"乡愁书院"等书院启用。至 6 月中旬,已启用四处,富源、弥勒等处的"乡愁书院"也在筹备中。

云南百家"乡愁书院"建设,目的就是要把公共文化服务进一步向农村延伸,把实体书店向乡村延伸,不断推动"全民阅读",不断满足农村群众的精神文化需要,近距离、零距离服务农村群众,丰富农村群众精神文化生活,让阅读进一步成为弘扬民族文化、挖掘农村特色文化、打造新型农村文化的服务阵地,让中华民族优秀传统文化成为人们的生活方式和工作状态;为弘扬社会主义核心价值观提供强有力的精神力量、道德滋养和文化条件,为农民工返乡创业提供精神家园和智力支持;为推进新型城镇化建设、云南省特色小镇建设注入文化元素,提升文化品位,提升云南旅游,特别是乡村旅游的文化品质,引领农村群众生产生活方式转变,促进社会文明进步。充分发挥云南省实体书店的网络资源优势,以州、市、县新华书店网点为支撑,以"乡愁书院"为延伸,整合社会优质资源,形成覆盖面更广、延伸度更高、传播力更强的图书文化服务网络,打造农村文化服务阵地,不断满足基层日益增长的精神文化需求。

云南百家"乡愁书院"建设,计划在两年内完成,每家"乡愁书院"建设规划面积在 100 至 500 平方米,投资额为 50 万元至 100 万元,投资总额为 5000 万元至 10 000 万元。2017 年已经确定选址和计划建设的 60 家,计划投资 4732 万元,建筑面积 8295 平方米。

这一文化惠民工程引起我极大的关注。我过去参观过岳麓书院、白鹿洞书院等，对书院并不陌生。电视剧《白鹿原》中的"白鹿书院"已为观众熟知。书院在我国有着1400多年的历史，融合了讲学、祭祀、藏书、修书四种功能，对我国古代文化教育、学术思想的发展产生过巨大的影响。云南"乡愁书院"和传统书院的功能不同，也不同于一般的书店、图书馆，它是一个面向基层群众的综合文化体，是推动基层"全民阅读"活动的一个有效方式，是文化企业文化惠民的新探索，是个刚出土的新生事物。

我请云南新华书店集团杨志强董事长、李东华总经理给我安排具体考察路线。我要利用在云南的有限时间（此时已是20日中午，我原定22日下午飞回北京）尽可能多地考察"乡愁书院"，去获得更多的感性认识，进而总结推介他们的经验。杨总、李总很重视我这次考察，也希望我在考察中给他们提供一些意见和建议。我们很快便敲定了去考察已建好的安宁"青龙乡愁书院"、蒙自"南湖乡愁书院"，正处于筹建选址中的富源"文庙乡愁书院"、弥勒市的"可邑小镇乡愁书院"，由云南新华书店集团副总经理龚兵陪同，下午3点出发。

这四个地点分属三个市，相距甚远，全部跑完行程在1000公里以上。事不宜迟，当天下午我和龚总冒雨乘车出发了。下午五点半到达富源，由副县长、县委常委宣传部部长陪同去看书院选址。书院拟建在原县文庙里。文庙离县委、县政府很近，与抗战中修建的省级文物保护单位——中山纪念堂紧邻。文庙保存完好，分上下两层，有1000多平方米，现为县文管所使用。县里拟和云南发行集团合作，在此建书院。意向已定，但开办资金、人员编制需要落实。我简单参观之后，和当地领导就书院的功能进行了探讨。

因为大家对这一项目还没有形成统一和明确的看法，我说："这个书店可以卖书，但主要不是卖书，而是引领全民阅读，成为基层'全民阅读'的活动中心，成为一个区域的精神文化高地，应按此功能进行定位，同时要丰富内容,可以把'道德讲堂'纳进来,把当地人文景观的展示和宣传纳进来,如胜境关、古人类生存遗址、名人故居等,让人们受到多方面的文化熏陶和教育。书院应是立足于进行思想、文化熏陶的文化综合体,因此,县里要支持,要投入。文庙外有一个大广场,也可以叫'全民阅读'广场。"在这里,我把我对"全民阅读"的认识、全国"全民阅读"的开展情况,以及对书院的功能定位都讲了出来。晚上吃饭时,大家又进行交流、探讨,一致认为建设"乡愁书院"很有必要,要尽快启动建立起来。曲靖市新华书店总经理特地赶过来,共同研讨,并和县里进行具体对接。晚上,县里安排住在"恒邦生态园",这里是在山上,相隔几重山的数十里之外,就是我曾当过兵的贵州盘县。虽然未能故地重游,内心有一丝惆怅,却为此行有新的收获而欣慰。

第二天疾行 500 余公里,于下午 1 点赶到红河州首府蒙自。匆匆吃一碗"过桥米线",便赶去"南湖乡愁书院"调研。我们到达时,红河州委常委、

作者(左三)在云南蒙自考察蒙自南湖乡愁书院

蒙自市委书记庞俊率市委调研组来此调研刚离开。蒙自市委市政府对开办乡愁书院给予了很大的支持,把南湖边地理位置最好的一处政府公房免房屋租金 10 年给书店使用,还给 50 万元资金作为支持。蒙自市政府有关部门办公条件差,五六位工作人员拥挤在一间只有十几平方米的办公室里,却把全市条件最好的房屋拿出来办"乡愁书院",而且就在诞生了"过桥米线"这一云南名吃的南湖(传说一秀才在湖中岛上读书准备赶考,娘子常来送饭,发现鸡汤能保温而发明了"过桥米线"),着实让人感动。

红河州新华书店也不含糊,在陈应斌总经理的带领下,赶在两个月内完成设计施工,在 6 月 7 日将 350 平方米的"南湖乡愁书院"投入使用。"南湖乡愁书院"总投资约 150 万元,除政府支持 50 万元外,其余为企业自筹。陈应斌总经理是军人出身,做事风风火火,干事业"吹糠见米"。他那天心情很好,因为蒙自市委书记一行来调研,答应会给予更大支持;市里有关部门答应给书店返税 600 万元。我们的到来也促使他对"乡愁书院"的管理、发展进行深入思考。洁净的殿堂,如画的风景,石磨、斗笠、犁杖等引发的乡愁,吸引读者流连忘返。在二楼我们开了一个小型座谈会,听取了情况介绍后,我着重讲了以下几点:

1. 不要把此书院当作一般的书院,要上升到一个高度。"全民阅读"是国家战略,要让"乡愁书院"成为当地的"精神地标",成为红河州的"全民阅读"中心,起到龙头作用。

2. 围绕"全民阅读"工作,多做更有推广意义的活动,引领全市阅读,扩大影响力,突出乡愁文化,成为红河州的文化标识、阅读引领中心。

3. 办好"乡愁书院"要紧紧依靠政府支持。政府投入加企业自筹的模式很好,像蒙自市委市政府这样支持新华书店和重视"全民阅读"工作的在全国还不多见。新华书店要建设好"乡愁书院",讲好蒙自故事,加强队伍建设,多思考如何发挥更大的作用,树立"有为才有位"的思想,争取市委市政府的支持和指导。

紧接着,陈总带我们驱车去河口参观了"国门书店",尔后在夜色中分手,他们回蒙自,我们赶往弥勒市。由于路上车出故障,夜里 11 点才到。第二天一早便按计划去可邑小镇,考察这里的"乡愁书院"。可邑小镇位于弥勒市西三镇,距市区 21 公里。这里已有 360 年的建村历史,传说这是彝族阿细跳月的发源地,彝族传统民居、民族文化和古朴的民风民俗保存得比较完整。拟建中的"乡愁书院"位于镇中心的民族文化遗产传承中心。我们到达时,看见有一位中年妇女在吹树叶,一位老年男子在敲鼓,他们都是非物质文化遗产传承人。就是在这里,我产生了"乡愁书院"应因地制宜、可以有不同模式、不搞整齐划一的想法。只有这样,"乡愁书院"才是接地气的、丰富多彩的。所谓随坡就势、依山造型,应该依据不同的情况去建不同的"乡愁书院"。

离开可邑小镇,我们冒雨驱车赶往安宁青龙镇,到达时已是下午 1 点。雨下个不停,雨中的"乡愁书院"很寂静,几个村民正在阅读图书。街道主任给我们介绍了开办"乡愁书院"的情况。这里原是镇属的一座办公楼,现在只占用一层,下一步继续开发。在这里考察后我提出如下建议:一是把四层楼全部用于"乡愁书院",楼上可开"乡愁展览馆""乡愁旅馆",将这里打造成一处旅游景点,和拟复建中的青龙寺相映生辉;二是把"乡愁书院"建设纳入城镇建设规划,使之成为该镇精神文化地标;三是组织更加丰富多彩的相关活动。这里作为云南省首家"乡愁书院"已经受到关注,不少出版行业从业人员和读者来"取经",新设立的"乡愁书院"开始呈现旺盛的生命力。

龚兵副总经理也是业界老人,我们一路交流,感触良多。考察结束,我本应和杨志强董事长、李东华总经理见面交换一下看法,但航班时间紧迫,只能从青龙镇直接去机场。在去机场的路上,我给杨董事长发了一条短信:"杨总,您好!我们已在青龙镇考察完毕,一路顺利,收获很多。此次考察您

作者(中)在云南安宁市青龙镇青龙书院调研

安排得很周到,龚总很细心,我们一起考察并就此进行了交流。我认为你们的创意很好,推进也很得力。我有一些想法和建议,已告诉龚总,请他向您转述。我回京后会向高层建言献策,推广这一创举。再次感谢您的热情招待和周到安排,祝工作顺利,事业成功!我在去机场路上,就此作别,后会有期!樊希安。"

8月4日下午,借国务院参事在昆明休假之际,我和蔡克勤参事、张红武参事、忽培元参事一起到云南新华书店集团召开云南"乡愁书院"建议调研会。会议由李东华总经理主持,杨志强董事长做了全面情况汇报,云南出版集团董事长李维讲了发起建设"乡愁书院"的动因、设想和前景愿望。我们几位参事从不同角度提了建议。我结合考察,对省内"乡愁书院"建设的基本经验进行了总结。对在国外开办"乡愁书院",我的建议是:仍然以"乡愁"为切入点,以文化来慰藉华人华侨的乡愁,并加大中华文化走出去的步伐。

9月4日下午,我借中直机关劳模在云南腾冲休假的机会,到和顺图书馆的"乡愁书院"进行了考察。至此,从点到面,我比较全面地了解了云南"乡愁书院"的建设情况。经过反复思考,我认为,云南省"乡愁书院"在推进"全民阅读"、丰富农村和基层文化生活方面作用显著,为弘扬社会主义核心价值观提供了强有力的精神力量。应该建议有关部门对"乡愁书院"加强指导、给予支持,对已取得的经验进行总结和推广,发挥典型示范作用。

党的十九大报告明确要求"坚定文化自信,推动社会主义文化繁荣兴盛",提出要"完善公共文化服务体系,深入实施文化惠民工程,丰富群众性文化活动"。今年《政府工作报告》提出要"大力推动全民阅读"。云南省"乡愁书院"建设符合党中央、国务院的要求,结合实际,实实在在地推动基层文化建设,各级政府也在这一建设中发挥了支持和推进作用,把各方面的积极性都调动起来,尽力满足人民群众对文化生活的新期待。这一做法值得有关部门深入研讨和积极推广。

云南"乡愁书院"建设的基本经验可以概括为"政府支持、企业运营、多方参与、因地制宜"四个方面:

1.政府支持

本届政府的《政府工作报告》四次提出"倡导全民阅读",今年更强化为"大力推进",这一要求得到各级政府的响应,在支持"乡愁书院"建设中得到了具体体现。安宁青龙镇将一栋闲置的楼房给"乡愁书院"使用,还提供了部分资金支持。蒙自"南湖乡愁书院"设在风景秀丽的南湖旁,当地政府拿出最好的场地和房产建"乡愁书院",还拨付50万元作为开办费。一些地方还努力解决开办"乡愁书院"需要的人员编制问题。"乡愁书院"所在地市、县、街道办事处领导亲自过问"乡愁书院"建设,积极参与指导,帮助解决遇到的困难。凡是政府支持的地方,"乡愁书院"都开办得比较顺利和红火。

2. 企业运营

各地"乡愁书院"都由云南出版集团下属的云南省新华书店负责运营,

云南省新华书店直接管辖各地市县新华书店,各地新华书店负起"乡愁书院"管理之责,具体负责运营和管理。"乡愁书院"偏重于公益性,开展公共文化活动,但其运营要进行企业化管理、市场化运作,在政府和有关方面支持下,讲究投入产出,做到以社会效益为先,努力提高经济效益。只有这样才能永续利用、长期坚持。

3. 多方参与

对"乡愁书院"的建设,各级政府是有力推手,但文化建设和"全民阅读"涉及方方面面,党委宣传部和工、青、妇等有关部门在"乡愁书院"建设中都有积极性。"乡愁书院"借助各方面的力量,开展了多种多样的文化活动,有的还开办"道德讲堂",使书院活动内容丰富多彩。有的注重群众参与,让读者介绍读书体会等。不仅聚拢了书院的人气,多方面发挥了书院的作用,在经营上也充满了生机和活力。

4. 因地制宜

"乡愁书院"建设在基层,基层情况各不相同,民众需求的重点不同,所处的条件也有差别。仅就场所来说,有的建在古老的文庙里,有的建在风景秀丽处,有的建在图书馆内,可谓"就地取材"。像可邑小镇的"乡愁书院"就拟建在镇中心的文化活动中心。这里是彝族聚集区,书院建设以民族团结发展为主线,以民族文化遗产传承为重点。与之相关,经营上也灵活多样,有的以销售图书为主要方式,有的则着重推销有民族特色的文化产品和手工艺品。总之,"乡愁书院"建设在加强文化建设、倡导全民阅读的大目标下,不搞整齐划一,呈现不同特色。

我们向有关方面提出如下几点建议:

第一,请有关领导和相关部门,包括新闻出版管理部门、文化管理部门对这一文化发展模式予以关注,对已取得的经验进行总结和推广,发挥典型的示范作用。

第二,请有关部门对"乡愁书院"的建设加强指导,按照党的十九大关于文化建设的新精神,进一步确立"乡愁书院"的功能定位,使之成为当地的一座"精神地标",成为一个弘扬优秀传统文化的主阵地,一处引领全民阅读的学习高地,一所提升公众人文、道德素养的大学校,一个看得见乡愁、抒发美好情感的地方,整合"文化活动场所、民族文化的传承基地、农耕文化的微展馆、农民阅读的交流中心、农民家风家训讲坛、乡村教育的培训基地、寄托乡愁的家园、乡村旅游的目的地"等多种功能,突出主要作用,发挥多重效应。

第三,请政府有关部门对"乡愁书院"建设予以更积极、更有力的支持。云南出版集团等开办的"乡愁书院"本质上是一项社会公益事业,虽然实施企业化经营,但不以营利为目的。云南"乡愁书院"已开办7处,经营面积1000余平方米,投资373.3万元。该集团还拟在南亚、东南亚建设五家"中华乡愁书院",为海外华侨服务,加快我国文化"走出去"步伐。"乡愁书院"建设仅靠企业投资明显不够,需要各级政府投入必要的开办费,或在文化产业资金使用方面重点予以考虑。在资金投入的同时,政府应提供闲置房屋和活动场所,免费供其使用,减轻企业负担。把这一项目列入本省"十三五"文化发展纲要予以重点扶持。在进行城乡布局规划时,把"乡愁书院"纳入其中,使之有"安身立命"之地。

从发现"乡愁书院"到向有关方面提出推广的建议,陆续用了半年时间,费了我不少精力,也融注了其他参事的心愿。我们希望在贯彻十九大精神的新形势下,把这项"文化惠民工程"的新创举深入拓展下去,全面推广开来,让"云上乡愁"开出更加美丽的花朵。我曾收到云南新华书店赠送的"云上乡愁"茶饼,圆圆的,放在我的书橱中,我每天看到它,似乎就看到了青山,看到了绿水,看到了乡愁,我也看到了云南新华人的责任。茶饼是一个起点,他们正在走得更远、更远……

后记

人生短暂,真如白驹过隙,一转眼我就到了60多岁,到了写回忆录的年纪。我深知,写回忆录是领袖统帅和大家名流的事,我不具有这个资格,也没有做此打算。但当江西高校出版社约我就新时期出版改革经历写一部出版人的自述的时候,我略有犹豫,最终还是答应下来。因为我毕竟从事了30年的出版工作,记下这段经历,也可作为人生的一个纪念,也许还可以作为与同辈、后辈交流的素材留存。于是我用3个月的时间且忆且思且记,写下了这20多万字有回忆录性质的文字。这些文字由四部分组成:第一辑是"我与吉林出版",记录我在吉林省从事出版业的经历;第二辑是"我与三联书店",记录我在三联书店工作的经历;第三辑是"我与中版集团",记录我在中国出版集团工作期间完成的主要工作事项;第四辑是"我与'全民阅读'",汇集我在2015年2月被聘任为国务院参事之后,以"倡导全民阅读"为建言献策的主要方向,就推动"全民阅读"提出的建议、对策等内容。由于篇幅所限,写起来不能面面俱到,只是选取每个时段完成的重要工作、主要事项、特别感悟,以点带面,力求反映几十年从事出版工作的全貌。

回顾我从事出版工作的经历,回首一步一步走过的道路,我认为自己有三幸:一是能终生从事自己喜爱的职业。喜好舞文弄墨的我喜欢"编辑"这个职业,且能长期从事之,我的确是幸运之人。我确实和出版业有不解之缘,我当过报社记者,做过杂志主编,进入图书出版领域之后,做过编辑,编辑室主任,出版社副总编辑、总编辑、总经理,也曾供职于出版行政管理部门,出版业的行当及每一个"台阶",我都经历过。我对出版有浓厚的兴趣,且终生不渝。二是在我人生的关键处,总有贵人相扶,使我不仅能走出困境,而且还能站稳脚跟,向上攀登进入新的境界。三是我有一个幸福和谐稳定的家庭,妻儿关心我、支持我从事出版事业,也常常为我小小的成功助一臂之力。人生有三幸事,岂能不知感恩?但秀才人情,只能以一句"这厢有礼了"聊表寸心。我要感谢许许多多在方方面面帮助过我的人,自然也要感谢江西高校出版社诸位同人,是他们的付出,才使拙著以较短的时日和完美的形式与读者见面。

书稿完成之际,正值 2017 年岁末,适逢辞旧迎新。在此,我祝愿依然在出版领域坚守的同行们,在新的一年取得新的业绩。而我自己,"只要灰烬有余火,便燃激情上碧霄",为行进中的出版队伍摇旗呐喊,我还是会尽力的。

谨以此记。

樊希安

2017 年 12 月 31 日于北京